凝练特色　守正创新

——西南民族大学外国语言文学学院教学科研学术论文集

主　编　吴永强
副主编　邓　忠　秦祖宣　木艳娟

外教社 上海外语教育出版社
SHANGHAI FOREIGN LANGUAGE EDUCATION PRESS

图书在版编目（CIP）数据

凝练特色　守正创新：西南民族大学外国语言文学学院教学科研学术论文集 / 吴永强主编. -- 上海：上海外语教育出版社，2022

ISBN 978-7-5446-7359-4

Ⅰ. ①凝… Ⅱ. ①吴… Ⅲ. ①高等学校—教学研究—成都—文集 Ⅳ. ①G642.0-53

中国版本图书馆CIP数据核字(2022)第159648号

出版发行：**上海外语教育出版社**

（上海外国语大学内）邮编：200083

电　　话：021-65425300 (总机)

电子邮箱：bookinfo@sflep.com.cn

网　　址：http://www.sflep.com

责任编辑：董　新

印　　刷：上海新华印刷有限公司

开　　本：850×1168　1/32　印张 12.875　字数 323 千字

版　　次：2023年4月第1版　2023年4月第1次印刷

书　　号：ISBN 978-7-5446-7359-4

定　　价：42.00元

本版图书如有印装质量问题，可向本社调换

质量服务热线：4008-213-263

前言

2021 年 5 月 22 日，西南民族大学外国语言文学学院成功召开了全院教学科研会议。这次会议在校领导的直接关怀和国内知名专家学者的直接指导下，紧扣新文科建设要求，立足西南民族大学办学实际，聚焦全院具体教学和科研活动，覆盖学科建设、专业建设、课程建设三个主要议题，凝练成果，直面不足，展望未来，取得了令人欣喜的成绩。

近年来，西南民族大学外国语言文学学院把铸牢中华民族共同体意识教育、助力标志性教学科研成果培育、推动师生职业学业协同进步作为外语学科（专业）发展的三个重要驱动。在本文集中，有不少论文聚焦课程思政在民族院校外语专业类课程和大学外语类课程中的具体实施路径，把课程思政这一课程教学要求和铸牢中华民族共同体意识教育这一主线有机结合，体现了一线教师在学院办学优势和特色探索上的最新成果；一些论文依托重要教研和科研项目，体现了学院教师在自身教研和科研领域（尤其是“外语+少数民族和民族地区”相关的领域）持续的研究兴趣和深厚的研究功力；还有一些论文是学院在读学生（主要是硕士研究生）独自或与教师合作完成，体现了这些学术新苗在学院教学科研沃土中吸收营养、茁壮成长的可喜态势，也彰显了学院师生协同发展战略的初步成效。

近年来，西南民族大学外国语言文学学院在教学和科研方面有了长足的进展。学院教师共获批国家社科基金项目 13 项，省部级科研项目 50 余项，发表 CSSCI、SSCI、A&HCI 等高水平期刊论文200余篇；学院“外国语言文学”一级学科在第四轮学科评估中取得四川省第四名和全国民族院校第二名的良好成绩，现下设“英语语言文学”“外国语言学及应用语言学”“印度语言文学”三个二级学科和翻译硕士（MTI）专业学位点（覆盖英语、日语、法语、朝鲜语四个语种）；学院英语、日语两个专业获批国家级一流本科专业建设点，课程“英语演讲与辩论”获批四川省一流本科建设课程；学院教师2人分别担任教育部、四川省外语类专业教指委委员，1人任国家社科基金外译项目评审专家，1人获“国家民委青年教学标兵”称号，1人入选国家翻译高端人才库。

凡是过往，皆为序章。本文集既是对西南民族大学外国语言文学学院教学和科研工作的一次检阅，又是全院师生勠力同心、再创佳绩的又一个起点。希望本文集的出版，可以进一步推动学院在学科建设、专业建设、课程建设上出更多更好的成果，为培养国家发展需要、各族人民需要的高素质外语人才做出更大的贡献。同时，因水平有限，文集中谬误和不足在所难免，还望读者不吝指正。

编　者

2022年9月

CONTENTS 目录

批判性思维与英语演讲融入三类课程教学的试点研究报告
——以英语专业维舟班为例

西南民族大学 吴永强 李 佳

摘　要：本研究经过为期两年多的试点，将批判性思维和英语演讲活动有目的、有步骤、有计划地融入我校英语专业维舟班（涉及三个年级近 100 名学生）的动态课堂，取得了较好的成效。具体来讲，课题组针对精读、文学、社会文化课等不同类型的英语课堂设计了形式多样的演讲活动，要求学生紧扣话题任务，运用语言及相关知识，有条理、有逻辑地进行演讲操练，并将这种操练与教学内容紧密结合起来，以形成"批判性思维+演讲+课堂教学"三者的合力。

关键词：批判性思维；演讲；精读课；文学课；社会文化课

1. 引言

从 2018 年开始，西南民族大学外国语言文学学院英语系开始在维舟班进行批判性思维与英语演讲融入三类课程（精读课、文学课、社会文化课）教学的试点研究。在这一试点过程中，我们广泛参考有关批判性思维训练融入英语专业的相关文献，主要包括：中国外语教师对批判性思维能力培养的总体看法（Zhang et al. 2020）、英语专业学生批判性思维能力的特征（马蓉，秦晓晴 2016）、教师提问与学生批判性思维能力的关系（陈亚平 2016）等，至少有如下三点新认识并转化为新举措：

(1) 批判性思维培养不是抽象的理论或愿景,它完全可以扎实地进入英语专业课堂教学实践之中,与已有语言技能方面的传统教学内容相得益彰;

(2) 要进入课堂教学实践,批判性思维的培养必须在形式和内容上进行有针对性的组织和设计。形式上,我们凸显了演讲的作用和价值;内容上,我们强调了演讲内容和教学内容的关联度;

(3) 要与不同类型的课堂对接,我们的教学设计理念分三步走,即让学生“活动起来”“交互起来”“反思起来”。“活动起来”是指我们充分考察演讲话题与学生实际生活的贴近度、与学生百科知识储备的贴近度、与学生普遍认知水平的贴近度、与学生既有语言水平的贴近度,引导学生在尽量自然的情况下用英语建构演讲特定话语;“交互起来”有更高的目标设定,除要求“建构”之外,还需要“反馈”,即学生在活动中被赋予明确的关系型角色标签(如导游和游客、新闻发言人和记者、诗人与诗歌爱好者等),我们要求学生在这样的关系设定下进行充分的交互,尤其鼓励观点的交锋;“反思起来”最具有挑战性,要求学生不定期地对自己在某种课堂类型中的演讲活动进行反思,主要回答如下问题:“我的演讲是否回答了教材和老师所提出的问题?我的演讲是否在逻辑上自洽?是否在表现方式上合理?是否对目标受众有针对性?”等。通过这样三步走的设计,我们希望学生经历一个“讲出来—讲明白—讲精辟”的能力提升过程,将批判性思维运用到不同课程的不同演讲任务之中,通过演讲活动深化对课堂教学内容的理解和掌握。

2. 在三类课程中的试点

结合我院英语本科专业现有的培养方案(新的2020版方案正在制定中),我们选择了精读课(语言技能课程)、文学课(专业知识课程)和社会文化课(专业方向课程)作为试点,旨在较好地贴合《外国语言文学类教学质量国家标准》和《英语专业本科教学指南》对不同课程类型的要求。

2.1 精读课

精读课在整个课程体系中的重要性不言而喻。在精读课堂中,演讲主要体现在两个活动中:角色扮演、课文阐释。在角色扮演环节,教师按照"提出问题—引导思考—鼓励创造"的原则为学生制定场景和话题,学生有三至四天时间准备台本(台本不仅包括人物对话,更须有人物的独白或公开演说),然后在课堂上进行表演。以"家长反对子女为了音乐梦想而辍学"这一场景为例,该话题与精读教材中《成长的烦恼》《外婆的家什》等课文有较好的相关性,教师实际上至少提出了这样两个需要用批判性思维来审视的问题:家长与子女为什么会有那么多甚至那么尖锐的分歧?家长与子女之间应该以什么样的方式来更好地沟通?当话题公布后,教师不对学生的台本和表演做任何限制,而是引导他们去发掘这一话题背后需要去思考和讨论的问题。唯一的要求是,学生的表演中必须有家长和(或)子女的大段独白,必须要有二人之间激烈的观点交锋。在试点过程中,这个话题在不同的班级使用过三次,三个班(下文以 A、B、C 代替)的学生呈现出不同的表现和诠释方式,如表 1 所示。

表 1 精读课堂上演讲活动

班级	参演人数	独白/演讲段数	观点交锋次数	中心思想
A	2	2	1	代沟的本质是双方不愿意、没能力去换位思考。
B	4	3	3	两代人的分歧只能用时间去消弭。
C	3	3	2	有分歧才是两代人,因此不必去消除分歧,但须彼此尊重。

可见，这一话题引发了学生的思考，而且是不同层面、不同视角、不同深度的思考，这些思考在表演中转换为独白/演讲语篇，转换为他们对这些语篇的现场演讲（或表演）以及观点的交锋。从这个意义上讲，批判性思维在具体的演讲活动中得以较好实现，演讲活动与精读课堂的主旨得以较好对接。

除了"角色扮演"，"课文阐释"活动也体现了批判性思维与演讲活动在精读课堂的良好运用。例如，在《高级英语》（张汉熙版）*The Middle Eastern Bazaar* 一课中讲到了一种较为特殊的时态——历史现在时。常见的授课方式是将其作为一种不寻常的语法知识告知学生，即把现在时用于过去事件的描述，可以凸显事件的真实感和读者的身临其境感。遗憾的是，这一说法没有更进一步地解释和分析为什么这一时态可以达到这种效果，学生不易理解。而我们尝试了"批判性思维+（即席）演讲活动"的模式，具体步骤如下：

（1）教师提问：汉语中如果要表达一种过去事件的身临其境感，一般会怎么做？

（2）教师提问：如果你是一个电影导演，你想凸显过去事件的身临其境感，你会怎么做？

（3）教师提问：本课中，作者如果不使用这种历史现在时，而采用常规性的一般过去式来描述过去事件，效果会有何不同？

（4）学生分组讨论以上三个问题，各组分别形成大纲。

（5）学生按小组互评各自的大纲，展开讨论和辩论。

（6）学生分组按照讨论修改后的大纲即席演讲。

各组的大纲虽不尽相同，但有较为清晰的脉络可循。就前两个问题，学生普遍认为需要采用一些"其他手段"。例如，汉语如果要表达过去事件的身临其境感，可以加上"想当初""遥想当年""那个时候"等跟时间相关的表述，或是使用"历历在目""永生难忘""就像发生在昨天"等与心理感受相关的表述。再如，类比电影或电视作品中的场景，学生大多数认为可以使用不同形状的屏显、不同的颜色、不同的亮度/对比度/分辨度、不同的配乐、不同的播放速度、画外音等方式来凸显过去事件的真切感。可见,学生基于已有的认知,可以相对容易地发现过去事件的身临其境感与语言手段之间的某种关联。再看第三个问题。基于对前两个问题的思考,学生的回答基本趋于一致,即一般过去时无法或难以表达过去事件的真切感。这个答案并不意外,因为通过前两个问题的铺垫,学生已经发现特定体验/概念(过去事件的身临其境感)与特定手段(语言或其他形式)之间的某种联系,即特定的时态匹配特定的事件。那么,要表达过去事件的身临其境感,常规的一般过去时需要进行一定改造,以此加入事件的真切性,于是,历史现在时态的使用可以得到较好的解释。

在演讲环节,大部分小组都采用了条分缕析的方式,即先回答问题,再讲自己小组这么回答的原因,然后讲经过与其他小组讨论后是否对答案有修正,然后分析有无修正的理由。我们认为,这一演讲内容的呈现方式体现了较好的批判性思维习惯(在整个试点中,内在逻辑性较差的小组有 6 个/次,对此,教师的做法不是直接指出其问题,而是引导学生进行反思,另文详述)。此外,继续沿着从批判性教学角度的思路,我们在得到学生以上答案后还引导学生追问历史现在时这种语法现象的局限性和适用性等问题,旨在让学生讨论时态的重要性(不少学生在写作和口语中对时态的敏感度很弱,控制较差)、句子意义的涌现性(特定的句法结构使得句子的意义更为丰富)等相关问题,从而使学生逐步做到语言知识与语言技能的融会贯通,这也是批判性思维教学的题中必有之义。

2.2 文学课

客观地讲,批判性思维训练在当前文学课堂中还有一定的"缺席",表现在一些学生以一种"我没有问题、我没有期待"的心态进入文学课堂,他们要做的事情就是记下老师所讲的重点。

至于为什么是重点、如何理解这些重点等问题,他们常常无暇顾及(吴厦厦 2016)。比如,为什么经典作品是经典作品?为什么经典受到质疑?为什么 DEWM(Dead European White Men)的作品受到广泛的关注和批评?这些在文学课中原本提纲挈领性的问题往往被忽视。由此,文学课堂出现了盲目、死板、僵化的不良态势。更重要的是,学生对文学作品意义的追问缺乏动力。文学作品之所以被创作、被阅读、被批评、被传播,正是基于人们对"文学的意义是什么、从哪里来?"这一问题的重视和回答。无论是作者中心论、文本中心论还是读者中心论,都是关于文学意义的阐释。遗憾的是,当前的文学课在阐释和追问意义方面做得还不够,教材和教师仅仅是提供某种获得较大程度认可的意义解读,学生还没有受过寻找和阐发作品意义的良好训练(哪怕是初步的训练),而只是接受"这就是作品的意义"这样的教学内容。由此,我们设计了"以汉英文学作品(包括少数民族作品)对比的方式凸显批判性思维、以课堂演讲彰显这一批判性思维"的方式。

我们之所以有这样看似"非常规"的教学设计,主要是基于如下三点考虑:

(1) 学生对英语文学的熟悉程度普遍低于对母语文学的了解,那么,如果以母语作品(尤其是那些学生耳熟能详的作品)为授课切入点,将有助于拉近学生与文学作品的距离,提高他们的课堂参与度和思考的活跃度。

(2) 中国现当代文学(包括少数民族文学)受西方文学的影响较大,尤其是 20 世纪初以来的新诗运动,在语言、风格、意象、手法等方面存在明显的向西方学习的痕迹,于是将汉英文学作品(尤其是诗歌作品)进行对比,将有助于学生在细读和比较中提高对作家、作品、文论以及文学史的了解,这本身也是一个批判性思维能力提高的过程。

(3) 近三十年,认知诗学(cognitive poetics)、认知文学研究

(cognitive literary studies)等以认知科学(主要是认知语言学和认知心理学)为基础的文学研究范式在西方兴起,并在国内产生了巨大的影响。这些新范式的主要特点在于引入认知科学的观点和方法,对文学批评、文论建设等文学研究的方方面面进行重新梳理和建构,以期既能更好地回答传统的问题,又能拓展理论的纵深,从而在一定程度上建立作者、文本、读者三方共同参与的文学空间。

我们的试点是将国内 20 世纪 80 年代的当代诗(主要是朦胧诗,也包括少数民族诗歌)与英国(也包括部分法国的)20、30 年代的现代派诗歌进行语言、概念化(包括审美、想象、情感等问题)以及哲学诉求三方面的比较(课题组已发表相关论文披露详细内容)。我们的理据是:其一,不少朦胧诗人声称自己的写作风格受到了欧洲现代主义诗歌的影响;其二,这三方面的梳理和比较是文学意义获取的主要途径(课题组已有相关论文发表),而且可操作性较强。我们的试点教学模式如下:

(1) 给学生提供三十多首现当代诗歌(作品涵盖食指、北岛、顾城、舒婷、吉狄马加等代表性诗人的代表作)和三十多首欧美诗歌(同样是名家名作,如原语非英语,则提供质量可靠的英语译本)。要求学生通过细读,发现这些诗歌在语言使用上的共同之处。为了让学生更好地去研读,我们提示,可以从与中国古代诗歌语言使用上的差异入手(古代诗歌往往言简意赅,诗句往往不具备完整的句子结构)。

(2) 关于朦胧诗,要求学生归纳一些他们认为显著的审美、意象和情感的特征,并与英语诗歌进行比较,主要关注两个子问题:一是这些跟审美、意象和情感相关的特征是怎么来的?二是汉英诗歌在这方面有何异同之处?这一步难度较高,我们实时提供的提示较多,例如:这句话是不是很夸张?当读到“乌云”,你的第一反应是积极还是消极的,为什么?英语诗句里面讲到“a feather of hope”,为什么羽毛和希望产生联系了?等等。

(3) 我们告诉学生,朦胧诗甫一诞生,很多批评家和诗人对其口诛笔伐,但朦胧诗人和不少读者仍然认为朦胧诗有价值、有意义、有力量(西方现代诗也有类似的遭遇)。再就此提问:怎么去理解朦胧诗的意义和价值?尤其是在当下快餐文学、碎片阅读流行的时代,怎么去认识文学的力量?

以上任务经小组讨论后,各小组形成一个发言稿进行演讲活动,模拟学术会议现场,由组员自我设定角色,包括做报告者、评审者、质疑者等。表2是学生演讲活动的综合情况归纳。

表2 文学课堂中东西方诗歌比较

步骤1:语言层面	步骤2:审美意象层面	步骤3:哲学思考层面
1. 朦胧诗与中国古代诗歌相比有两个明显的不同:一是人称代词(尤其是第一人称代词"我"、"我们")更多、更频繁;二是诗句中有不少完整的主谓结构,好像是完整的句子。 2. 朦胧诗的这些特点跟英语诗歌非常接近,因为英语用"I"做主语很常见,而且行文非常看重语法的正确性和句子的完整性,诗歌也很少出现片段化的语言。	1. 朦胧诗在情感的表现上比古代诗歌更直接,这些情感也容易理解,但在审美和意象上比较奇怪,不太好懂。 2. 英语诗更难懂,即使查了字典,懂每一个语法点,好像还是不好理解诗句要表达的东西,似乎诗人故意不想让读者看懂,或是故意写一些诸如坟墓、下水道、地狱这样的东西来造成理解和审美上的障碍。	1. 很多诗能火一阵子,但很快就被人们遗忘了,其原因在于缺乏深度,讲的东西太浮躁。 2. 能够传下来的作品一定可以引起共鸣,引发思考。 3. 好作品和坏作品需要靠时间来检验。

以上教学内容相较于传统模式固然对教师和学生的要求都更高,但明确体现了批判性思维教学导向,体现了演讲活动对这一批判性思维训练的支持作用,也体现了特定成熟理论在文学文本分析中的方法论意义,更体现了打造"金课"实践中对课程

高阶性和挑战性的追求。

2.3 社会文化课

社会文化课直接关涉外语教学和外语人才培养中的“文化自觉”问题(袁小陆等 2017)。按目前的英语专业培养方案,我们选择了旅游文化英语课作为试点。表面上看,旅游文化英语课主要关注学生的“职业”属性,即按照未来涉外导游或其他旅游从业人员的职业要求来培养学生。这看似与批判性思维与演讲无关,但实际上,涉外导游的工作时时刻刻与跨文化交流产生联系,与“讲好中国故事”产生联系,与树立良好的中国形象产生联系。因此,站在中国文化走出去的战略高度,旅游文化英语课程肩负着“讲什么样的中国故事、怎样才能讲好中国故事、怎样才能消除西方对中国的误解或曲解”等重要责任,从这个意义上讲,批判性思维和演讲活动有难以代替的价值(课题组已有相关教材出版)。鉴于此,在旅游文化英语课堂中,我们的设计主要是导游词的编写和临场突发事件的应对。

在导游词的编写中,我们要求学生找到良好的切入点,不仅要讲出某一景点的基本特色,更须凝练出该景点所承载的中国故事和中国文化。以“武侯祠”为例,我们要求学生思考:

(1) 为什么刘备、诸葛亮君臣在同一祠堂?

(2) 以杜甫为代表的历代诗人为什么在武侯祠留下这么多诗词?

(3) 武侯祠对于今天的成都和中国意味着什么?

在思考的过程中,学生需要在教材和其他参考资料中搜寻相关信息,并形成导游词语篇。试点中,2 个班的共 7 个小组的学生有如下反馈,见表 3。

表3 社会文化英语课堂中的学生表现

小组	问题(1)	问题(2)	问题(3)
1	人们尊重诸葛亮	诗人的习惯,在重要地点写诗,有助于名气传播	城市名片,代表拳拳赤子之心
2	人们尊重诸葛亮	诗人尊重诸葛亮	弘扬儒家道德标准
3	刘备礼贤下士	诗人表扬诸葛亮的高风亮节	智慧和风骨的楷模
4	创造性的祠堂修建方案	诗人被武侯祠的格局所吸引	城市名片,代表拳拳赤子之心
5	成都当地的风格	诗人被武侯祠的格局所吸引	智慧和风骨的楷模
6	人们尊重诸葛亮	诗人表扬诸葛亮的高风亮节	城市名片,代表拳拳赤子之心
7	人们尊重诸葛亮	诗人表扬诸葛亮的高风亮节	弘扬儒家道德标准

问题(1)是关于武侯祠的布局,这在教材中属于常识性知识点;问题(2)是关于武侯祠的文人墨宝,在不少参考资料中也能找到满意的答案;但问题(3)有所不同,所指向的是对已知事实的深度思考和凝练,这就不是现成资料可以提供现成答案了。由此,我们特别关注学生对于问题(3)上的回答,并仔细观察他们从问题(1)、(2)过渡到问题(3)的过程。总的来讲,在问题(3)的回答上,几乎所有小组都提及了诸葛亮的"高风亮节""赤子之心",认为这样的中国传统文化和道德在现代社会同样具有重要价值,由此贴合了"讲好中国故事"这一主旨。

3. 不足与展望

本研究尽管开展过程较为顺利,也进行了在不同课程类型中融入批判性思维和演讲活动的有益实践,但仍有两个问题值得反思。

第一,对学生“问题意识”的培养还不够。这主要表现在:课堂上当教师提出演讲话题后,教师往往需要对学生进行一定程度的引导才能让他们去发现话题中所涉及的“问题”。换言之,学生还没有形成自发的、敏锐的问题意识,针对演讲任务的思考和阐述也可能是脱离特定问题的泛泛而谈。这需要在今后的教学设计中更为细致地制定挖掘和提升学生问题意识的有效方案。

第二,演讲活动与不同课程类型的对接还不够细致。这主要表现在两点:(1)鉴于时间和精力,我们只选择了三类课程作为试点。事实上,还有诸如语言学、跨文化交际、翻译等重要课程还未涉及;(2)在具体对接中,教师对具体活动的安排还比较粗放,存在一些学生无法融入思考和讨论的现象。由此,下一步我们将在更多的课型中进行类似试点,并制定更细致的过程引导(控制)的方案,努力让每一个学生都在这些活动中产生扎实的获得感。

参考文献:

[1] Zhang H, Yuan R & He X. Investigating university EFL teachers' perceptions of critical thinking and its teaching: voices from China [J]. *The Asia-Pacific Education Researcher*, 2020, 29, (5): 483-493.

[2] 陈亚平. 教师提问与学习者批判性思维能力的培养[J]. 外语与外语教学,2016,(02):87-96,146-147.

[3] 马蓉,秦晓晴. 英语专业大学生的批判性思维倾向特征研究[J]. 西安外国语大学学报,2016,(04):60-63.

[4] 吴厦厦. 文学圈与外语专业大学生批判性思维发展研究[J]. 延安大

学学报(社会科学版),2016,(03):125-128.
[5] 袁小陆,赵娟,董梅. 外语教育中的文化自觉培养现状与归因研究[J]. 外语教学,2017,(03):56-61.

[作者简介] 吴永强,女,西南民族大学外国语言文学学院教授。研究方向:外语教学。
李佳,女,西南民族大学外国语言文学学院讲师。研究方向:外语教学。

藏羌彝走廊文创品牌英译现状及其对翻译人才培养的启示

西南民族大学 陈玉堂

摘　要：本文通过梳理藏羌彝走廊文创品牌英译现状考察其翻译人才培养途径。研究发现：1）藏羌彝走廊文创品牌英文译文在传播效果和质量上需要进一步提升。2）在翻译人才培养课程体系上应注重课程创新，结合区域特色提升专业翻译人才培养质量。3）综合运用案例教学法、加大翻译实习实践训练等培养途径成为目标翻译人才队伍培养的有效途径。
关键词：藏羌彝走廊；文创品牌英译；翻译人才培养

1. 引言

《藏羌彝文化产业走廊四川行动计划(2018—2020年)》发布以来，藏族祥巴、藏族传统编织、挑花刺绣、彝族漆器、彝族银饰、羌绣等许多蕴含着历史文化和社会风情的文创产品被开发出来，并以"展、销"形式进入市场。第七届中国成都国际非遗节于2019年10月17日至22日在成都举行，藏羌彝文创产品展台、展厅的部分宣传推广资料上也附上了英文翻译，部分资料在文化对外传播的推动上以语言作为交流工具的功能需要进一步提升。调查藏羌彝文化产业走廊的语言服务现状，发现其英语语言服务方面的质量问题，对发展藏羌彝文化产业会有所裨益；同时，对藏羌彝走廊语言服务人才培养、提高语言服务质量也具有一定的代表性。本文以文创品牌的英译为例，通过梳理藏羌彝走廊文创产业的语言服务现状，讨论相关的翻译人才培养，以期对藏羌彝文化产业走廊的语言服务建设有所启发。

2. 藏羌彝走廊文创品牌英译现状

2020 年 6 月，第十五个"文化和自然遗产日"期间，四川省联合阿里、京东、拼多多、东家、快手、美团、苏宁等 10 余家电商平台举办"四川非遗购物节"，作为藏羌彝文化产业走廊的区域之一的阿坝藏族羌族自治州，在淘宝店铺上线"阿坝州非遗工坊"。推出的文创产品有"格桑娜编织格桑娜姆""藏香""羌韵 · 文创笔筒"等品牌。笔者梳理了"阿坝州非遗工坊"线上销售品牌的英文外宣资料，只有"格桑娜编织格桑娜姆"提供了英文译文，其他则未提供译文。凉山彝族自治州推出的漆器产品多为彝族人民日常生活和传统的漆器工艺品，色彩以黑、红、黄三色为主，黑色为底，红黄走线，黑红对比明快。"三色源"彝族漆器是知名品牌，荣获凉山州"大凉山"特色旅游商品品牌称号，其线上销售没有做品牌英语译文。甘孜藏族自治州的"香巴拉猫"品牌是一个融合时代发展潮流特点、可持续发展的藏区文创及生活方式品牌，品牌英译表达为 cat in shambhala，向外传递了香巴拉和香巴拉猫的信仰，是"区域 IP 计划"的时代产品。

藏羌彝文化产业走廊文创品牌英语翻译大多由企业或文创工作坊自雇的语言人才、翻译公司译员提供。区域内的文创产品英文质量仍存在不足之处：一是英文译文缺乏规范性；二是本土特色文化词汇英译表达不当等。例如以藏族祥巴（版画）为内容的手机壳、优盘、冰箱贴、丝巾等文创产品英文译文的使用缺乏规范性，有 XiangBa Tibet Woodcut Computer Wallpapers、Xiangba culture mobile phone shell、Tibetan Xiangba prints、XiangBa（Tibet Woodcut）等几种译文。藏族版画"祥巴"是藏语的音译，意为木刻版画，是阿坝州本土艺术家在藏族传统印经技术和宗教文化基础上发展出来的新兴藏族版画，它以独立、独特、独创的藏族艺术语言创作出了一批表现藏族文化和阿坝州民俗题材的优秀版画作品，现已成为阿坝州对外文化交流的一张名片。译者必须熟悉英汉各种文体类别的语言特征，才能在英汉语言转换中顺应原文的需要，做到量体裁衣，使译文的文体与原文的文体相适应（刘宓庆 2012：4-5）。拼音能在一定程度上传达原品牌发音，方便外国人与中国人交流有关品牌的信息（王斌华，简汀滢 2013）。Xiangba 作为音译词是可行的，其后的加注解释出现了多种版本。woodcut 在英语里指木刻、木板画。print 则是印花、印制图案。不同的词语在目标语——英语中会有不同的文化意象。

文创品牌的英译多采用音译或直译，在添加注释和解释部分本土特色文化的词汇方面出现了表达不当。例如格桑娜编织，格桑娜姆，英语译文为 Gesanna Weaves Gesanna。格桑娜编织作为藏传编织，有着深厚的文化、独特的风格。全手工制作，做工采用传统藏织藏绣，编织材料是传统丝线等，颜色及图案都是传统设计，迎合了世人消费追求个性、独特的趋势。格桑娜姆从小爱好手工、绘画，并从母亲和祖母那里学到了传统技巧。品牌的英文表达将其处理为 Gesanna，格桑娜姆的英文表达应为 Gesang Namu。在处理极具特色的地方文化宣传画册翻译时，译者需发挥主体性，拓展读者的期待视野（阳琼 2016）。格桑娜姆作为藏族编织传承人，用 Gesanna 这样的英文表达藏族人物的人名特色时不如直接用音译词合理。

《藏羌彝文化产业走廊总体规划》的通知指出，要支持区域内文化企业与高等院校、职业教育培训机构建立产学研合作的人才培养机制，建设一批文化产业人才培养基地；办好各类文化产业人才培训班，加大对藏羌彝文化产业走廊建设的人才支持力度。区域内语言服务人才队伍的培养对于强化人才支撑措施的实施必然会有裨益。区域内文创产品的品牌英文翻译存在的问题与翻译人才的培养与管理有一定的关联。

3. 藏羌彝文化产业走廊相关的翻译服务人才队伍培养状况

藏羌彝文化产业走廊语言翻译人才的培养主要由高校、社会团体等机构完成。笔者以西南民族大学外国语言文学学院为例，探讨现有翻译人才培养状况。学院有“英语”“日语”“法语”和“朝鲜语”这四个本科专业，有“外国语言文学”这一个一级学科硕士点，“外国语言学及应用语言学”“英语语言文学”“印度语言文学”这三个二级学科硕士点和“翻译硕士（MTI）”专业学位点。英语专业包括英语翻译、旅游英语、英语教学等方向。翻译硕士专业学位点培养英语笔译、英语口译等人才，但毕业生到藏羌彝文化产业走廊就业比例较低。社会团体即外语培训机构承担的翻译人才培养工作主要以各种翻译资格证书考试为培训内容，大多提供一些应试技能与策略，较少提供涉及文创品牌英译的培养活动。

外国语言文学学院英语专业培养目标：以党的教育方针为指导，秉承学校“为少数民族和民族地区服务、为国家发展战略服务”的办学宗旨，培养专业基本功扎实，具有人文情怀、创新精神、国际视野、跨文化交际能力，能够在相关单位胜任外事、外贸、翻译、教学、科研、管理等工作的高素质英语专业应用型人才。具备初步的翻译能力只是英语专业人才的应用性技能之一。因此，一、二年级主要以打下坚实的语言基础为培养目标，课程多以听说读写等语言技能培养为主；三、四年级加入英语笔译、英语口译、民族事务笔译等课程。这些课程也是以语言技能培养为主，对专门或专业翻译的了解和学习不够。

笔者有一次带学院英语专业大三学生到凉山彝族奴隶社会博物馆进行英语翻译实习。有一款明代的彝族漆器——八角纹鹰爪酒杯，学生们大多不知如何用英语表达。藏品简介有相关描述：上部为木胎质地，旋制而成，内髹红漆，外髹红、黑、黄三色漆，绘火镰和鸡冠纹图案；下部为鹰爪，以特制工艺定型，外髹黑、红、黄漆以固色。有学生建议用音译加注的办法，例如 Yingzhao

Jiubei (a wine cup made of Yi lacquer),也有讨论用 Yingzhua Wine Cup 等等。在英语专业人才培养中,学生较少有机会选修对应的目标课程。其实,对于藏品或文创品牌的翻译,可结合材质并考虑文化背景来处理。鹰爪酒杯的英译可以处理为 wine cup with an eagle-claw base,解释为 Wooden core, interior decorated with red lacquer. Patterns of red and yellow circles are painted on an exterior background of black lacquer. The eagle claw symbolizes the power to drive away evil. 因此,建设藏羌彝文化产业走廊翻译实践基地对拓宽学生专业实践技能是有益的。

翻译硕士专业学位点英语笔译、英语口译的课程目标之一是能熟练翻译有相当深度的民族、政治、经济、文化和科技等领域的文本。做到熟练翻译要求细化培养,满足目标市场需求。课程设置要突出民族事务翻译特色。依托民族学、藏学、彝学等民族语言文化优势学科资源,坚持翻译与民族翻译和民族事务有机结合,课程中突出有关少数民族文化、经济、社会活动等方面的语料,凸显翻译专业硕士研究生培养自身特色及服务于民族地区经济文化事业发展的理念。翻译硕士课程教学中设置系统性、针对性较强的训练必不可少。例如"羌韵 · 文创笔筒"的英文翻译,翻译专业硕士生的译文为 Qiang Pen Holder, Creative Pencil Holder 等。其产品简介:羌族文创笔筒,形式简约,优美大气,花样多彩,源远流长,独具魅力。学生译文缺乏羌族文化信息展示。借用唐三彩的英文译名 Tang Tri-Color Glazed Ceramics,"羌韵 · 文创笔筒"可用 Qiang's Pen Holder 来表达。"三色源"彝族漆器英语翻译为 Yi Tri-Color Lacquerware。创新课程的同时,结合区域特色提升翻译专业人才培养质量。

4. 藏羌彝文化产业走廊相关的翻译服务人才队伍培养途径

翻译课堂教学较难帮助翻译人才顺利进入翻译工作情景,

通过拓展课堂教学活动、提供实训平台可以满足特定目标人才培养的需求。使用案例教学,帮助翻译人才获得替代性的翻译经验,成为一种行之有效的途径。在案例教学中,教师与学生承担着更多的教与学的责任,要求有更多的投入和参与(郑金洲2000:8)。翻译教学除了开展语言教学之外,还需要大量的翻译训练实践,让学生完成专业学习后能胜任翻译工作。从案例中可显示出其他译者处理这类材料的解决方式,通过案例教学,传达更多的翻译经验。教学设计中选取藏羌彝文化产业走廊的典型案例,例如"藏香"这一品牌的英译。案例选自"阿坝州非遗工坊"线上销售品牌,具有真实性。课前提前让学生翻译该品牌,查阅相关的背景信息。

藏香:采摘天然野生中草药,古法工艺打磨成粉末,纯手工传统手法制作。科学技术的发展让机器翻译变得更为普遍,从全球来看,翻译、应用软件、网络当地化服务的国际市场巨大,且不断增加(李德凤 2012:59),学生大多会选择在线翻译并给出在线翻译译文。百度在线给出的译文为 Tibetan Incense。有道、谷歌、爱词霸在线翻译等软件都提供了一样的译文。各小组说明翻译为 Tibetan Incense 的依据,阐述观点,其他人补充。有的评论认为译文没有译出该品牌产品中的条形形状,也没有译出品牌产品的简介。在讨论中大家认为 Tibetan Incense is composed of aromatic plant materials。讨论结束后,再对品牌英译案例情况进行总结,提供相关的翻译思路,并对合理的观点加以肯定。最后确定参考译文为"Tibetan Incense: Tibetan Incense Sticks are purely natural and manufactured by hand, without any synthetic substances. They are pure, authentic and traditional."。通过案例讨论,提供了一个近乎真实的翻译过程,缩短了教学与实践之间的差距。

从课堂教学中的案例讨论中可以看出,学生对翻译真实工作情景缺少清晰和深刻的认识,且形成了依据教材或个人判断的翻译思维习惯。因此,为学生提供翻译实习机会成为参与翻译实践、了解和交流翻译经验的途径之一。作为藏羌彝文化产业走廊重要的活动之一,西昌邛海湿地国际马拉松以其浓厚的民族特色享誉海内外。2019 年推出了该体育赛事的文创产品——西马吉祥物“西小妹”。“西小妹”的形象是一名活泼可爱的彝族女孩,头戴瓦盖,额前留发,身穿红黄黑相间、上面绣有火纹与祥云图案的套裙。学生在语言实习活动中发现,吉祥物“西小妹”的英文译文为“Xi Xiaomei”。作为一款文创产品,该英文译文在文化传播上缺少了民族文化意识,译文传播质量上未得到保障。Xi Xiaomei 在英语目标语境里不能实现有效的对外文化传播。译者忽略了目标译文在目标文化中的适应性影响,作为英文品牌的专有名词,其意义、功能、文化等信息全都隐身不现。作为具体实践操作策略,在翻译活动中就是“自扬其声”,须学会“借帆出海”(曹明伦 2019)。学生完成实习工作后,提出可用音译加注的方法翻译该品牌:Xi Xiaomei Doll (a girl of the Yi people, wearing a long Yi dress and a hairstyle of buns)。另外一款文创产品——凉山彝族火把节吉祥物“火娃”也可采用相似思路。火娃是圣火的化身,也是大凉山文明火种的象征。火娃身着彝族传统服饰,身披“查尔瓦”。其英文翻译为 Huowa (a child of fire, symbolizing the significance of the image of fire among the Yi people, wearing a *chaerwa*, a traditional Yi cloak made of wool)。

5. 结语

藏羌彝文化产业走廊的文化是走廊软实力的象征,文创产品英译是文化“走出去”的重要组成部分。语言服务问题与交际、社会、文化等紧密相关。培养一支满足走廊语言服务需求的翻译人才队伍仍是当务之急。就当下走廊的文创产品英译面临的问题而言,走廊内高校英语专业和翻译专业硕士的语言服务翻译人才培养可加大案例教学，扩展语言服务实习实践的广度和深度，形成翻译的文化特色意识。品牌翻译具有专业实践性、文化传播性、品牌接收性等特征。通过翻译实践，学生的翻译能力在翻译过程中得到真正的提高。案例教学有效结合了学生自主学习、团队合作、交流讨论，既可激发学生兴趣，也可培养学生的合作精神。通过案例教学和翻译实习、实践训练等培养途径，结合其他翻译教学方法，彝族漆器“三色源”等藏羌彝文化产业走廊文创品牌英译的目标是完全可以得以实现的。

参考文献：

[1] 曹明伦. 关于对外文化传播与对外翻译的思考—兼论“自扬其声”需要“借帆出海”[J]. 外语研究，2019，(5)：81.

[2] 李德凤. 翻译教学：需求分析与课程设置[M]. 北京：外语教学与研究出版社，2012.

[3] 刘宓庆. 文体与翻译[M]. 北京：中国对外翻译出版有限公司，2012.

[4] 王斌华、简汀滢. 中国品牌英译的调研报告[J]. 外语教学，2013，(5)：98.

[5] 阳琼. 接收美学视角下地方宣传画册英译策略[J]. 河北工程大学学报(社会科学版)，2016，(3)：95-96.

[6] 郑金洲. 案例教学指南[M]. 上海：华东师范大学出版社，2000.

[作者简介] 陈玉堂，博士，西南民族大学外国语言文学学院副教授。研究方向：翻译与民族文化研究。

"线上线下混合式"教学模式在民族高校英语专业"中国文化概论"课程中的应用与研究

——以西南民族大学外国语言文学学院英语专业"中国文化概论"课程为例

西南民族大学 曾玉洪

摘　要：自20世纪90年代我国正式开通互联网以来，信息技术对我国社会的各个方面产生了巨大的影响，尤其是最近几年人工智能AI（Artificial Intelligence）技术突飞猛进，发展迅速，5G时代全面到来，在线教育迎来了黄金发展期。"停课不停学"，在线教学在2020年新冠疫情期间为高等教育的发展做出了重要贡献，给传统外语教学模式提供了广阔的发展天地，"线上线下混合式"教学模式得到进一步发展。本文试图通过分析我校英语专业"中国文化概论"课程的教学近年来的开展情况，结合当下人工智能AI时代在线教学和民族高校英语专业的特点，为新文科建设背景下的民族高校英语专业"中国文化概论"课程的教学模式提供新的思路和探索，从而更进一步提高该课程的教学质量。

关键词：混合式教学模式；民族高校；英语专业"中国文化概论"课程

1. 引言

随着互联网技术迈进人工智能AI（Artificial Intelligence）时

代的到来,为教学模式的变革提供了技术支撑。“线上线下混合式”教学模式油然而生,其本质上而言就是一种现代化教育教学模式,主要是将传统面授和互联网教学进行充分融合,是面授的延伸和拓展。在大数据网络时代背景下,这种教育教学模式不仅符合现代教育教学理念和学生学习习惯,还将传统课堂与“互联网 + 教学”相结合,并在一定程度上实现了两者的优势互补,最终在提高课程教育教学成效的同时,为学生的全面发展奠定了良好基础(金培玉 2017:111-113)。

2. “中国文化概论”课程属性和定位演变

在我院 2020 版(最新版)英语专业培养方案中,“中国文化概论”为专业选修课,授课对象为我院英语专业大三本科生,该课程开设在第五学期。虽定位为选修课,但由于每次选该课程的同学较多,几乎变成了必修课。课程受欢迎度较高,学生非常重视,从我校教务处学生选课系统的数据来看,选课人数呈逐年上升趋势。英语专业每年招生人数在 210 人左右,近年来选课情况如下图:

开课年份	2021	2020	2019	2018	2017	2016
选课人数	190	136	149	125	71	34

讲授中国传统文化知识是高等院校对学生实施文化素质教育的基本环节。开设本课程的最初目的,在于使英语专业学生比较系统地了解中国文化的发展概况,更好地弘扬中华传统文化和民族精神,继承优秀文明,创造有中国特色的新文化;通过学习、研究中国文化,使学生更加准确而深刻地认识我们民族自身,使学生以理性态度和务实精神去继承传统,创造更加美好的新文化。简言之,开设本课程的最终目的在于培养学生的民族责任感、理想、追求、价值取向、审美情趣,培养学生的基本素质,

提高学生的人文素质,使他们成为全面发展的人。

但随着全球化的进一步深入,我国对外开放力度不断加大,中国文化对外输出的紧迫性加剧。所以,该课程的教学目标进一步丰富,即在全面了解中国文化的同时,英语专业学生更应该通晓如何用英语向世界介绍中国文化、讲好中国故事。而作为民族高校英语专业的学生,通过"中国文化概论"课程的学习,更应该用英语向世界讲好中国民族文化的故事。所以,该课程的教学重点由原来单纯强调中国文化本体学习,逐渐发展到"中国文化本体学习+中国文化英语表达",尤其侧重于民族文化的对外英语表达,更符合民族高校英语专业的特色,课程的容量和内涵进一步丰富。

3. "中国文化概论"课程的传统讲授模式与不足

自我院英语专业修改培养方案、开设"中国文化概论"课程以来,该课程每周安排 2 学时,行课 17 周,共计 34 学时。在教学过程中,发现有以下不足:

第一,担任该课程教学的师资缺乏。由于英语专业教师大多是英语学术背景,对中国文化的认知缺乏系统理论支撑,故很少有教师愿意承担该课程的教学。无奈之下,前几年只好聘请我校中国语言文学学院教师负责该课程的教学工作。

第二,教学内容单一,与英语专业结合度不够紧密,没有形成英语专业开设该课程的鲜明特色,尤其是在新文科建设的背景下,该缺陷日益突出。

课程开设之初采用《中国文化概论》(修订版)(教育部高教司组织编写,张岱年、方克立主编,北京师范大学出版社,2004 年 1 月出版)作为课堂讲授教材;同时推荐了一些专著作为参考资料,供学生课外阅读。主要参考资料有:《中国文化概论》(张岱年、方克立主编,北京师范大学出版社,1994),《中国文化概论》(金毅,中国广播电视出版社,1995),《中外文化辞典》(周笃文主编，南海出版公司，1991），《中国文化源流手册》（庄福林、张瑞昌编著，吉林文史出版社，1990），《中国文化史》（冯天瑜等编著，上海人民出版社，1990），以及《中国通史》（人民出版社，1987）。

主要教学内容如下所示（张岱年，方克立，2004）：

第一章	中国文化的历史地理环境
第二章	中国文化植根的经济基础
第三章	中国文化依赖的社会政治结构
第四章	中国传统文化的发展历程
第五章	多民族文化融合与中外文化交汇
第六章	中国语言文字
第七章	中国古代科学技术
第八章	中国古代教育
第九章	中国古代文学
第十章	中国古代艺术
第十一章	中国古代史学
第十二章	中国传统伦理道德
第十三章	中国古代宗教
第十四章	中国古代哲学
第十五章	中国传统文化的基本精神与价值观系统
第十六章	弘扬优秀传统文化与建设社会主义新文化

第三，课堂教学模式单一，即采用传统的讲授方式。在这种教学模式下，以授课教师为中心，学生被动接受教师课堂讲解的内容，缺乏学习的主动性和创造性，课堂互动环节少，学生缺乏输出训练。课堂教学语言采用中文，与英语专业学生知识结构

紧密度不够。由于教学课时的限制,更没有充分利用英语专业学生英文基础比较扎实、用英文对中国文化进行有效输出的优势。从学科结构来看,只是简单地增加了一门课程而已,没有与英语专业进行有机结合。期末考试方式单一,即要求同学们用中文写一篇与中国文化相关的课程论文。

4. "线上线下混合"模式在"中国文化概论"课程中的应用策略

与传统教育教学模式相比,混合式教学理论基础来源于建构主义,强调学习的主动建构性和学生主体地位。在课堂实践教学过程中,教师主导地位和学生主体地位的相互融合不仅能提高课程教学效果,而且它作为一种创新性教学手段更加尊重学生的个性化发展,在促进学生全面发展中发挥了重要作用(贺毅娜,2019)。

经过几学期的教学实践,参与该课程的教师积极探讨,展开教研活动,对前期的教学进行总结改进。同时,在新文科建设的大背景下,充分应用"翻转课堂"和线上线下混合模式等新的教育理论和技术对"中国文化概论"课程进行了较大的改革,在师生的共同努力下以及我校教务处的大力支持下,取得了不错的教学效果,改变了过去传统教学模式的种种弊端,是一次教学改革的有益探索,为英语专业高年级文化素养课程的教学提供了很好的借鉴经验。具体策略如下:

第一,夯实教学师资队伍,改善主讲教师的学术背景。过去聘请我校中国语言文学学院教师担任主讲教师,这些教师中国文化功底扎实,但英文水平不能匹配改革后课程的要求。按照课程升级后的教学目标:"中国文化+英语表达",从我院英语专业先后挑选出来两名主讲教师,这两名教师的本科为英语专业,硕士和博士阶段攻读中文专业和文化专业。这样,师资队伍的学术背景就能有机地匹配升级后的课程教学目标,即把中国文化和英语表达结合起来,更好体现英语专业的学生培养特色,丰富学生的知识结构,为课程有效地提供技术保障。

第二,改进和丰富教学资料。在保留原来教材的同时,增加了新的教材:《中国文化英语教程》(束定芳主编,上海外语教育出版社,2016),原来的教材调整为参考资料。束定芳主编的《中国文化英语教程(学生用书)》作为“新目标大学英语系列教材”的主题英语教程之一,很好地承载了“中国文化英语表达”这一使命,体现了新文科背景下英语教改的方向和趋势。本教程根据教育部最新教学指南的目标要求,针对当前英语专业学生的知识结构及国际交流需要,围绕多个中国文化核心主题选择了多视角、多维度的英文阅读材料,让学生在进行英语学习的同时加深对本国文化的了解,提升大学生的文化认同,从而进一步培养英语专业大学生的跨文化交际能力,更好地用英文向世界讲述中国故事,努力在英语世界建构中国文化元素。

本课程包括中国文化最具典型性的 16 个主题,包含:神话传说(Myths and Legends)、名胜古迹(Places of Interest)、饮食文化(Chinese Cuisine)、茶文化(Tea Culture)、中医药学(Traditional Chinese Medicine)、生肖年历(The Chinese Calendar)、戏剧艺术(Traditional Chinese Opera)、书法艺术(Calligraphy)、中国语言(Chinese Language)、儒家思想(Confucianism)、道家思想(Taoism)、古典诗词(Classical Poetry)、文学名著(Classic Novels)、孙子兵法(The Art of War)、中国功夫(Chinese Kung Fu)和建筑艺术(Chinese Architecture)。每个单元精选 3 篇文章,分别介绍主题、回顾经典、引发思考,一方面帮助学生深化对中国文化的理解,另一方面帮助学生学会用英语来介绍和研究中国文化。具体教学内容如下所示(束定芳 2016):

Unit 1	Myths and Legends Reading A　A General Introduction to Chinese Mythology Reading B　Nüwa Creates People Reading C　The Chinese Dragon vs. The Western Dragon
Unit 2	Places of Interest Reading A　World Cultural Heritage in China Reading B　A Visit to Huangshan Mountain Reading C　1. "Warriors" Protect Hutong with Camera 2. Problems of Hutong
Unit 3	Chinese Cuisine Reading A　Chinese Cuisine Reading B　On Eating Reading C　Inspiration for Change
Unit 4	Tea Culture Reading A　Chinese Tea Reading B　Excerpts from *The Classic of Tea* Reading C　In Hot and Liquid Times
Unit 5	Traditional Chinese Medicine Reading A　Traditional Chinese Medicine: An Introduction Reading B　Excerpts from *Brush Talks from Dream Brook* Reading C　Traditional Chinese Medicine and Modern Western Medicine
Unit 6	The Chinese Calendar Reading A　The Chinese Calendar Reading B　Month Seven Reading C　Website Imparts Zodiac Wisdom
Unit 7	Traditional Chinese Opera Reading A　Chinese Opera Reading B　Farewell My Lady Reading C　In with Old and in with New

Unit 8	Calligraphy Reading A Chinese Calligraphy: An Introduction Reading B Chinese Calligraphy Reading C China's Handwriting Challenge
Unit 9	The Chinese Language Reading A The Chinese Language: Past and Present Reading B The Chinese Language Reading C The Chinese Language: Ever Evolving
Unit 10	Confucianism Reading A *The Analects of Confucius* Reading B Confucius Reading C A Brief Estimate of the Character of Confucius
Unit 11	Taoism Reading A Lao Tzu and Chuang Tzu Reading B Excerpts from *Tao Te Ching* Reading C The Tao of No Stress
Unit 12	Classical Poetry Reading A A Brief Introduction to Classical Chinese Poetry Reading B Selected Works of Classical Poetry Reading C Li Po and Tu Fu
Unit 13	Classic Novels Reading A China's Classic Novels Reading B An Excerpt from *The Dream of the Red Chamber* Reading C The Chinese Novel
Unit 14	The Art of War Reading A *The Art of War* Reading B Attack by Stratagem Reading C Fighting Your Business Battles: 6 Lasting Lessons from *The Art of War*

Unit 15	Chinese Kung Fu Reading A　Kung Fu Reading B　*Yang Family Forty Chapters* Reading C　Kung Fu for Philosophers
Unit 16	Chinese Architecture Reading A　The Art of Chinese Architecture Reading B　Cave Temples Reading C　When Commerce Kills Culture

第三,改进教学模式。采用线上线下混合模式,并融合"翻转课堂"的教学理念。在我校教务处的大力支持下,采用中国大学 MOOC 线上课程"中国文化概论"作为线上学习内容。该课程由武汉大学文学院李建忠教授领衔,为国家级精品课程,全部用中文授课,教学内容与中国文化的英语表达紧密相连。在教学计划中,安排三次共 6 学时的在线学习课程,为课堂教学打下了坚实的基础。具体教学过程中,采用"翻转课堂"的教学理念,要求学生提前在线上学完相关内容,这样,在课堂上直接进行中国文化英语表达教学,提高了整个教学的宽度和容量,最终大幅提升了教学效率和质量。同时,利用中国大学 MOOC 提供的慕课平台,开展教案上传、作业发布及批改、问题讨论、学生学情统计、测验讲评等等。这样极大地提升了教学效率,丰富了教学的维度,学生学习积极性大幅提升,参与度进一步增强,同时对学生学习情况的把控能力全面提升。

第四,改进学生课程考核方式。过去要求学生在期末学完该课程时提交一篇主题为中国文化内容的中文课程论文即可。现在考核方式多样化,更全面、更科学。考试成绩设定为以下几个部分:线上学习 30%,课堂参与度 30%,英语视频录制 30%,考勤 10%。英语视频录制要求学生选取中国文化的某一具体内容,自己设计场景,1-3 人参加,用英语讲述中国文化,时间为 5 分钟。考核方式的改变,引发了学生学习的极大兴趣,也更符合培养学生实践能力和提升英语实际应用能力的教学目标。从学生提交的英语视频来看,学生自编自导自演,内容丰富,其中不乏精品,完全可以用来外宣,特别是有关民族文化的英语视频。

5. 结语

总之,在我校教务处的大力支持及师生的共同努力下,"中国文化概论"课程的改革取得了一定的成绩,这来之不易。人类进入新世纪以来,随着人工智能技术突飞猛进,人类命运共同体的理念进一步推进,世界文化进一步融合,一个国家的文化软实力在对外交往中更加凸显其重要性。而文化软实力是国家文化的吸引力、感染力和影响力。通过"中国文化概论"课程,进一步提升英语专业学生的学术素养,丰富知识结构,尽可能地把我国经典论著及其灿烂的文化介绍给英语世界,对提升我国的文化软实力大有裨益。改革开放以来,我们一直注重"输入"西方文化,而忽略了"输出"中国自己博大精深的文化,以至于很多年轻人偏爱可乐、洋快餐和外国节日,民族文化备受冷落。经济全球化导致国与国之间经济文化交流日益紧密,当下中国的现代主体文化也正在形成,充分利用全球化的历史契机向世界输出中国文化,尤其是少数民族文化,具有重要的战略意义。而这也是我院英语专业"中国文化概论"课程十多年来不忘初心、砥砺前行、锐意改革的初衷所在。

参考文献:

[1] 贺毅娜. 翻转课堂教学模式对大学英语教学改革带来的思考[J]. 英语广场,2019,(10):102-105.

[2] 金培玉. "互联网 + 混合式"教学模式及评价机制在大学英语教学中

的应用[J]. 吉林工程技术师范学院学报,2017,(07):111-113.
[3] 束定芳. 中国文化英语教程[M]. 上海:上海外语教育出版社,2016.
[4] 张岱年,方克立. 中国文化概论[M]. 北京:北京师范大学出版社,2004.

[作者简介] 曾玉洪,副教授,硕士,西南民族大学外国语言文学学院。研究方向:典籍英译、中外文化对比、文字学。

新文科背景下外语专业创新人才培养模式研究
——再议思辨教学的探索与实践*

西南民族大学 冯玉娟

摘 要：本文立足于外语专业学生创新型人才培养的内在需求,系统地阐释了“新文科”和“思辨能力”的内涵意义,并从新文科改革大趋势下外语学科反思、思辨能力培养和思辨课程设置等角度深入讨论了如何构建外语专业思辨教学的理论和实践框架,以期为外语专业创新型人才培养提供一个全新视角和参考范本。

关键词：新文科；思辨能力；创新人才

1. 引言

“文科”这一概念的内涵和外延既有悠久的历史传承,也有鲜明的时代特征;“新文科”则是我国对人文科学和社会科学学科建设本土化的开创性尝试。教育部高教司在2018年正式提出“新文科”的明确术语表述。中共中央办公厅和国务院于2019年印发了《中国教育现代化2035》和《加快推进教育现代化实施方案(2018—2022年)》等文件,对于教育的内涵发展提出了更高的要求,包括加快实施和建设“六卓越一拔尖”计划

---

* 本文系西南民族大学2021年校级教育教学研究与改革项目“新文科背景下民族院校外语专业人才培养模式改革的研究与实践”阶段性成果。

2.0 以及一流本科教育和"双万计划"等，重点在于对高校人才培养和专业结构优化建设的提升起到引导和示范的作用。

2019 年 3 月，教育部高校外语专业和大学外语教学指导委员会等部门在北京联合举办了"第四届全国高等学校外语教育改革与发展高端论坛"，并邀请高教司吴岩司长针对外语教育未来改革方向提出指导性意见。吴司长在题为"新使命、大格局、新文科、大外语"的报告中指出，外语教学"关系到高等教育人才的培养质量，更关系到中国参与全球治理体系的改革建设"。要具有一定的思想高度和崇高的使命感，"承担文化输出之责"并"为国家战略培育英才"。新文科改革对于外国语言文学专业的发展也是一个崭新的契机。外语专业的改革要以服务国家战略发展为导向，培养精通外语及相关学科知识、具有全球视野的国际化人才(吴岩 2019:3)。本文将以思辨能力教学的探索和实践为出发点，探讨新文科背景下创新人才培养模式，以期为未来外语专业改革提供一个不同的视角。

2. "新文科"及"思辨能力"的内涵追溯

我国在历史上没有严格的学科系统区分，但有"杂学""三教九流"等学术界的粗略分类。现代人文社会科学的划分基本沿袭、照搬西方及苏联的学科体系。思辨能力，传统上译为批判性思维，由美国学者 Edward Glaser 在 1941 年提出，创立伊始亦是作为教育改革的一个方向性举措。以下将分别对这两个核心概念的演化及内涵做一个简单的梳理。

2.1 "新文科"演化梳理

从"五四"开始，我国对学科的分类，基本上按照西方的学科传统来界定，诸如法学、管理学、经济学、艺术学这样的学科整个体例基本上都是照搬自西方，教材教法也是如此。这曾经为中国现代学术发展引入了新的视野和方向，为我国人文社会科学的发展和国际影响力的提高发挥了积极的作用,但西方传统学科属性明显带有西方视角,对中国语境下的学术研究和人才培养的制约也渐渐显露。因此,如何建立中国自己的学术话语体系和大学人才培养模式,也成为一个亟需解决的问题(樊丽明 2020;王俊菊 2021)。

习近平总书记在2016年哲学社会科学座谈会上提出倡导具有中国特色的学科构建,即从由西方建立的人文社会科学体系转向具有中国特征、适应本国需求的全新学科体系。新文科的"新"是对人文社会科学教育的创新,旨在实现学科建设的"中国化",为弘扬中华文化和实现民族伟大复兴培养新型人才。正如王学典在"何谓'新文科'"中所提出的,"现在的学科建设过于强化学科自身的存在,而忽视了对问题的解决。'重问题轻学科'可能将是新文科的核心追求。未来新文科建设的重心就是弱化学科,突出问题;以问题为平台整合学科,而不是以学科为平台切割问题"(王学典 2020)。

2.2 "思辨能力"理论综述

"思辨能力"即 critical thinking, thinking 与汉语"思维"的概念基本对应;而 critical 作何理解,传统翻译中的"批判性"是否符合这一概念本身的内涵要求,到目前为止在学界仍旧存在广泛争议。究其原因,是由 critical 这一词条的多义性引发的。结合牛津、科林斯、韦氏等字典给出的释义,critical 的主要意义可以归纳如下:1)重要的,关键的;2)临界(点、值)的;接近危机的;3)(文学艺术等专业)批判的,批评的;4)经过思考审视进行理性判断、评价的。

从以上释义不难看出,"批判性思维"这一传统译法采纳的是第3条词条意义;而近十年来,教育学界更倾向于使用第4条词条意义,将其翻译为"思辨能力"。本文将沿袭思辨能力这一译法,并将其作为外语专业创新能力培养模式的突破口,力求探索一条创新性外语专业改革的新模式。

思辨能力可以从情感态度和认知能力这两个不同的维度进行理解。前者强调理性、审慎、尊重追求事实真理等品质;后者则侧重于分析、阐释、推理等认知能力的培养。此外,思辨能力还对培养对象有很高的要求,需要其通过自我约束和引导,针对各种主题和内容建立思辨的思维方式来解释、评价、推理各种问题(孙有中 2011)。

3.《国标》和《指南》指导下的外语学科反思

在过去四十多年的大学教育中,外语教学作为高等教育的一个重要组成部分,培养了大量的专业学科人才,也为中国学术国际化及文化走出去战略做出了重要的贡献。但近年来,外语专业也遭遇到了学科危机。专业定位不清晰、人才培养的同质化、课程设置缺乏连贯性,成为外国语言文学专业专家和一线教师共同的担忧,也引发笔者对于一系列问题的深度思考:外语专业的专业性质和专业意义、挑战和应对措施是什么?外语专业的人才培养目标、选拔和培养的模式是什么?新文科改革对外语专业的学科定位、建设、管理提出了怎样的新要求?民族院校如何在新文科改革中实施特色化的专业改革新模式?这也是本文在教学实践探讨过程中最为关注和尝试解决的问题。

外语教育界对以上提及的各种外语学科长期存在的危机进行了深入反思。从 2013 年起,由教育部牵头召集外语学界的专家经过反复商议,最终由高等学校外语专业教学指导委员会于 2018 年发布了《普通高等学校本科专业类教学质量国家标准(外国语言文学类)》(以下简称《国标》)。《国标》对高等院校外语专业的培养方案做出了较大的修改和调整,从学科建设、课程体系、人才培养等多方面进行改革,以适应新时代对英语专业教学的要求,成为衡量和评估高等院校英语专业教学质量的重要标准。与 2000 年制订的《高等学校英语专业教学大纲》相一致的是,《国标》同样强调了"英语语言综合运用能力""文学鉴赏能力”和“跨文化交流能力”。与之同时,《国标》针对英语专业普遍存在的缺乏推理、判断、辨析、综合等独立思考能力的短板,增加了对英语专业学生思辨能力培养的要求(查明建2017)。

2020年5月,在教育部高等学校外国语言文学类专业教学指导委员会的推动下,正式发布了《普通高等学校本科外国语言文学类专业教学指南》(以下简称《指南》),成为外语学科的又一纲领性指导文件。北京外国语大学副校长孙有中教授在首发仪式上明确指出《国标》和《指南》的区别,即前者“提出外语类专业准入、建设和评估的基本原则与总体要求”,后者“为各专业创新发展提供具体行动路线和解决方案”。《指南》在课程体系上明确列出了英语专业各方向的推荐性课程。特别值得一提的是,《指南》将“英语演讲与辩论”从原来的开设一学期增加到了两个学期,并将课程性质从专业选修课转变成了专业必修课。换而言之,全国所有开设英语专业的院校都需要开设两个学期大约64个学时左右的“英语演讲与辩论”,其权重比例大致相当于“语言学导论”和“英语文学导论”的总和。由此可见,在新文科改革的历史背景下,对外语专业人才思辨能力的培养要求已经高于大部分传统专业方向主干课程。那么,如何切实有效地在教学实践中提高外语专业学生的思辨能力呢?

4. 新文科改革下思辨教学与实践探索

4.1　思辨能力培养模式

在外语专业教学中,思辨能力的培养不能仅通过某门课程或者某种教学活动来完成,而需要贯穿在课程体系始终和教学过程的每一个环节。除了“英语演讲与辩论”这种思辨技能导向型课程外,基础阶段的精读、泛读、听力或者是高年级的文学、翻译、语言学专业知识课教学等都可以作为能力孵化平台。思辨能力的培养也不仅仅是教授者或者学习者单方面驱动完成

的,而是需要教授者和学习者共同参与。教学过程中需要特别注意语言信息的输入、处理和输出,使学习者适应四层学习身份模型:

第一层——文本解码者:对日常学习生活中的文本进行解码;

第二层——意义建构者:对文本进行解读和推断,从而建构意义;

第三层——文本使用者:对文本的风格、目的、结构等进行了解,掌握文本在实际生活中的社会文化功能;

第四层——文本分析者:对文本进行批判性分析和思考,了解其观点、立场和倾向。

四个层次的学习身份模型便于从不同角度认识教授者和学习者的身份特征。思辨能力的培养需要学习者在具体环境中进行反思和行动,特别需要学习者在反思中积累经验;也需要学习主体对教师和学生的身份有更深层次的认识,对语言教学中学习者不同阶段的身份特点的认知有更深层次的要求。

4.2 思辨课程设置

正如上面所提到的,外语专业思辨能力的培养可以通过多种性质的课程完成,基础阶段听说读写技能的培养型课程,高年级阶段的语言学、文学、翻译等专业方向课程,都可以通过思辨技能导向型的课堂组织形式、教学材料、授课方式等多种手段来培养学生的思辨能力。思辨能力的培养是新文科改革对人才培养的内在需求,所以在外语专业的培养方案上,最直接的体现是“英语演讲与辩论”这门课程的课程性质和授课学时都发生了很大的变化。

“英语演讲与辩论”这门课程起源于欧美高校普遍开设的“公共演讲与辩论”(public speaking),课程设计主要通过演讲和包括美式/英式议会制辩论在内的辩论形式,系统训练学习者形成严谨的逻辑思维能力和思辨思维习惯。以公共演讲中使用的语言表达方式为例,需要通过自我提问的方式来训练学习者在演讲过程中获得思辨能力相关的认知技能和情感倾向,这些问题涉及演讲的清晰性、正确性、精确性、相关性、深度、广度、逻辑性、重要性、充足性、公平性等等。具体而言,这些问题包括:是什么因素造成这个观点很难理解?这个问题的复杂性体现在哪里呢?我需要从另外一个角度来审视这个问题吗?我的观点在上下文中是否是合理的?我是否考虑了其他人的观点?我是否扭曲了某些概念来达到我想要的结论?我是否需要在这一点上进行核实?我该如何对这个观点进行证明和检验?诸如此类的问题,可以让学习者在组织思维的时候,注意观点之间的逻辑联系,能更全面地看待和思考问题,通过更客观的语言呈现方式来表述和支撑自己的论点等。

除了广为人知的"英语演讲与辩论"这门课程外,诸如"学术英语写作""语言学理论与流派"等理论型课程及理论与实践相结合的课程,也可以促使学生进行深度的、客观的和理性的思考,培养学生的思辨能力。

思辨能力的培养是个系统的过程,从思辨课程的设置、授课内容和课堂活动的设计、测试方法的灵活运用到自主学习模式和线上学习模式的应用等,需要结合外语专业课程本身的性质进行调整以与之匹配。相比之下更为重要的是,需要综合考虑学习者自身特征和大文科改革背景下的人才培养的内在需求,全盘考虑各个因素,从而达到最优效果。

5. 结语

外语专业的基础,根据《国标》中的定义,包括外国文学、外国语言、区域与国别研究等,具有明显的跨学科特征,因此结合了工具性特征和人文性特征。在大文科改革的大趋势下,外语专业的"人文性"和"工具性"的学科属性驱动了新专业方向的建设、新教学理论和课程体系的设立,以及新人才培养模式的探索。外语专业作为人文学科,更应该强调学生人文精神及全面人格的培养,特别需要强调学生思辨能力的培养,"强调外语专业人才培养中的人文视野、家国情怀、文化自觉等意识,明确对思辨能力、专业素养乃至学术水平的具体要求"(郭英剑 2019)。在这方面,很多高校不仅有理论的探讨,也有切实可行的教学实践改革,如上海外国语大学的人文化综合教学改革、大连外国语大学的以课程体系为依托的改革以及北京外国语大学的基于思辨能力的人才培养改革等等。一言以蔽之,外语学科发展和创新人才培养模式的探索是个多元的过程,新的政策导向、教学理论、课程体系、市场和社会需求等等因素都会对其发展产生深远影响。在这篇论文中,笔者着重讨论了思辨能力培养的重要性和教学实践模式,以期在新文科建设中推动外语学科的创新发展。

参考文献:

[1] 樊丽明. "新文科":时代需求与建设重点[J]. 中国大学教学,2020,(5):4-8.

[2] 郭英剑. 论外语专业的核心素养与未来走向[J]. 中国外语,2019,(1):15-19.

[3] 孙有中. 突出思辨能力培养,将英语专业教学改革引向深入[J]. 中国外语,2011,(3):52-53.

[4] 王俊菊. 新文科建设对外语专业意味着什么?[J]. 中国外语,2021,(1):1-24.

[5] 王学典. 何谓"新文科"[N]. 中华读书报,2020,(06-03):005.

[6] 吴岩. 新使命　新使命　新使命　大格局[J]. 外语教育研究前沿,2019,(2):3-7.

[7] 查明建. 英语专业的人文学科属性与人文课程的意义——以《国标》人文课程为中心[J]. 外国语言与文化,2017,(1):18-26.

[作者简介] 冯玉娟,西南民族大学外国语言文学学院,副教授,博士在读,硕士生导师。研究方向:二语习得,认知语言学。

研究生公共英语建构主义教学模式探索

西南民族大学　蒋　霞

摘　要：研究生公共英语课程的教学对象和教学目标与本科生显著不同，应根据研究生的认知规律和现代教学理念，采用适当的教学模式。本研究通过分析研究生公共英语课程的特点，基于建构主义学习理论，认为建构主义理念是适合研究生公共英语的教学理念，并通过具体案例的教学效果分析，提出了以情景化活动、支架式教学、合作学习为特征的建构主义教学模式。

关键词：研究生公共英语；建构主义；教学模式

基金项目：西南民族大学2019年研究生教育成果奖培育项目（编号：2019YJP002）。

由于教学对象和教学目标不同，研究生公共英语的教学模式应与本科大学英语有所区别。相较于本科大学英语教学，中国高校普遍对研究生公共英语教学的重视不够，导致教学模式单调，学生学习被动。很多课堂以传统的听说法、交际法、语法翻译法为主，总的来说教师是知识的传递者，学生是接受者，没有发挥研究生积极主动的学习潜能。与此同时，当前对研究生公共英语教学模式的研究不多，代表性的有：潘海英、刘晓波（2015）等探讨的“输入驱动”研究生公共英语课堂教学模式，王晨曦（2018）、彭媛（2020）提出的依托项目的研究生公共英语教学模式，张尉帅（2019）、孙青（2020）讨论的翻转课堂教学设计等。这些研究虽基于理论和现实基础，具有前瞻性，但主要为提出构想，其实际操作的效果缺乏证明。本研究通过全面分析研究生公共英语课的教学对象和教学目标特点，构建建构主义研究生公共英语教学模式，解决学生学习被动、课程低效的问题；并通过具体案例分析，揭示了研究生公共英语建构主义教学模式的实际操作方法和效果。

一、当前研究生公共英语课程的特点

研究生公共英语课的教学对象一般为本科毕业或具有与本科毕业同等学力并通过全国硕士研究生入学统一招生考试（简称"统考"）的硕士研究生。参加课程前，其英语水平要求为高等学校非英语专业本科毕业生所能达到的及格及以上水平。从实际情况看，他们在入学时要达到统考初试最低单科成绩要求（即"分数线"），并通过外语听说复试。由于各个专业考生的初试单科分数线有较大差异，同一学校不同专业研究生的入学外语水平又存在一定差异，而研究生英语通常为大班教学，几个不同专业的学生在一个英语班学习，一个班级内部的学生初试英语水平可能存在较大差异。

从教学对象的认知能力看，研究生入学年龄一般为22—30岁，是青年时期，已经过了最佳外语习得时期，但在加工、储存和提取信息的能力上超越了此前的阶段。与本科生相比，他们经过考研的筛选，在英语学习经验、自学能力、自我管理能力、情绪控制能力上平均来看超过本科学生，而且由于人生阅历更加丰富，他们对事物的思考更具深度，理解力更强，表达能力更强。这为他们在研究生阶段独立探索新领域、新知识打下了基础，也使得他们在学习和实践中与人合作更加顺利。

从教学目标来看，研究生课程旨在进一步提高学生的英语综合应用能力，并满足其学术研究和行业实践对语言的要求，有别于本科时期通过四级、六级考试的应试性，也不同于通识教育阶段的人文教育功能,而更具有应用性,突出表现在学术英语领域的书面和口头交流能力和其他专门用途领域英语的交流能力。

针对这样的教学对象和教学目标,老师需要采用适合其认知特点、英语水平和学习需求的方法进行教学。比如,由于具备一定的英语口语能力,研究生希望继续提升口语水平,而且因为对事物有一定的认识,大多数研究生期待在课堂上表达自我看法,并了解他人的想法。如果老师引导得当,研究生能够对某一话题进行较深入的讨论。再比如,研究生已经建立起较好的学习习惯,且具有一定的英语阅读能力。只要老师严格要求,他们在课前的预习时基本上能扫清词汇和语法的障碍,在课堂上将不满足于语法词汇的讲练,这样就对老师的角色和授课内容、授课方式提出了要求。

二、建构主义学习理论对研究生公共英语教学的启示

建构主义(constructivism)是关于知识和学习的理论,描述什么是“获取知识”(knowing),以及如何“获取知识”(come to know)。该理论在 20 世纪 90 年代声名鹊起,至今热度不减。一般认为其源于瑞士心理学家皮亚杰(Jean Piaget, 1896-1980)儿童认知发展理论中的“建构主义”观点和前苏联心理学家列夫·维果斯基(Lev Vygotsky, 1896-1934)的文化历史学派认知心理学理论。它吸收了行为主义和认知主义思想,认为学习就是构建意义的过程,就是人们从经验中获得知识的过程。

建构主义主要可分为认知建构主义和社会建构主义两大主要视角。前者受皮亚杰理论影响,从个体的视角来看待学习和知识获取,注重个体思维;而后者受维果斯基理论的影响,从个人和社会之间的互动来研究思维,将学习视为一种社会文化适应的过程(Bruner 1966)。认知建构主义关注人们如何学习。

皮亚杰提出,个人不能立即理解和应用给予的信息,人们理解和建构知识是通过体验事物和反思这些经历实现的(Piaget 1977)。以此为基础的学习模型将教师作用限制为:负责提供一个丰富和激励的环境来鼓励学生探索。然后,学生可以通过经验积极构建其知识,以此鼓励同化和顺应。社会建构主义强调文化和社会环境的意义。维果斯基认为,个体基于其对周围的社会环境的理解来建构知识(Vygotsky 1986)。教师和家长的作用在于引导孩子接触合适的文化认知工具,如文化历史、社会背景、语言以及当今的电子信息。维果斯基还提出了最近发展区理论(Zone of Proximal Development),基于此产生了支架式(scaffolding)教学理论,即在成年人或更有经验的儿童的帮助下,学生可以掌握他们自己无法理解的知识和信息。在此,教师起支架作用,学习同伴之间相互也可起支架作用。

与传统学习理论相比,建构主义学习理论认为,知识是相对动态、复杂、相互联系的,而非客观、确定、不变的;学生是积极主动的建构者,有独特的知识经验,而非容器或信息的接受者;教师是学习的促进者,是支架,而非知识的传递者。建构主义学习理论认为学习是主动建构知识、意义的过程,而非接受信息和知识;教学的过程是创造理想环境、促使学生有意义建构知识的过程,而非传授知识。建构主义学习理论认为"情境""协作""会话"和"意义建构"是学习环境中的四大要素。它要求学生"要用探索法、发现法去建构知识的意义";"要主动去搜集并分析有关的信息和资料;对所学习的问题要提出各种假设并努力加以验证;要把当前学习内容所反映的事物尽量和自己已经知道的事物相联系,并对这种联系加以认真的思考"(何克抗 1997)。

就研究生而言,他们具有漫长的学习经历,特别是传统的学习过程,积累了大量被动接受信息和知识的经验,具备较强的理解能力和建构知识的经验。研究生选择继续攻读学位,放弃就业挣钱的机会,一般是其主动选择的结果,因而更加珍惜在校学习的机会，具有更强的学习动力。基于此，认知建构主义提倡的学习模型非常适合研究生英语教学。教师不用直接传授知识，而应注重营造充满未知信息和激发兴趣的教学环境来鼓励学生自己探索。学生遇到新问题，会将其与他们以前的观点和经验进行比较，并最终构建他们自己的知识。同时，研究生对于社会网络有更深刻的认识，普遍珍惜同窗情，愿意加深同学间的友谊，有较强烈的合作愿望。多年的学习、生活、工作经历锻炼使他们具有一定的口头和书面表达能力，具备一定的交流能力。此外，作为优秀的成年人，研究生具备更强的自控力，能够尽力在规定时间内完成布置的任务，并避免沉迷网络等不良情况发生。从物质条件看，当前网络技术进一步发展，各种学习资源更容易获得，图文并茂的多媒体资源还能创造身临其境的逼真效果，交流平台也便捷多样，这些为研究生学习提供了社会文化认知工具和协作会话的环境。可见，社会建构主义教学所提倡的协作学习和充分的资源都具有物质和教学对象的基础。总之，建构主义学习理念非常适合研究生英语课程的教学。

三、建构主义理论指导下的研究生公共英语教学设计

基于建构主义理论，可以从情景化活动、支架式教学和合作学习三方面进行教学设计。

1. 设计情景化活动使学生内化知识和技能。

设计情景化的活动，使学生置身于真实的语言使用场景去完成某项任务，既能提升学生的学习兴趣，又能通过学生每一步的实际参与，不断发现问题，通过各种途径解决问题，从而明白自身知识和能力的不足，且加深其印象。以国际学术交流英语课程教学为例，课程以假设学生将参加某学术会议为前提，让学生经历参加国际会议的全过程，包括搜寻真实的会议通知、与会

议主办方邮件联系、撰写论文摘要并按要求投稿、在模拟大会上宣读论文等。在此过程中使学生内化实用的知识和技能,且提高了学生的学习兴趣。

2. 支架式教学培养学生的自主学习能力。

在学习活动中,老师为学习者提供外部支持,帮助他们完成独自无法完成的任务。而随着活动的进行,逐渐减少外部支持,让位于学生的独立活动,直到最后完全撤去支架。该方法贯穿于各门课程的所有活动,如综合英语课程的课文体裁分析、国际学术交流英语课程的论文宣读幻灯片制作和手稿写作、民族文化英语的文化翻译练习等等。教师的支架角色锻炼了学生的独立探索能力,也让学生由被动接受知识变为主动建构知识。

3. 合作学习化解大班教学的劣势,培养学生独立或合作解决问题的能力。

由于大部分课程是大班授课,一个班包含好几个专业,学习目标和基础有显著差异,这本是教学中的劣势,但老师通过合作学习的活动将其转化成了优势。如分组时让不同专业的学生组成一组完成任务,能让不同的知识背景和思维模式发生交流与碰撞;而在同一专业学生组成一组分组展演时,能让各组学生观摩其他专业的作品,学习不同的态度、风格,扩展知识面。在教学中贯穿合作学习的精神,不光体现为各门课程布置的小组作业、分组讨论、互评互改,还包括各项任务中,老师解除权威身份或故意退出,让学生通过各种渠道去寻求帮助,直到解决问题。如国际学术交流英语课程中让学生寻找本专业的权威国际期刊征稿启事对于一些文科专业来说较难,教师故意以外行的身份不给予答案,而迫使学生向本专业老师、高年级学长甚至外校老师、网上论坛提问求助,得到答案后同专业的学生再互相比较、评价,最终得到较正确的答案。再如,民族文化英语课程中的一些文化词没有现成的英译名或有几个不同译名,老师在讲过译名原则后留给学生自己处理;学生通过搜索资料、理解信息、自己思考或小组讨论得出结论,讲出道理后还要接受其他同学的评判,在这样的争论中得出最佳答案。总之,学生在教师的引导下,独立或合作解决问题、完成任务,建构起新的知识。

四、教学效果案例

基于以上认识,根据研究生认知规律和现代教学理念,西南民族大学研究生公共英语课程组开展了教学改革,以线上线下混合式教学为基础,设计了以情景化活动、支架式教学、合作学习为特征的建构主义教学模式,并取得了很好的效果。

课程改革前,该校的研究生公共英语课以传统的听说法、交际法、语法翻译法为主,总的来说教师是知识的传递者,学生是接受者,没有发挥研究生积极主动的学习潜能。

基于西南民族大学非英语专业研究生对英语教学的需求,并根据研究生认知规律和现代教学理念,西南民族大学研究生公共英语课程组进行线上教学平台建设和教材建设,创新教学方法和评价方式,形成了建构主义教学模式。情景化活动、支架式教学、合作学习三种做法相互交融,融合线上线下混合式教学,辅以对形成性评价的重视。情景化活动蕴含合作学习,合作学习基于支架式教学,支架式教学包含情景化活动,它们都依赖于学生课前或课后使用线上教学资源自主学习,才能在线下学习中积极参与,完成任务。线上学习情况和线下表现都形成教学环节的各项平时成绩,老师一一统计,按比例计入最终课程成绩。

经过教学改革,学生的英语应用能力得到很大提高,取得多方面成绩,包括学生在第五届全国大学生学术英语词汇竞赛中取得优异成绩。全国约 980 所高校 12 万名学生参与竞赛,研究生组一等奖获奖人数仅 16 人,约占总比例的 0.2%,该校就有一名研究生获得一等奖,37 名研究生获二等奖,远高于全国平均获奖比例。而该校研究生的入校英语成绩并不在全国前列。此外,由于国际学术英语交流课程所采用的建构主义教学模式,该校研究生发表国际期刊论文数量逐年增长,2019 届研究生发表 42 篇高级别国际期刊论文,2020 届研究生发表 92 篇高级别国际期刊论文,而此前发表篇数极少。还有数名学生赴国外参加学术会议并作现场报告,其流利的英语和对会议程式的熟悉让国际同行刮目相看。尽管国际论文发表和会议论文宣读还与专业教学水平提升有关,但不可否认,学生得益于平时课堂的各种情景化活动的操练,才能得心应手地进行英语学术论文写作和国际学术会议交流。建构主义教学使学生学习效率大大提升。

案例表明,以情景化活动、支架式教学、合作学习为特征的建构主义教学模式能够解决教学班规模大、专业混合、教学模式单调、学生学习被动的问题。

总之,根据研究生认知规律和现代教学理念,采用以情景化活动、支架式教学、合作学习为特征的建构主义教学模式,辅以线上教学资源平台建设,实施线上线下混合教学,以及形成性评价的支持,是行之有效的研究生英语教学模式。

参考文献:

[1] Bruner J. *Toward a Theory of Instruction* [M]. Cambridge, MA: The Belknap Press of Harvard University Press, 1966.

[2] Piaget J. Trans. Rosin A. *The Development of Thought: Equilibration of Cognitive Structures* [M]. New York: The Viking Press, 1977.

[3] Vygotsky L. Trans. and ed. Kozulin A. *Thought and Language* [M]. Cambridge, MA: The MIT Press (Originally published in Russian in 1934.), 1986.

[4] 何克抗. 建构主义——革新传统教育的理论基础[J]. 电化教育研

究,1997,(3):3-9.

[5] 潘海英,刘晓波. 基于输出驱动假设的研究生公共英语教学模式研究——以吉林大学直博研究生公共英语教学为例[J]. 中国外语,2015,(3):73-79.

[6] 彭媛. 依托项目的研究生公共英语教学对学生的影响研究[J]. 湖北工程学院学报,2020,(3):44-50.

[7] 孙青. 基于翻转学习的研究生公共英语教学模式探究——以西南某高校研究生公共英语教学为例[A]. 外语教育与翻译发展创新研究(第九卷)[C]. 成都:四川师大电子出版社有限公司,2020,316-319.

[8] 王晨曦. 基于 PBL 的研究生公共英语教学模式初探[J]. 高教学刊,2018,(19):122-123.

[9] 张尉帅. 硕士研究生公共英语课程翻转课堂教学设计——以西藏民族大学为例[J]. 教育现代化,2019,(A0):195-196.

[作者简介] 蒋霞,女,西南民族大学外国语言文学学院副教授。研究兴趣:外语教学,文体学。

民族院校大学英语课程改革：混合教学、多元评价、技教融合
——以西南民族大学为例

西南民族大学 王春艳

摘　要：本文从我校大学英语的教学现状入手，结合分级教学改革的实施情况，探讨如何在线上线下混合式教学的形势下进一步完成大学英语课程体系的构建，围绕分级教学制定人才培养目标，进一步加强基于微课、翻转课堂和慕课等混合式教学模式的研究以及线上学习资源的利用，并形成多元化的评价体系，实现现代技术和英语教学的深度融合，从而为探讨民族院校的大学英语教学改革进行有益探索。

关键词：民族院校；大学英语；课程改革

1. 引言

教育部高等教育司在加强公共外语教学改革工作会议上，提出从国家战略高度来规划公共外语教学，培养“懂专业、精外语”的国际化复合型高层次外语人才。近年来，我校虽然在大学英语教学改革方面做出了一些尝试并初见成效，但仍需与时俱进，不断调整。尤其是当下在建设一流课程的过程中，一方面，要努力按照一流课程的标准来指导我校大学英语的教改思路和举措；另一方面，也要充分考虑我校学生的实际情况，打造具有民大特色的大学英语课程体系，从而提升大学英语的教学质量。

2. 现状分析

西南民族大学的英语分层分类教学始于2016年，主要参考高考英语成绩和入学测试的成绩，将学生分为A、B两个等级进行教学，由最初的一个学院内部分级到几个学院共同分A、B班教学。教学学期学时安排从最初的4444到4420，再到目前的3322学时，A、B班分级的格局有利于体现因材施教的原则，针对不同水平的学生选取不同的教学内容、采用不同的教学手段进行教学，遵循因材施教的教学原则，让不同层次的学生能各有所获，能够发掘其英语潜力，并能最大程度提高课堂教学效率并合理利用教学资源，实现教学的多样化。这在提高教学质量、优化师资配置、促进学生英语能力的提高方面均有积极的作用。在学生的学情方面，其英语基础参差不齐，近两届学生的英语基础和水平好于以往的学生，但是总体而言，大部分学生的语言基础依然相对薄弱，语言能力有待提高，文化素养需要进一步培养。几年试点下来，分级教学初见成效，也存在一些问题，比如在分级的方式和课程板块设置上还有待进一步加强，课程体系构建有待立体化和完善，在课程的设置上尚待细分，有必要根据我校不同层次的学生，将教学目标具体化、可衡量化、可操作化；有必要根据我校的大学英语教学实际，遵循大学英语教学的规律和特点，明确人才培养目标，与时俱进，将大学英语的教学从课堂延展出来，紧密联系现实世界中语言能力的运用，让学生能学以致用；有必要调整人才培养方案，打造具有民大特色的大学英语课程体系，为学生服务，为大学英语教学质量的提高服务，走出具有民大特色的大学英语教学改革之路。

3. 大学英语课程体系的构建

3.1 明确教学目标

面对全校不同英语层次的学生，多年以来，作为通识必修课程的大学英语实现了分层分类的教学，涵盖了大学英语一、二

(彝、藏)、三(艺体)、限少语四个层级的教学。为了取得更好的教学效果,有必要量化学习目标,充分参照中国英语能力登记量表,以语言运用为导向,建立多层级的能力指标和测评体系,设计英语教学大纲,制定教学计划,提升教学测评的信度和效度。大学英语教学指南(2020)对不同目标制定了具体的要求,以阅读理解能力为例,对基础、提高、发展三个等级目标的阅读应达到的程度和标准进行了补充与完善,对阅读材料的复杂度进行了区分,对语言能力的描述参数进行了拓展,等级描述语之间的级差更为明显;循序渐进,对不同层次的学生制定不同的目标,在线上线下混合式教学活动中,根据学生的实际情况,选用适当的教学平台和软件,布置适合学生水平的教学任务。在超星和中国大学慕课采取 SPOC 异步教学,或者自建符合我校实际的课程,确保线上线下教学活动能有序地开展。

我校目前的分级方式为 A、B 班分级教学,依据全校学生的高考成绩,在几个学院内部实行分级教学,采用全新进阶综合教程和视听说教程。为了体现分级教学的差异,在教学目标设定上,A 班学生侧重语言应用能力的提高,B 班学生强调基础知识的夯实;在教学材料的选择上有难度的区分,A 班学生强调输入后以任务为导向的输出;在 FIF 口语训练上,针对 A 班学生布置难度较大的材料,对 B 班学生布置相对而言能够完成且有挑战的任务,有利于培养学生的自信心。期末考核时,在试卷内容上,线上线下的学习内容约占 50%,涵盖 A、B 班线上线下学习的资源、课内课外的内容;另外 50%的考试内容用于拉开 A、B 班学生的差距,在评优、评奖以及保研上确保成绩相对公平。

3.2 细分课程板块

作为新文科有机组成的大学英语的重要性不容忽视,这也为大学英语教学改革提供了方向。针对作为学科专业的外语以及大学公共课程的外语之间的差异,有必要在教学改革中让学科和英语的联系更紧密,让学生的能力能有针对性的提高,让学生步入社会后能学以致用，适应社会对人才的多元化需求、学科发展的专业化需求和学生的个性化需求。通过课程模块的细分和建设，将夯实学生的语言基础知识和培养学生的语言应用能力以及跨文化交际能力相结合，考虑学生的就业需求和考研需求，构建有层次的、脉络清晰的立体化课程体系，致力于人才的培养和教学质量的提高。

根据大学英语教学指南最新版的要求，大学英语课程板块包括：通用英语+专门用途英语+跨文化交际。目前我校大学英语的课程体系由通识必修课和通识选修课组成。除了通用英语，专门用途英语和跨文化交际课程群主要在通识选修平台，针对2020级大学英语Ⅰ的学生，我校将根据学生的四级考试成绩，让英语成绩比较好的部分学生在第三、第四学期学习"学术英语"，让学有余力的学生能够得到进一步提高。"学术英语"开设之初，充分考虑我校学生的实际情况，可以逐步扩大规模。初期根据学生四级过级的情况选拔部分学生参加"学术英语"的教学，待时机成熟，根据一轮教学运行的情况，不断完善课程内容，充实教学团队，评估教学效果，基于前期小规模试点和教学成效，再确定下一步的改革举措。

在通识选修板块，既有培养学生基本语言技能的"英语语法""英语口语"等课程，也有专门用途英语门类下的"旅游英语"；在文化素质板块。"影视欣赏""西方文化""跨文化交际"等课程旨在提升学生的文化素质。后期可考虑开设"中国文化"课程，让学生深入了解中国的传统文化，利用语言工具表达和传播优秀的传统文化，进行中西方文化的比较，更能培养学生的家国情怀与民族精神。

3.3 教学模式的选择

采用"课堂授课+线上线下混合式教学+课外自主学习"的模式，充分发挥现代教育技术的优势，引导学生利用线上的学习资源，培养自主学习的能力。课前准备阶段通过网络学习平台提前发布讨论话题、听力材料等，让学生获取相关单元主题的知识和信息；利用 WE Learn、词达人等平台预习课文，自学词汇相关知识并做笔记，能使学生充分利用网络资源，做到胸有成竹，不仅提高课堂学习的效率，还将最大化学生的学习主动性及积极性。在课堂教学活动中，检查学生的自学情况，并结合教材选择口语活动，让学生在输入的基础上能完成基于任务的产出活动；学生能得到老师的点评。利用网络学习平台帮助学生进行课堂学习及自我评价，既能提高学生的积极性和学习兴趣，又能检验课堂是否达到了教学目标。采用线上与线下相结合的教学方式，在提高教学效率的同时，也能保证教学更好地运行。

做到信息技术与大学英语教学的有机融合。大学英语教学应该是一个全方位的、多模块的整体，除了纸质教材，还要有电子资源的建设。除了课堂教学用的 PPT 课件，还可以结合中国大学慕课上的资源、基于已经开发成熟的教学资源进行选择性的利用。针对教学重点和难点，可以制作微课，帮助学生理解，辅之以教师的引导，能充分激发学生的学习积极性，以比较生动灵活的形式加深学生对知识点的印象，从而在点、线等方面对学生进行知识的有效输入。为了取得线上线下的教学效果，教研室通过团队集体备课，确定每个单元的教学目标、教学任务、教学方法，设计课前、课中以及课后各环节的任务和教学重点，同时在教学资源的选择上对 A、B 班的学生有所侧重和区分，将不同的板块有效地结合在一起，将学习内容与课堂互动环节相融合，兼顾不同层次学生的语言技能和人文素养的提升。

4. 构建多元化的评价体系

4.1 形成性评价和终结性评价相结合

“形成性评价是大学英语教学评价的重要手段，对教与学的过程进行跟踪、监督和反馈”（金艳 2020：8）。针对全年级的学生，从框架上统一平时成绩的评定标准，确定平时成绩涵盖范围，量化各项任务的评定指标，建立以形成性评价为主、终结性评价为辅的评价体系。“基于形成性评价的教学以学习者为中心，激励学习者自主学习、主动学习。教师和学习者都可根据形成性评价的结果决定下一步行动，比如教师可以相应调整教学内容和节奏。在形成性评价中，学习者必须经常检查自己的学习效果，而自我评价必须有参照标准”(刘建达 2019:11)。

平时成绩涵盖范围：考勤、线上学习情况(“词达人”单词听写、“随行课堂”自主学习以及测试、“句酷批改网”作文写作、FiF 口语训练以及期末口语测试、中国大学慕课学习)、课堂表现及线下作业、小组的演讲等等。开学之初，明确平时成绩的要求和任务，让平时成绩的评定可视化、可量化、可实现。让教学和评价的过程评估具有智能化、个性化和数据化的特点。让不同水平的学生都能根据自己的能力和学习投入，最终得到平时成绩的产出。

注重形成性评估，可以对学生的学习过程进行有效的监督和评价，了解学生达成目标的情况，及时发现学生的问题并调整教学方法；注重形成性评估，能够引导学生进行自主学习，在完成布置的任务的同时，逐渐养成良好的学习习惯，不断实现自我完善和提升，在一定程度上提高我校大学英语的教学质量。

4.2 线上线下混合式教学的数据化管理

信息技术的发展给教学方式带来了极大的改变，提供了多样化的选择，实现了学生能不受时间和地点的限制进行学习。利用 QQ 群定期发布教学任务，学生可以在给定的时间内根据自己的实际情况掌握学习进度和节奏，针对口语、写作、听力以及阅读提升相应的语言技能。对于学生的在线自主学习，根据 A、B 班布置不同的学习任务，规定基本的学习时长，导出学生的学习测试分数并进行分析，了解不同水平的学生在线自主学习完成的情况和效果，了解学生的薄弱环节和个体差异；在教学设计上充分考虑学生的个体性差异，并在教学策略的选择、教学任务的布置上体现差异性,使线上线下混合式教学更符合我校的学情。在此基础上,基础好的学生可以选择完成额外的教学任务,充分利用各种线上平台以及软件。大学英语目前正着手建设试题库,届时将上传至考试系统,充实题库资源,可以用于学生的平时测验、半期考试等等。在我校将逐步实现大学英语无纸化考试,将学生的考试分数和记录纳入数据库,便于进行试卷分析,发现学生的问题和薄弱环节,重视学生的学习过程,完善对学生学习的形成性评估,让实现学习目标的过程更加具体和显性化,通过量变的积累,力求达成质变的飞跃。长期以来,大学英语每学期的纸质试卷保存也是一个棘手的问题,通过无纸化考试,可以在一定程度上解决纸质试卷保存的问题。当然,这对学校的硬件资源提出了要求,但是我们可以逐步朝着这一方向去尝试、去实践。

4.3 学生自评与教师评价相结合

线上线下混合式教学充分利用诸如随行课堂、词达人、句酷批改网、FiF 口语训练等平台,混合式教学的评价体系包括学生的线上学习记录、学习时长、学习分数等等。教师可以设计线上学习自测表,由学生自行填写,完善个体学习档案;教师根据学生具体任务的完成情况计算学生的平时成绩。这样,学生的平时成绩构成有据可依,包括平时活动的参与、学习轨迹的记录,让平时成绩可测量化;同时训练学生自我学习管理的能力,调动学生的学习主动性和积极性,从而培养学生自主学习的能力,因为“大学阶段学生的自主学习能力培养是一个从学习观念改变、自主学习习惯训练到自主学习习惯养成的过程”(徐锦芬等 2010:60)。

5. 教师发展

5.1 与时俱进,掌握现代技术

随着现代技术的发展,多媒体、微课、翻转课堂等教学模式运用日渐广泛，尤其是在疫情期间，各种教学平台如雨课堂、腾讯课堂、钉钉等被越来越多的教师了解和应用。根据不同的教学对象、不同的教学内容如何合理高效地利用现代技术是一个值得研究的话题。如何以学生的学习为中心，提高学生的积极性和学习兴趣，传输知识和提高能力，让学生能在学习后吸收并转化为自己的知识，并最大限度地输出，不管是通过微课还是翻转课堂，都对教师提出了更高的要求。教师有必要学习和了解微课的制作方法与常用工具，明确翻转课堂与微课教学的理念和具体操作。此外，对现代技术的了解和掌握是一个方面，如何围绕教学目标来设计教学是另一个重要环节，因为技术始终不能取代教师的主导作用，技术始终服务于提高教学效果和质量的根本。要以教学内容为主，信息技术为辅，通过集体备课，合理利用教学资源，探讨课堂教学的策略和方法，有条不紊地开展线上线下教学工作。

5.2 时代使命，提升教师素养，打造教师团队

新时代大学英语教学对教师的理论实践水平、教研能力、思想政治素养提出了更高的要求。为了推动大学英语课程的改革和发展，不断提高大学英语教学质量和大学生英语能力，大学英语教学管理者应将评价视为课程体系的一个核心环节，提高教师的评价素养，监督评价的实施过程。大学英语教师应与时俱进，学习和运用先进的评价技术与手段，开展多样化、个性化教学评价，利用评价的反馈信息改进教学和学习，切实提高大学生英语综合应用能力。在课程思政的形势下，教师除了提升自己的业务能力外，还要与时俱进，不断提升自身的政治素养，立德树人，让学生在提高语言基本技能的同时，培养文化素养，增强文化自信；要通过教师的言传身教传道受业解惑，让学生在获得语言知识和提高语言应用能力的同时，人文素养和道德情操都能得到提升和陶冶；要打造教师团队，制定明确目标，细化阶段性目标。“一般情况下，团队目标总会受到关注，但个人目标常

被忽视。使每个成员都有清晰的目标且最终能有获得感是实现互助、共赢的关键。具体而言，每个成员的目标要任务化，每个任务要过程化，每个过程要可操作化，每个结果要可测量，这样每个成员才能在终结成果中做出自己的贡献”(文秋芳 2019:7)。

6. 结语

新时代背景下的大学英语课程体系构建将会是线上线下混合教学模式下现代技术与英语教学和思政浸润的深度融合。应围绕人才培养目标的定位、教学目标的制定、教学实践环节的方方面面，以学习者为中心，以提升学生的语言应用能力和文化素养为目标，培养文化自信；同时转变教师的人才培养和教学理念，在打造一流课程的过程中不断提高教师教书育人的能力。课程思政的核心因素是教师，在新文科背景下，应注重教师发展，打造教学团队，结合民族院校的实际情况，建设“金课”，构建体现校本观的特色大学英语课程体系，从而提高大学英语的教学质量。

参考文献：

[1] 教育部大学外语教学指导委员会. 大学英语教学指南[M]. 北京：高等教育出版社，2020.

[2] 金燕. 大学英语评价与测试的现状调查与改革方向[J]. 外语界，2020，(5)：2-9.

[3] 刘建达. 中国英语能力等级量表与英语教学[J]. 外语界，2019，(3)：7-14.

[4] 徐锦芬，唐芳，刘泽华. 培养大学新生英语自主学习能力的“三维一体”教学模式——大学英语教学模式改革实验研究[J]. 外语教学，2010，(6)：60-64.

[5] 文秋芳. 外语“金课”与“金牌外语教师团队”[J]. 外语教育研究前沿，2019，(11)：3-11.

[项目来源] 2021 年度西南民族大学校级教改的重点项目“学术英语教学中‘对分课堂’教学模式研究与实践”，项目编号 2021ZD27。

[作者简介] 王春艳，西南民族大学外国语言文学学院副教授。研究方向：英语教育与跨文化交际。

融入思政的大学英语
——以全新大学进阶英语为例

西南民族大学 何小群

摘 要：随着新时代对人才的需求和人类自身发展的需要，作为文科之一的外语教学承担着以培养高素质复合型人才为目标的重大任务。对于教授非英语专业学生的大学英语教师来讲，更是责无旁贷地有义务担此重任。大学英语课程肩负着介绍、引进国外先进理念与思想的责任，也有义务引导学生带着中国文化和人类命运共同体理念勇敢地走出国门，实现学术研究和交流的双向互通。要实现上述目标，思政理念必定会融入平常的课程实践。本文以教材中的某个单元为例，阐释思政大学英语的必要性和探讨融入思政的大学英语对人才培养的影响。

关键词：思政；大学英语；复合型人才；人类命运共同体

引 言

2017年2月，中共中央、国务院印发了《关于加强和改进新形势下高校思想政治工作的意见》，要求各高校充分发掘和运用各学科蕴含的思想政治教育资源。2017年12月，教育部下发《高校思想政治工作质量提升工程实施纲要》，要求各高校大力推动以“课程思政”为目标的课堂教学改革，实现思想政治教育和知识体系的有机统一。教育部高等教育司负责人表示，“高校人才培养是育人和育才相统一的过程。当前，高校中还不同程度存在专业教育与思想政治教育‘两张皮’现象，未能很好形成育人合力，发挥出课程育人的功能。全面推进课程思政建设就是要解决这一问题,把教育教学作为最基础最根本的工作,构建更高水平的人才培养体系,促进学生全面发展。"2019年3月,习近平主席发表《思政课是落实立德树人根本任务的关键课程》的讲话,强调"学校思想政治工作不是单纯一条线的工作,而应该是全方位的""要完善课程体系,解决好各类课程和思政课相互配合的问题""推动思想政治工作贯通人才培养体系,发挥融入式、嵌入式、渗入式的立德树人协同效应"。课程思政是一种创新的思想政治理论教学方式,它打破了传统思政教育观念的禁锢,既创新教学载体又拓展教学内容,通过发掘并有机融合其他课程中隐藏的思政教育资源,实现立德树人的目的。课程思政旨在将思想政治教育有机融入各门课程的教学和改革之中,实现知识传授与价值引领的有效结合,实现立德树人的润物无声,进而实现培养拥护中国共产党领导和我国社会主义制度、立志为中国特色社会主义奋斗终身的有用人才的根本任务。

1. 大学英语(课程)思政的目标和意义

思想政治教育是中国共产党最先明确提出并且在长期的革命与社会主义建设实践中逐步理论化和系统化的教育方法和工作模式,是中国共产党的优良传统和政治优势之一,是培养符合我国社会主义建设事业需要的人才的思想保证。同时,作为一种教育实践活动,思想政治教育的主体和对象都是人,可以说思想政治教育又是一种"育人"活动,而"育人"活动的开展,又离不开人所处的文化环境。当前在全球化时代背景下,多元文化并存态势越来越明显,大学生的价值观念、思维方式和行为方式都较以前发生了剧烈变化。很多学生既没有真正了解外来文化、思想、观念之精髓,又没有深刻领会中国传统文化,在多元文化的碰撞中,他们的价值观极容易走向偏激或急功近利。拥有修读人数最多的大学英语课程思政建设显得尤为迫切(吴鹏 2020:I–III)。第一,作为高校学生学习时间最长、学分较多、修读人数最多的一门公共基础课程，大学英语课程拥有广阔的育人平台。在课程架构与教学设计合理的前提下，大学英语课程思政建设将对各专业学生产生较大的影响。第二，大学英语课程的内在教学目标要求融入思想政治教育。作为一门集语言、文化和思维教育于一体的课程，大学英语课程不仅要传授学生英语语言知识，培养学生的英语语言技能，还要帮助学生通过英语学习拓展国际视野，培养世界眼光，理解西方文明与思维方式，使学生学会辩证地看待西方文化及其核心价值观。想要实现这些目标，首先要帮助学生通晓中国社会、文化、价值理念，理解并坚持中国的社会文化立场与核心价值观，弘扬中华传统优秀文化，这是我们反思差异、展开对话的基本立足点。所以，正确的人生观、价值观和世界观引领的思想政治教育需要以文化为依托，融入大学英语教育，丰富大学英语的教育内涵并提升和帮助实现大学英语的育人活动。

2. 融入思政的大学英语课堂实践

本文以《全新版大学进阶英语综合教程第二册》第一单元 Living Green 为例，探索课程思政与英语学习的有机结合，实现推进课程建设、落实立德树人的根本任务。本篇课文讲述的是美国一个普通的四口之家搬到乡下去尝试没有电网覆盖的一种简单生活的故事。文章通过描述一家人在开始新生活时所遇到的挑战和他们应对困难的种种方法，想告诉读者绿色的生活方式具体包括哪些内容并在结尾时肯定了这种尝试，旨在告诉读者简单生活虽然充满各种挑战和艰辛，但最终会让人们从中受益匪浅；要养成良好的生活习惯，保护和珍惜大自然赋予我们的所有。文章的主题和我们国家所倡导的坚持绿色低碳的生产和生活方式、坚持绿色复苏的气候治理新思路完全吻合，于是在讲解这篇课文时，笔者不失时机地融入了习主席“在气候雄心峰会上的讲话”和“在二十国集团领导人利雅得峰会‘守护地球’

主题边会上的致辞”，结合这两篇讲话稿，带领学生了解中国在应对气候变化挑战方面的立场和态度，并通过分析这两篇讲稿让他们懂得绿色的生活到底应该是什么概念，未来我们应该怎么做才能真正保护我们的地球和我们人类自身，从而帮助学生树立全局思想，建立中国大学生的文化自信。《全新版大学进阶英语》的选题都非常贴近学生的生活实践，关注人类生活和生命中的很多本质性问题，比如第二册其他单元分别探讨的是真爱、友谊、海外学习和创新智造等话题，具有生活的普遍性；也可以从深度上来和同学一起剖析和分解，大力弘扬人的价值，注重人的综合素质培养和全面发展。第二单元讲述的是 True Love，除了熟悉课文中的好几封爱的信件外，教师给学生提供了大量的中英文情诗和情书，让他们接触到不同文化的情感表达；最后要求学生写一封爱的信给自己所爱的人。结果学生对此很积极，不仅愿意引用课文的有效表达，还积极引用大量的中文古诗词。当然要引用中文，就得把中文翻译成英文，他们在参考众多名家的诗歌翻译后，选取或者再创造自己的诗歌表达，不仅加深了对古诗词的理解，还把英文灵活运用起来，这也不妨是思政教育的有效设计。

3. 加强教师思政能力培养

无论课程形式如何千变万化，课程思政建设的重点仍要落脚到课程内容的讲解这一主体上，教师在传授知识和传递真善美的价值观的时候应该做到言传身教。教师应该做一个花匠、园丁，去影响一个个有趣的灵魂。只要教师日积月累点滴浇灌，美学风骨可载风仪，性灵彰道可明真性，浩然正气可被滋养，大气大为的气质亦可被塑造。新形势下，大学英语教师要能有效落实课程思政的要求，不但要有坚实的专业能力，更要有厚实的育人能力。育人能力主要表现在以下两个方面（刘正光 2020）：

（1）卓越的师德师风。

邓小平同志曾在 1978 年全国教育工作会议上指出：“一个

学校能不能为社会主义建设培养合格的人才，培养德智体全面发展、有社会主义觉悟的有文化的劳动者，关键在教师。”教师重要，就在于教师的工作是塑造灵魂、塑造生命、塑造人的工作。习近平总书记“希望全国广大教师牢固树立中国特色社会主义理想信念，带头践行社会主义核心价值观，自觉增强立德树人、教书育人的荣誉感和责任感，学为人师，行为世范，做学生健康成长的指导者和引路人；牢固树立终身学习理念，加强学习，拓宽视野，更新知识，不断提高业务能力和教育教学质量，努力成为业务精湛、学生喜爱的高素质教师；牢固树立改革创新意识，踊跃投身教育创新实践，为发展具有中国特色、世界水平的现代教育做出贡献”（习近平总书记致全国广大教师的慰问信，2013年9月9日《人民日报》2013，9，10）。教育部出台的《关于加强新时代高校教师队伍建设改革的指导意见》（以下简称《意见》）将强化教师思想政治与师德师风作为首要任务，为加强新时代高校教师队伍建设、改革指明了方向。此次《意见》的颁发，恰逢教育部等七部门印发《关于加强和改进新时代师德师风建设的意见》出台一周年，以强化高校教师思想政治素质和师德师风建设作为教师队伍建设改革的首要任务，符合高等教育发展实际，也是对十九届五中全会作出建设高质量教育体系重大战略部署的积极回应，是指导新形势下高校教师队伍建设改革的纲领性文件，具有重要指导意义。《意见》准确把握住“高等教育是教育的制高点，高校教师是制高点的制高点”这一核心要义，对当前高等教育发展面临的挑战有清醒的认识，对于高校教师思想政治与师德师风建设现状有充分了解，也突显了强化教师育德育人意识、提升育人能力的重要性和紧迫性。习总书记（2021）在清华大学考察时指出：“教师是教育工作的中坚力量，没有高水平的师资队伍，就很难培养出高水平的创新人才，也很难产生高水平的创新成果。大学教师对学生承担着传授知识、培养能力、塑造正确人生观的职责。教师要成为大先生，做学生为学、为事、为人的示范，促进学生成长为全面发展的人……要坚定信念,始终同党和人民站在一起,自觉做中国特色社会主义的坚定信仰者和忠实实践者”(习近平总书记2021年4月19日在清华大学考察时的讲话)。

(2) 深厚的“五术”育人能力。

教育部长陈宝生(2018) 在全国教书育人楷模座谈会上指出,教师要能担当起立德树人的责任,必须精通“五术”:道术、学术、技术、艺术、仁术。这“五术”实际上是将教师的育人能力与专业能力融为一个有机的整体,以实现思政无痕、润物细无声的课程思政目标。英语教育工作者要能够打消“思想政治教育只属于思想政治理论课”的偏狭教育理念,充分意识到此举的重要性及必要性,使其坚定理想信念,落实教育内容,发自内心地推进协同育人建设。张丽红、阮东彪(2020)提出了新时代外语课程思政的三个维度:提升认识、掌握方法、深化实践。文章指出,高校教师是推进课程思政的关键,因此聚焦教师,提出外语课程思政三维着力点:教师从自身改变认识,加强自身思想政治素养的提升,改变外语课程思政理念;掌握方法,采取灵活多样的教学方式,挖掘思想政治资料,润物无声地融入思政元素;教师更好地发挥主体作用,将思政教育内容融入外语专业课程教学,从而使学生在提高专业知识和技能的同时,以隐性的方式培养爱国热情、科学精神、人文素养,促使社会主义核心价值观真正内化于心、外化于行。

作为课堂教学中扮演引导者角色的大学英语教师更应该从我做起,以教学实际为出发点,结合实践,在具体途径方面进行积极探索(郭艺 2020)。

(一) 树立思政意识,坚定政治立场

习近平同志在党的十九大报告中指出:“要以培养担当民族复兴大任的时代新人为着眼点,把社会主义核心价值观融入社会发展各方面,并转化为人们的情感认同和行为习惯”(谢守成 2017)。

(二) 研究教学对象,深化教学内容

随着时代和社会的发展,今天的大学生思维更加活跃,学习方法也多种多样,更重要的是,学生的英语水平参差不齐,大学英语教学应坚持分类指导、因材施教。作为民族大学的西南民族大学,学校根据学生的实际水平提出了分级教学的指导要求,从零基础到较高水平,都有针对性的教学要求和目标,在教学内容上也有明显的不同。虽然相近水平的学生使用同一套教材,但老师可根据学生的实际能力选取合适的教学资源,培养和发展学生在语言知识与技能、跨文化交际、思辨等方面的能力,增强思政水平,从而帮助同学实现学有所用、学有所得、学有所求的教学目标。

(三) 改进教学方法,增强批判性思维能力

指南(大学英语教学指南,2020:45-46)更是为今天的大学英语老师指明了前进的方向:"大学英语教师必须主动适应高等教育发展的新形势,主动适应大学英语教育的新要求,主动适应信息化环境下大学英语教学发展的需要,不断提高自身的育人素养、学科素养、教学素养、科研素养和信息素养。要不断学习,主动提升,做有理想信念、有道德情操、有扎实学识、有仁爱之心的新时代'四有'好老师。"尤其是现代信息技术的使用可以帮助老师创建多元的教学与学习环境,也是为了主动适应新时代大学生的学习特点和学习方式。民族大学除了传统的课堂教学外,还应充分利用出版社提供和设计的相关软件和各个移动英语学习平台,推进大学英语教学手段现代化,及时记录和监测学生的学习过程,积极推进现代信息技术与课程教学的深度融合,全方位展现学生学习的全过程,并及时提供教师反馈信息,增强师生互动,促进教学共同进步、共同发展。

4. 大学英语课程思政的教学设计

4.1　丰富课程内容

外语课程的教学内容涉及大量对象国的有关知识,特别是对象国的价值观念、生活方式、宗教信仰、政治体制、意识形态等。外语课程一般要求学生完全浸润在对象国的语言文化之

中,以便最有效地习得一门外语。外语课程需要有效利用跨文化的课程特点指导学生了解并学会用英语表达习近平新时代中国特色社会主义思想的核心要素,坚定中国特色社会主义道路自信、理论自信、制度自信,讲好中国故事。把“课程思政”融入外语教学,英语教育才能更好地发挥中外文明沟通的桥梁作用。要在英语教学中深度挖掘、提炼语言和文化知识体系中所蕴含的文化基因、思想价值和精神内涵,自觉融入社会主义核心价值观和中国优秀文化,使学生在学习西方语言文化的同时,通过培养其对中国制度、中国道路、中国理论和中国文化的了解,激发他们传承和弘扬中华文明的历史使命感和责任感。要让学生在跨文化交流中不断丰富和创新中国文化,用英语向世界讲好中国的故事。要理解和内化社会主义核心价值观,理解并学会用英语表达中华优秀传统文化,增强文化自信,提高道德修养,培养中国情怀,提升人文素养。要理解世界多元文化异同,提高文明互鉴意识、人类命运共同体意识和跨文化能力(孙有中 2020)。

4.2 丰富第二课堂

习近平总书记曾在 2016 年全国高校思想政治工作会议上指出:“社会是个大课堂。青年要成长为国家栋梁之材,既要读万卷书,又要行万里路。社会实践、社会活动以及校内各类学生社团活动是学生的第二课堂,对拓展学生眼界和能力、充实学生社会体验和丰富学生生活十分有益。”它们为学生的成长、成才提供了展现能力和素养的实践。学生通过口语角、小组任务和校内外举办的各种英语比赛和活动,参加所在城市举办的各种志愿服务和力所能及的社会活动,增强英语应用机会和能力,正如指南所要求的,“大学英语教学以英语的实际使用为导向,以培养学生的英语应用能力为重点。而英语应用能力是指用英语在学习、生活和未来工作中进行沟通、交流的能力”(教育部 2020)。

4.3 提升学生综合能力

大学生作为高等教育的主体、中国未来社会建设的主力军,其精神风貌及道德水平关系重大。在此背景下,作为主流意识形态承载体以及公民思想道德建设核心的社会主义核心价值观的提出为大学生社会责任感匮乏、道德水平下滑等现象提供了一剂良药。因此,如何将这剂良药具体化、形象化、生动化,使其成为大学生"喜闻乐见"的内容并贯穿于学习生活中,达到"润物细无声"的教育效果,成为学校思想政治工作的重点,也是大学各科教师需要在教学方面积极探索的新领域。正如 2020 版大学英语教学指南所指出的,"大学英语的教学目标是培养学生的英语应用能力,增强跨文化交际意识和交际能力,同时发展自主学习能力,提高综合文化素养,培养人文精神和思辨能力,使学生在学习、生活和未来工作中能够恰当有效地使用英语,满足国家、社会、学校和个人发展的需要"(教育部,2020:5-7)。当然,不同的学校和不同的学生基础,在课程设置和教材内容的拓展上也会有差异。同样的教材,针对不同水平的学生,教材拓展的深度和广度也必然有所不同。作为教师,在挖掘教材内容的同时,还要考虑学生的实际水平和实际接受度,因地制宜,思政教育才能显现出它应有的效果。

5. 结语

通过对《大学进阶英语》课文融入思政的范例的讲解和剖析,说明学生应对西方文化和本族文化有更加深入的了解,也进一步说明培养跨文化意识、树立本民族文化自信是非常重要的。通过学习和对比,学生能对与中国文化相关的英语词汇、句子和语言表达有一定了解,为向世界"讲好中国故事、传播好中国声音"打好基础。在新的时代背景下,语言技能的培养已经远远不能局限于单纯的英语技能的训练,语言表象背后所代表的文化及人文精神更有待教学者与研究者不断探索与挖掘。借助英语的桥梁作用,英语教师完全能够探索出一条道路,使得思政内容与英语内容"无缝对接",在实现增强学生内心对社会主义核心价值观认同的同时,提升学生用英语讲好“中国故事”的能力,最终达到“立德树人”的培育目标。

参考文献:

[1] 陈宝生. 全国教书育人楷模座谈会上的发言[N]. 教育部官网,2018,09,03.

[2] 郭艺. “课程思政”融入大学英语课程体系初探 [J]. 赤峰学院学报, 2020, (10):71-73.

[3] 教育部. 大学英语教学指南. 北京:高等教育出版社,2020.

[4] 刘正光,岳曼曼. 转变理念,重构内容,落实外语课程思政 [J]. 外国语,2020,(9):21-28.

[5] 孙有中. 课程思政视角下的高校外语教材设计[J]. 外语电化教学,2020,(6):46-51.

[6] 吴鹏. 大学英语思政导学教程[M]. 北京:外语教学与研究出版社,2020.

[7] 习近平. 习近平总书记致全国广大教师的慰问信,2013,9,9.《人民日报》2013,9,10.

[8] 习近平. 习近平总书记在全国高校思想政治工作会议上的讲话,2016,12,9.

[9] 习近平. 习近平总书记在清华大学考察时的讲话,2021,4,19.

[10] 习近平. 习近平总书记关于师德师风的重要论述摘编 [N]. 教育部官网,2021,5.11.

[11] 谢守成. 新时代高校文化建设的基本要求 [J]. 学校党建与思想教育,2017,(12):4-9.

[12] 张丽红,阮东彪. 新时代外语课程思政三维探析[J]. 湖南第一师范学院学报 ,2020,(4):64-69.

[作者简介] 何小群,西南民族大学外国语言文学学院讲师。学历:硕士研究生。研究方向:外语教育与翻译。 电子邮箱:104795024@qq.com

论大学英语分层教学中线上线下混合式课程设计的原则

西南民族大学 熊启煦

摘 要：新形势下的大学英语教学已经逐渐发展为线上线下混合式教学模式。为了将互联网和教育教学充分融合，带给教师和学生更好的教学及学习体验，应在分层教学的前提下利用网络平台资源做好课程设计，包括课前预习、课中检测、课后复习等具体环节，培养学生自主学习能力，努力实现真正意义上的教学改革。

关键词：分层教学；线上线下；课程设计；原则

一、引言

教育部在2019年颁布的《关于一流本科建设的实施意见》中明确指出，建设一流本科课程就是要消灭"水课"；要"树立课程建设新理念，推进课程改革创新，实施科学课程评价，严格课程管理"。在教育部的指导意见指引下，《大学英语教学指南》修订工作于2020年7月完成并召开发布会。专家们在研讨期间调查了在大学英语教学实施中各个高校根据学生入学英语水平开展分级教学的做法，表示"75%以上高校实施了两个及两个以上层次的分级教学，40%以上高校实施了三个层次的分级教学，而最为教师认可的是三个层次的分层教学"（赵雯 2020）。因此《大学英语教学指南》在教学部分提出，大学英语要贯彻"分类指导、因材施教的原则"以及"适应个性化教学的实际需要"，同时也强调无论哪个层次的大学英语教学都有一个共同培养目标,即首先要提高学生的英语应用能力,增强学生的跨文化交际意识,培养学生的自主学习能力,进而提高综合文化素养,使其具有人文精神和思辨能力,并在将来的学习、生活、工作中有效运用,实现自我抱负,满足社会、国家发展需要。

2020年是特殊的一年,高校教学采取停课不停学的政策,得益于现代网络技术和网络平台的发展,课堂教学内容通过在线教学方式顺利开展,教师和学生们通过各种优质在线课程资源和网络平台,例如:中国高校慕课平台、腾讯课堂、外教社配套网络资源等,建起了“空中教室”。经过一个学期的教学之后,线上教学的优势不言而喻:教学不受时间和空间束缚,优质教学资源可以大量引介给学生,培养学生的自主学习和自我思考能力。但是,线上教学能够完全替代传统教学模式吗?答案是否定的。在探索和实践中,线上教学也暴露出许多问题和缺陷。教学技术并不能完全取代教师作为教学主体的作用,否则教学就变成了冷冰冰的知识传授,教学效果不理想。教育应该是一个双向互动且有温度、有热度、有激情、有交流的过程。

综上所述,在目前大多数高校采用大学英语分层教学的背景下,线上线下混合式教学能够带给教师和学生更好的教学体验,做好线上线下混合式课程教学设计才能够充分地将互联网和教育教学深度融合,实现真正意义上的教学创新改革。

二、线上线下混合式教学课程设计

1. 大学英语分层教学是前提

大学英语分层教学在民族高校中势在必行。由于生源的问题,学生的英语水平差异较大。根据高考英语分数或者入校英语测试成绩进行分层能够便于教师有的放矢,设定适合学生程度的教学内容、教学目标,更好地开展教学活动;而学生也能获得有效指导,取得更大进步。我校是一个西部地区的民族高校,相当一部分学生来自英语基础教育比较薄弱的地区,教学内容难度太大，如果不进行分层教学，这部分学生跟不上教学节奏，长此以往，他们的学习积极性会被极大挫伤，甚至会放弃英语学习，而英语综合能力较强的学生在学习上也会因内容过于简单没有挑战而失去学习动力。由于学生英语水平差异较大，要让教师在同一个班级里兼顾两头的学生开展教学，既分割了教学内容，破坏了教学进程，又对学生造成诸多学习困扰，得不偿失。而且根据我校近几年来实施分层教学之后的四、六级过级率统计，从2017年到2019年，四级过级率增长了14.38%，六级过级率增长了12.33%。该数据增长表明，大学英语分层教学有利于教师准确掌握学生总体水平，提供精准指导，学生也能在适合自己英语水平的内容中逐渐进步，达到“跳一跳就能够到”的最佳学习环境。

另外，分层教学也是更好实现大学英语线上线下混合式教学的前提条件。因为语言教学不同于其他课程，团队协作的情景式教学、体验式教学贯穿整个教学过程，如果团队中队员的英语水平太悬殊，对教师而言，设计任务内容和展示方式往往无法兼顾每一个学生；对学生而言，完成项目难度加大，英语好的学生没有好搭档，英语差的学生没有参与感。所以，分层教学是将线上线下混合式教学的优点最大化的前提。

2. 教学设计原则

2.1 教师以及学生角色转换原则

教学过程的主体是教师和学生，在新的教学模式中，教师的引导地位是不容置疑的。因此，首先教师要转变传统教学观念与模式，加强学习新的教育技术，熟练掌握各个网络平台的使用，在教学中逐渐摒弃以教师为中心、讲授即教学的模式，树立“以学生为中心、以问题为导向”的教学理念（文秋芳，2015）。根据大学英语课程的特点和线上线下混合式教学模式，教师的角色已经转变为项目的设计者、项目的监督者以及成果的验收人。而现代大学生从小就已经大量接触各种媒体资讯和应用软件,如何有效地利用课程学习软件加强专业技能是他们面临的挑战。在高考的指挥棒下,学生在高中阶段的学习模式还是以教师讲授为主的被动学习。进入大学之后,学生要调整自己的学习方法,快速适应新的教学模式,在任课教师的指导下转变角色,把被动学习过程转变为主动探索发现。在这种新模式的学习中,学生最重要的学习方法就是利用教师提供的学习资源自主学习,独立思考,发现问题,提出问题,最终解决问题。学生自己的主观能动性对学习效果起决定性作用,自主学习能力强的学生进步更大,收获更多。

2.2 线上学习资源发布原则

目前高校大学英语教学可以使用中国大学 MOOC、超星尔雅、雨课堂、外教社和外研社教材配套平台等网络资源,如此丰富的网络学习平台给教师提供了大量可选择的资源。但是线上教学不等于信息堆积发布,应该依据教材每一单元内容来明确教学目标。教师要梳理章节内容、知识点,在网络平台查找相关资料,规划教学流程,根据已经分级的学生的程度选择难度适宜的任务以及适量的任务。例如,对于英语程度不太好的学生要着力于夯实语言基础,线上资源选取和任务布置倾向于词汇、句型、语法的学习。视频和口语练习要有针对性,能够给到学生实际帮助。教师需要仔细筛选,认真准备,如有必要,需要录制微课视频仔细讲解,不能把资源一股脑地交给学生,让学生自己翻山越岭开辟道路。没有目的性和针对性的线上资源发布只会让学生产生畏难情绪,疲于应付,甚至放弃线上学习。而对于英语程度较好的学生,线上资源的选取就应该是对课本知识的深度扩展、对英语应用能力的进一步强化,资料选取既要契合课本单元学习内容,又要训练学生审辩式的思维能力,让学生将课本知识内化,通过扩展内容学习丰富知识层次,能够将语言和文化信息加工组合,以口语或写作方式产出成果。

2.3 线下课堂时间板块分配原则

随着近年来大学英语改革的推进,大学英语学分学时不断压缩,师生之间面对面的课堂教学时间非常有限,采取线上学习就是对课堂学习的延伸扩展,利用优质线上资源能反复练习相关语言知识点,补充课本文化背景信息,锻炼学生的语言运用能力。与此同时,课堂教学也不能拘泥于传统教学模式,必须将有限的课堂教学时间充分利用。因此,线下课堂时间板块应该包括下列几个部分:

第一,针对班级学生普遍存在的问题答疑。要找到学生学习中遇到的问题,教师必须花费大量时间查看学生的线上学习数据,及时了解全班学生总体学习状况以及个体差异,根据数据结果调整教学节奏和进度,课堂上统一解决学生在学习中普遍存在的问题,对个别学生的疑问可以利用线上答疑平台单独辅导,这样能避免教师在线上对同样的问题反复强调答疑,既节约了教师精力和课堂时间,又自然而然地划出了学生应该留意的知识要点。

第二,线上学习成果验收。线上布置的任何任务都应该有线下验收环节,验收合格的几个标准是:首先检查学生是否自学完成了线上作业;其次是看完成效果是否扎实;最后是看学生在自主学习中有没有思辨能力,有没有独到见解。这个课堂时间板块应该是气氛最为活跃的互动环节——师生互动,生生互动,学生的情绪高度紧张、兴奋,教师也得保持精神的高度集中以准备随时做出准确专业的点评。课堂教学不再是单向输出,而是双向乃至多向输出、学生与教师之间的交流学习、学生与学生之间的交流学习。这个课堂时间板块保障了学生完整的学习流程:通过教师发布的线上资源目标指引完成课前预习任务、教材自学内容、知识拓展部分,与同学合作学习并讨论,最后采取多种形式汇报学习结果,比如情景表演、演讲、论文等。而教师要对学生产出的成果做点评,表扬优点,改正缺点,对学生的语言运用、逻辑思维、表现能力给予指导，为学生以后的自主学习提出要求，为下一次成果展示积累经验。

第三，课程思政教育。2020 年，教育部发布了《高等学校课程思政建设指导纲要》，指出“全面推进课程思政建设，就是要寓价值观引导于知识传授和能力培养之中，帮助学生塑造正确的世界观、人生观、价值观，这一举措影响甚至决定着接班人问题，影响甚至决定着国家长治久安，影响甚至决定着民族复兴和国家崛起”（教育部 2020）。响应教育部的号召，大学英语教学不仅仅是一门提升语言运用能力的课程，也要培养学生人文素养，增强学生跨文化敏感性，落实立德树人的教育任务，体现知识传授与价值塑造和能力培养的全面融合。目前课程思政具体内容都是围绕每个单元的主题展开，教师可以采取线上分享视频、文档、微课，线下作为开篇引入或者总结部分展开讲解。

三、问题与反思

大学英语分层教学是线上线下混合式课程顺利执行的前提保障，但是在实施过程中教师必须规划好课程教学目标、教学内容、教学方式，否则极容易导致线上线下混合式教学的优势没有完全发挥，教学过程可能流于形式，出现只务虚而没落实的结果，学生也并没有在新的教学模式下得到提高、进步。目前看来，要让线上教学资源充分服务于大学英语教学，需要重视以下几个方面：

1. 选取优质教材。教材选择必须符合本校学生总体水平，教材章节内容丰富，材料能给教师多样化选择，配套网络平台资源建设完备。我校学生在最初开展分级教学时，不同级别学生使用难易度不同的教材，但因此也带来一系列问题，比如平时成绩和期末成绩是用一把尺子量还是用两套标准，因为学生绩点高低和奖学金评定等都和成绩分数紧密挂钩。经过两轮教学之后，也恰巧遭遇 2020 年疫情，线上课程资源前所未有地蓬勃发展,我校大学英语开始统一使用一套经过实践筛选的优质教材,该教材每一单元内容丰富,难易结合,可供教师根据学生水平适当删减增加;同时,出版社也开发了和教材配套的网络应用,教师和学生可以随时随地在手机和电脑端打开APP,教师布置任务便捷,统计数据查看简单,学生学习的时间、空间资源也得到了极大扩展。因此,要明确选取一套优质教材的标准不仅是要有可灵活调整内容的课本,更要有强大的配套网络平台和丰富的学习资源,才能实现真正的因材施教,让教师有成就感,让学生有收获感。

2. 评价体系客观科学。目前大多数学校采取的课程考核方式都是平时成绩占比40%,期末考试成绩占比60%,这个评价标准实际上是强化了平时成绩,对学生平时的努力给予肯定,更加客观真实地反映了学生的学习状态和成果。大学英语分级教学确保学生在整个学习过程中能够公平地得到应得的平时成绩,不会因为英语水平太悬殊而只能拿到较低分数;而且在同一个英语层次的圈层比较和竞争能激发学生积极的学习态度。教师在平时成绩评判中的作用相当重要。首先,线上发布的任务和选择的资料必须要符合学生英语水平。例如,程度较差班级的任务发布可以是跟读课文、单词默写、句型填空之类较为简单的作业,选择对学生掌握发音、巩固词汇等基本技能有所帮助的资源;而对英语运用能力较强的班级可以选择新闻听力、TED演讲视频、四六级口语模考等任务发布,对学生有较高要求,可提高学生语言应用和文化交际能力。其次,线下验收学生学习成果的方式也应该根据班级学生水平有所区分。例如,程度差的班级可以用简单情景对话、教师提问、书写句子或段落等方式检查学生自主学习成果,而程度好的班级就以脱稿情景剧表演、辩论、提交作文等有挑战性的方式要求学生完成。简而言之,符合学生水平的线上任务资源发布和线下考察方式才能科学客观地评价学生的学习表现,给予差生源源不断的学习动力、永不放弃的学习劲头、逐步提升英语水平的通道,也让优秀学生能扩展知识结构,强化训练思维组织能力、逻辑表述能力。

3. 教师业务能力培养。新模式下的教学,对教师综合能力提出了较高要求。首先,教师的知识结构要不断扩展,因为语言是文化的载体,随着时代变迁,每一届学生的思维方式、兴趣爱好都有着不同的变化,教学要以学生为中心,抓住学生的兴奋点,才能让教学效果事半功倍。其次,现代合格的教师不仅仅是通过讲授传播知识,还必须熟练掌握各种计算机网络技术,能制作微课、慕课、短视频等帮助学生提高专业技能。除此之外,如何将思政教育贯穿到人才培养体系中,关乎我们国家长治久安和民族复兴的战略方针。教师肩负着培养中国未来接班人的重任,要响应《高等学校课程思政建设指导纲要》中提到的"紧紧抓住教师队伍'主力军'、课程建设'主战场'、课堂教学'主渠道',让所有高校、所有教师、所有课程都承担好育人责任,守好一段渠,种好责任田,使各类课程与思政课程同向同行,将显性教育和隐性教育相统一,形成协同效应,构建全员全程全方位育人大格局"(教育部,2020)。要当好主力军角色,教师必须加强自身政治思想学习,时刻关心国内外政治经济动向、时事报道,坚持参加思想政治理论培训,学习党的各项方针政策。

四、结语

目前,在我校大学英语教学中,结合分级教学的线上线下混合式课程正在开展且效果良好,新模式下的大学英语教学充分利用了丰富的网络平台资源和灵活机动的课堂教学,培养了学生的自主学习能力,打破了课堂的时间、空间局限,让学生不断尝试新的挑战,提高英语语言能力。与此同时,教师主导作用更加凸显。教师要做好课程设计,不断在探索中实现课程创新,解锁各种全新技能,为学生创造高水平教学生态环境,履行人民教师的社会责任,为教育事业、国家发展做出贡献。

参考文献：
[1] 教育部. 高等学校课程思政建设指导纲要[Z]. 2020.
[2] 教育部. 关于一流本科建设的实施意见[Z]. 2019.
[3] 文秋芳. 构建“产出导向法”理论体系[J]. 外语教学与研究,2015,(4):547-558.
[4] 赵雯,王海啸. 新时代大学英语语言能力的建构[J]. 外语界,2020,(4):19-25.

[项目来源] 2021年度西南民族大学校级教改重点项目“学术英语教学中‘对分课堂’教学模式研究与实践”,项目编号:2021ZD27

[作者简介] 熊启煦,女,西南民族大学外国语言文学学院副教授,研究方向:语用学。

大学英语课程思政中的西方文化形象书写探究

西南民族大学　钟　帆

摘　要：大学英语作为高校的公共课，不仅具有语言的工具性，而且还兼具思想的人文性。在立德树人的教育宗旨下，大学英语课程有必要开展扎实的课程思政建设，培养既有国际意识又有文化自信的外语人才，以满足新时代的培养目标。就此而言，大学英语课程思政建设中对西方文化形象的书写将在很大程度上影响着学生对外部世界的认知和中西方的文化比较。因此，以形象学的相关理论来探讨大学英语课程中的思政建设将进一步拓宽现有教学理论的视野，并在教学实践活动中进一步丰富课程思政建设内容。

关键词：大学英语；课程思政；形象学；西方形象

基金项目：本文系西南民族大学中央高校基本科研业务费专项资金资助，项目编号：2018SQN62。

一、引言

2016年12月，习近平总书记（2016）在全国高校思想政治工作会议上做了重要讲话，提出“要坚持把立德树人作为中心环节，把思想政治工作贯穿教育教学全过程，实现全程育人、全方位育人，努力开创我国高等教育事业发展新局面”（习近平，2016）。此后，教育部在2020年印发的《高等学校课程思政建设指导纲要》中进一步明确指出，要“把思想政治教育贯穿人才培养体系，全面推进高校课程思政建设，发挥好每门课程的育人作用”(中华人民共和国教育部,2020),并且将“立德树人成效”视为“检验高校一切工作的根本标准”,要求“课程思政建设内容要紧紧围绕坚定学生理想信念,以爱党、爱国、爱社会主义、爱人民、爱集体为主线,围绕政治认同、家国情怀、文化素养、宪法法治意识、道德修养等重点优化课程思政内容供给”(中华人民共和国教育部 2020)。

此后,高校课程思政建设工作迅速成为学界和教育界讨论的热点问题,笔者以“课程思政”为关键词,在“中国知网”上能检索到上千篇从 2016 年到现在的相关科研论文。就大学英语的课程思政建设而言,相关研究也不可谓不硕果累累,有从大学英语课程思政的必要性、可行性进行论述的,也有从大学英语课程思政的教学实践策略方面展开讨论的,还有从大学英语课程某个具体环节比如翻译、文学、听说、电影赏析等方面进行思政教学模式研究的,甚至还有在“慕课”“微课”“翻转课堂”等互联网+教学模式下开展大学英语课程思政建设探索的。然而,目前所有这些关于大学英语课程思政建设的研究成果中却少有从形象学理论视角入手展开大学英语课程思政背景下西方文化形象书写的讨论,这不得不说是一个遗憾。众所周知,大学英语课程中所采用的教材课文,例题例句大多来自英美原版作品,这自然而然成为学生了解西方文化的一个渠道和成果,也是其塑造西方文化形象的重要来源和基础。因此,如何将西方文化形象的书写和培养社会主义核心价值观、强化本民族的文化自信结合起来将是大学英语课程思政建设应该深入思考的地方。本文将从形象学理论视角切入,试图就此问题进行一些初步的探讨,期待抛砖引玉,引起学界重视。

二、形象学视域下的课程思政建设

形象学(imagology 或 image studies),顾名思义,乃是研究他者形象在自我主体意识中如何呈现的学问。形象学研究起源于比较文学领域,最初是探讨文学作品中的异国形象问题,而后在文化研究范式的冲击下,不再拘泥于文学形象的探讨,而形成了跨学科综合研究的特点。形象学的研究认为,异域他者形象的书写和建构对主体的自我意识和文化认同而言,具有"乌托邦"和"意识形态"的功能。"一个异国形象,当它偏向于相异性,并将相异性再现为一个替换的社会,富含被群体抑制的潜能时,就是乌托邦式的。"(让-马克·莫哈 2001)与之对应的是"意识形态"形式的形象描述,其作用是"这些形象将群体基本的价值观投射在他者身上,通过调节现实以适应群体中通行的象征性模式的方法,取消或改造他者,从而消解了他者"(冯维娜 2013)。简而言之,"凡按本社会模式、完全使用本社会话语重塑出的异国形象就是意识形态的;而用离心的、符合一个作者(或一个群体)对相异性独特看法的话语塑造出的异国形象则是乌托邦的"(让-马克·莫哈 2001:34-35)。以西方的中国形象书写为例,欧洲在启蒙运动时期存在着自我变革的动机,并在与外部世界的接触中成功利用了中国形象的乌托邦化书写,以对儒家文化中的理性主义进行理想化的表述来批判这一历史时期欧洲文化的缺陷,从而推动了欧洲的变革。此后,在近代取得巨大进步的西方则将中国书写为"衰败的帝国形象"。有学者分析,这一形象书写包含有三组对比,"即进步/停滞、民主/专制、文明/野蛮。在西欧把中国描绘成停滞、专制、野蛮的帝国时,他们也同时肯定了自己的进步、民主和文明"(李勇 2010:236)。此时西方的中国形象无疑发挥了意识形态的功能,以东方主义话语贬低、丑化中国来表征自我文化认同的镜像,同时还将这一所谓"民主""进步""文明"的镜像强加于中国之上,消解了中国传统的文化认同价值理念,迫使中国的思想主体无法摆脱西方文明话语的支配和现代性叙事的框架。这正如辜鸿铭(1996:312)在《什么是民主》一文中所一针见血指出的那样,中国青年对西方和自身文化形象的书写就好比是"通过望远镜来观察西方文明的,因而使得欧洲的一切都变得比实体伟大、卓越。而他们在观察自身时,却将望远镜倒过来,这当然就把一切都看小了”(辜鸿铭 1996)。

据此可知,异域他者形象的书写和塑造在很大程度上影响着主体自我的文化认同,反之亦然。这也就说明,对主体自我的文化教育不仅仅塑造了自我文化的主体性,而且还决定着对异域他者的形象认知书写;反过来,异域他者的形象呈现也可以通过形象的“镜像”功能反作用于主体自我的文化认同。于是,课程思政所倡导的社会主义核心价值观和中华传统优秀文化教育必将在潜移默化中影响着思政教育对象的文化认同和随之而生的异国他者形象书写,并在增强其中国特色社会主义道路自信、理论自信、制度自信、文化自信的同时批判、扬弃西方以东方主义话语方式所构建的他者镜像。

三、大学英语课程思政中的西方形象书写必要性

根据教育部所印发的《高等学校课程思政建设指导纲要》,高校开设的所有课程,包括思想政治理论课、公共基础课、通识课程以及各类专业课程等都要发挥思想政治教育功能,将思想政治教育贯穿于教学的各个环节。就此而言,大学英语课程作为公共基础课,课程内容以英语教育为主,教学对象几乎面向全校所有学生,自然当仁不让地担负起思政教育的重任。然而,长期以来,高校的大学英语教学注重对学生语言能力的强化训练,而对语言生成环境的文化因素强调不够,导致了语言教学与文化培养的脱节。大学英语课程是高校人文素质教育的重要组成部分,具有工具性和人文性双重性质。如果大学英语课程在语言技能训练中忽略了文化培养和人文素质的熏陶,那么学生受到的大学英语教育将是片面的,这不仅意味着学生无法在中西文化深入对比理解的基础上完成对外部他者形象的全面认知和正确书写,而且也无法在对外文化交流中有效实现跨文化交际,

顺利完成用英语准确表达、传播中国传统文化价值观念的文化交流任务，于是这就造成了目前我国高校英语教学中普遍存在的重大缺陷："中国文化失语症"。

在西方强势文化霸权主义话语的冲击下，中国文化话语的缺失将不可避免地导致中国文化主体对西方他者形象的幻想性书写，将西方文化的价值观念良莠不分地作为自我文化身份认同的他者镜像。根据形象学的理论，这一将他者形象过于乌托邦化的话语表述不仅反过来消解着主体自我的文化意识和文化价值认同标准，而且还将导致主体自我文化身份认同在意识形态层面走向虚无。就此而言，大学英语课程思政建设刻不容缓，这不仅是克服"中国文化失语症"的需要，而且也是抵制西方文化霸权、抗击英美文化帝国主义、高扬中华文化身份认同之道，是增强中华文化自信、发出中国声音、传递中华文明价值理念的有效途径。早在 2001 年，王守仁教授（2001：107）就在《论文化思想差异与英语教学》一文中精辟地指出，"在后殖民语境下，讨论跨文化交际，对过分迁就西方的倾向必须有所警觉"，并以南京大学英语系在课程设置时增设了"西方思想文化"和"中国传统思想文化"两门课程为例，高瞻远瞩地提出，"我们要熟悉西方文化，反过来也要求西方熟悉中国文化。了解文化差异，并不意味着放弃我们的民族特色和文化身份"，而南京大学英语系则要求学生熟练地掌握中国文化的英语表达方式，以便有效、全面地介绍中国，让外国人体会中国文化的博大精深，理解中国人民的思想感情。

由此可见，大学英语课程思政的建设将有助于在英语语境中培养学生的文化自信。而文化自信是道路自信、理论自信和制度自信的基石。这正如习近平主席在党的十九大报告中指出的那样，"文化自信是一个国家、一个民族发展中更基本、更深沉、更持久的力量。""没有高度的文化自信，没有文化的繁荣兴盛，就没有中华民族伟大复兴"。有着高度文化自信的民族在坚持自我文化主体的同时也就自然而然能破除异域他者以文化帝国主义方式所构建的他者文化霸权镜像,从而在深入对比理解自我与他者文化差异的基础上,在全面认知外部他者的文化现实中,破解他者镜像的迷幻,完成正确的他者文化形象书写构建。

四、大学英语课程思政中的西方形象书写策略

目前,大学英语课程的授课主要以教材课本为基础,以英语语言技能培训和文化素养熏陶为主要内容,旨在培养具有国际化视野、扎实语言功底、能有效进行跨文化交际、为我国社会主义事业服务的复合型外语人才。在教学实践中,教师往往根据教材精讲英语字词语法,而往往忽略了这些语言现象背后的文化含义,导致学生对西方文化乃至其所构建、书写的形象不能有正确、全面的认识。

因此,教师在教学实践中若能将语言知识技能和文化素养熏陶融为一体、有机结合,不仅能使学生加深中西文化对比,而且也能对西方文化形象有一个全面的认识。比如,笔者在大学英语课程教学中,常常在讲授完英语词汇的意思和用法搭配后,还会让学生思考这些词汇背后的文化意义,并针对其中文进行对比探讨。在一次讲授英语词汇“dragon(龙)”时,笔者让学生思考中西方“龙”的形象有何异同之处,这种形象的异同又反映了中西方怎样的文化价值观念。首先,中国的“龙”和英文中的“dragon”都是超自然的存在,是对各种自然力量的神秘化集中体现,因此“龙”的意涵差异代表着中西方文化对自然的态度。其次,中国文化强调天人合一、顺应自然,故而中国“龙”更表征着自然对人的恩惠,象征着权力、尊严和福泽。而西方文化则不同,受基督教文化的影响,西方将对自然的征服看作是人类财富的源泉,所以在西方的诸多文学作品中,“dragon”通常和对财宝的贪婪联系在一起,是“恶”的象征。希腊神话的金羊毛的故

事、德国文学的《尼伯龙根》、英语文学的《贝奥武夫》等文学作品中的“dragon”皆是以“恶龙”的形象出现,而这些文学作品中英雄屠龙的故事也是层出不穷,这不仅仅体现了英雄的勇武,而且还喻示着人类战胜自然、获取财富的壮举。实际上,西方的“dragon”和中国的“龙”本是风马牛不相及之物,不仅有着外形上的巨大差异,更有文化表征意涵上的大相径庭,而两者之所以相通译就是因为近代西方开始向中国殖民扩张时,“中国龙”形象的构建、书写符合西方文明对东方他者的文化定位。西方近代文明将东方视为资本主义掠取财富的宝库,将中国人民的正义抗争视为“dragon”的“邪恶”之举。由此可见,在大学英语课程的教学中,教师若能将词汇的文化深层含义讲解透彻,将有助于提升课程的思政建设水平,引导学生正确认识西方文化帝国主义以文化霸权方式所书写构建的他者镜像。

此外,大学英语课程的教材所选用的课文多来自英美原版文章。从语言教学的角度来看,这些文章所涉及的词汇、语法都是非常适合英语教学的,也可见编者文章选取、编排的精心准备。然而,从形象学的视角来看,对这些文章所书写构建的西方形象如果不假思索地全盘接受,不用社会主义核心价值观加以批判,那么这些形象无疑是对西方文化价值观念的过度乌托邦式美化,而形象书写的过度乌托邦化表述将会以他者镜像的方式导致主体自我文化意识和身份认同的虚无化。这将是教师在大学英语授课中需要注意的。比如,笔者在讲授《21 世纪大学英语(S 版第 2 版)综合教程》第三单元(Impossible or I'm Possible)课文时注意到文章讲述了美国通用汽车公司工程师兢兢业业、加班加点为客户处理汽车故障直到客户满意为止的故事。这一叙事高度赞扬了美国工程师的敬业精神和一丝不苟的工作态度。于是,一个美国资本主义文明的正面形象书写跃然纸上。笔者在课文的讲授之余会将马克思主义对资本主义的批判融入授课之中,向学生说明资本主义管理方式固然有其先进的一面,但是这不能掩盖美国工程师的敬业很大程度上是资本主义剥削的结果。因此,学生需要在马克思主义批判理论的基础上才能对西方形象的构建有深刻认识。不仅如此,笔者还以我国劳模“铁人”王进喜的事迹来作对比,指出社会主义制度下劳动者的积极性远非资本主义剥削制度能比。这不仅增强了学生的社会主义文化主体性意识,而且也让其对课文所书写的西方形象有了全面而深刻的认识。在资本主义制度下,人是工具性的存在,而只有在社会主义和共产主义制度下,人才有价值,才有尊严的存在。由此,笔者在教学中又联系到新冠疫情期间中西方应对举措的差异正是根植于中西方文化对人性理解的迥异和社会主义核心价值观与西方资本主义理念的不同。

五、结语

在大学英语课程思政背景下,语言教学和文化教学的有机结合将有助于在英语语境学习中培养学生的文化自信,提升政治觉悟,高扬社会主义核心价值观。学生社会主义文化主体性意识的增强不仅能有效批判西方文化帝国主义的话语,而且对西方文化形象也会有正确全面而深刻的认识,以有利于破除西方形象书写中构建的他者镜像,从而在社会主义核心价值观的指导下完成正确的他者文化形象书写构建。

参考文献:

[1] 冯维娜. 比较文学视角下《吾国吾民》的中国形象研究[J]. 比较文学. 2013-10-30. http://www.cnki.net/kcms/detail/42.1617.G4.20131030.0929.001.html

[2] 辜鸿铭. 什么是民主[A]. 黄兴涛译,辜鸿铭文集(下)[C]. 海口:海南出版社,1996.

[3] 李勇. 西欧的中国形象 [M]. 北京:人民出版社,2010.

[4] 让-马克·莫哈. 试论文学形象学的研究史及方法论[A]. 孟华译, 比较文学形象学 [C]. 北京:北京大学出版社,2001.

[5] 王守仁. 论文化思想差异与英语教学[J]. 四川外国语学院学报, 2001,(4):107.

[6] 习近平. 在全国高校思想政治工作会议上的重要讲话[N]. 人民日报,2016,(12-19):001.

[7] 中华人民共和国教育部. 教育部关于印发《高等学校课程思政建设指导纲要》的通知[EB/OL] ,2020,(6-08). http://www.gov.cn/zhengce/zhengceku/2020-06/06/content_5517606.html.

[作者简介] 钟帆,男,汉族,西南民族大学外国语言文学学院,英语语言文学博士,讲师。

新文科建设背景下我校大学英语教学的改革思路初探*

西南民族大学外国语言文学学院　刘　玲

摘　要:“新文科”概念的提出其根本目的是赋予文科以新角色、新定位。本文论述了当前时代背景下的特殊机遇和挑战,通过分析大学英语课程在新文科建设中的位置及任务,针对现阶段我校大学英语课程改革的特点,结合新文科建设的全新要求,运用实例,对几个突破方向进行了初步探索。

关键词:新文科;大学英语;教学

一、我国高校新文科提出的背景

2017年10月美国希拉姆学院(Hiram College)提出了“新文科”的教育理念,对培养方案进行全面修订,把新技术融入哲学、文学、语言等课程中,为学生提供综合性的跨学科学习,达到知识扩展和创新思维的培养。学生们被期待能够掌握以下技能:1.沟通技能。2.批判性思维。3.系统性、设计性思维技巧。4.团队合作。5.计算能力。我国媒体也报道了此事(一场新文科的尝试,《北京日报》2018年09月19日 第19版)。

其实就在《北京日报》的这篇报道尚未刊出的8月,也即全国教育大会召开的半个月之前,中共中央在所发文件里就正式提出“高等教育要努力发展新工科、新医科、新农科、新文科”

---

*　本文系西南民族大学2021年校级教育教学研究与改革项目“大学英语‘课程思政’与分级智慧教学研究”阶段性成果。

(简称"四新"建设),国内"新文科"概念成型。2019 年 4 月 29 日,教育部、中央政法委、科技部等 13 个部门在天津联合启动"六卓越一拔尖"计划 2.0 版,全面推进"四新"建设;同时,将 2019 年定为新文科建设启动年。次年 11 月,教育部高教司吴岩司长宣布全面推进"新文科"建设。在诠释新文科建设的内涵时,他提出,在当前这个"百年未有"之社会大变革时代,高校要"培养知中国、爱中国、堪当民族复兴大任的新时代文科人才"。从吴岩司长的讲话来看,其构想出台的背景至少与三个方面有关:1. 新技术的推动——当今科技日新月异,互联网+、大数据、虚拟技术、人工智能等进入各个学科;2. 新需求的产生——随着新技术的突飞猛进,社会更多地需要知识密集型、综合型和创新型人才;3. 新国情的要求——在国内,需要创建中国特色,树立文化自信;在国际,随着中国崛起,世界学术舞台上要发出中国声音。

吴岩司长明确指出,新文科建设融入了中国高等教育"四新"的整体发展体系。诚如南京大学教育研究院副院长操太圣所分析的,我国"新文科"概念提出的根本目的是赋予文科以**新角色、新定位**,因而新文科承担着重要的历史使命。

二、大学英语课程在新文科建设中的位置及任务

党的十八大以来,习近平总书记就指出,"要提高国家文化软实力,就必须使当代中国价值理念走向世界",并提出"展示中国形象,讲好中国故事,传播中国声音"的创新理念,其后又多次强调要发扬中华民族优秀传统文化,增强全民族的文化自觉和文化自信。故事可以驱动中国(Stories Drive China),让中国走向世界。大学英语课程作为一门人文学科,既有一定的语言工具性,又是大学生核心的通识文化必修课程。可以说,在当代的新局面、新形势下,高校的大学英语课程被赋予了重要的时代意义,天然成为大学生们用英语展示中国形象、讲好中国故

事、传播好中国声音的责任担当。

由于英语学科的特殊性,大学英语课程的传统内容大多会选取和西方文化相关的作品,介绍西方文化,以便学生在学习过程中了解语言背景,掌握语言的思维逻辑,提升表达能力,但缺点是通用英语类教材普遍缺乏对中国国情文化特别是优秀传统文化和价值观的关照。新文科建设倡导深化学科内涵,恰恰给了大学英语丰富的创新机遇,也是一次 2.0 版的升级挑战。

三、我校大学英语教学需面对的几个问题

最新版的《大学英语教学指南》(2020 版)提倡个性化教学的理念,要求各高校依据学校类型、层次、办学定位、生源、人才培养目标等,形成反映本校特色、动态开放和科学合理的大学英语课程体系。西南民族大学作为一所新中国成立后应运而生的综合性民族类高校,秉承"为少数民族和民族地区服务、为国家发展战略服务"的办学宗旨,肩负着培养我国各民族优秀人才和干部的使命。同时,作为一所应用型高校,必须重视培养各族学生适应未来、适应社会的综合能力,让走出校园的毕业生们符合应用型人才培养的需要,为中华民族的伟大复兴共同奋斗。这就使得大学英语课程的体系必须灵活与多元起来,才能够适应社会大变革的时代之需,才能够满足学生成长发展的不同需要和期待。以下,本文就针对我校大学英语课程的突破方向谈几点看法。

(一) 思政课程还是课程思政?

无论古今中外对"教育"的概念有何种千差万别的表述,"立德树人"都是一切作为"人的教育"的应有之义。中国学生从小接受的政治课教育并不算少,高校也尤其重视大学生们的思政课程。但实践证明,意识形态的教育既不能只教某一类课程,也无法仅凭说教宣传达到良好的效果。2016 年底,习总书

记在全国高校思想政治工作会议上提出,“要坚持把立德树人作为中心环节,把思想政治工作贯穿教育教学全过程,实现全程育人、全方位育人”,更指出,“其他各门课都要守好一段渠,种好责任田,使各类课程与思想政治理论课同向同行,形成协同效应”。

英语是中西方文化思想碰撞最为直观的学科前沿。早在2014年,上海市教育委员会就提出“大思政”的课程思政概念并在上海的一些高校进行了试验。时任上海外国语大学校长曹德明表示,他们深入挖掘了外语专业课程中的思想政治教育资源,在潜移默化中增强大学生思想政治教育的针对性和实效性,取得了不俗的效果。

从上述经验可见,英语类课程的思政教育不是要向学生灌输思想政治课上各种理论知识的英文版,而是要通过一种更契合语言文化教学的形式来引领学生思考,继而树立正确的世界观、人生观和价值观,实现对学生批判性思维的训练和恰当的价值导向。“润物细无声”,思想性、政治性并非语言教学课堂内抽离出来的独立要素。大学英语的课程思政必须尊重语言文化教学的本质特征,在教学素材的拣选采撷上(如英语时事新闻的引入、对教材思政内容的补充和有机统一)回归人文素养教育的本位;重提炼,轻植入,即便需要植入也宜软不宜硬,重在学生技能习得,兼而收获德育效果。例如,习总书记多次阐述过的“集体主义”“爱国主义”“人类命运共同体”“中华民族共同体意识”等概念,如果生搬硬套势必让受众难以形成深刻记忆,也容易让语言教学枯燥乏味。如果扣住时事,点出当代的某种矛盾,如生态环境风险、科技伦理危机、个体精神失范等,引发学生思索,引出“家国情怀——修齐治平”这样的中国智慧、中国方案,在语言习得中学习价值观,亦能达成文化自信,一举两得。

(二)应试教育还是人才培养?

学以致用是新文科建设的重要价值导向之一,但高等学校的社会服务职能必须通过人才培养和知识生产方式实现,这是一个缓慢的渐进的过程,不可短视和急于求成。特别是语言文化教学的创新,需要打破传统、求索探真,创新实现学以致用的理想,这绝不是一年半载就可见功的。再者,凡改革都会遭遇风险,原有利益与路径依赖很可能会令突破创新一时受阻。

新文科课程的建设重在融合性,即要体现人文精神和科学精神并重的核心素养,必须淡化工具理性,注重价值理性。比如具体到大学英语课程内容的设计环节,由于部分学生长期以来更在意大学英语四六级、考研或托福雅思一类的考试结果,就不大重视课堂上教师设计的一些针对教材的讲学练环节;也有教师把课堂时间用来给学生做大学英语四六级考题,认为这样迎合需求无可厚非。其实,新文科建设本身就要求设计者注意挖掘学科的人文价值,使课程知识的内涵层次更加丰富,知识的传授过程更富情趣,语言能力的培养更趋务实,如此才能吸引学生、感染学生,进而培养学生。因此,教师必须在用对教材的同时还要用活教材,以学生能力层次为依据,在阅读要求、设问、讨论、报告及评估等各个环节上设计出分层教学的不同体系方案,因材施教,才能令学生积极跟进,且当堂受益。

另一方面,我们也必须在大学英语四六级考试的内容里寻找教学的契合点,回应学生的需求。我校一部分大学生由于生源地基础教育层次及其他一些因素,在格局、视野、精神追求等方面确实相较于我国中东部较发达地区高校的学生存在劣势。以大学英语四六级改革后四级中的新闻听力题型为例,由于考生不关心时事政治,也缺失思辨能力的训练,听力理解能力更是无法支持对新闻这种语言体裁的考察,因而该题型成为我校四级考试的“重灾区”。但四级考试加入了新闻听力的考察,客观上就要求学生要关注时事新闻、社会热点,一旦教师课堂上有所涉及,学生理应会关注。教师可以鼓励学生去搜集与教材内容相关的一些国内外的时事报道,设计可培养批判性思维能力的问题与学生一起分析讨论,引导他们跳出自身认识的局限,表达自己的理解与感受。这就给了大学英语课程设计者凸显创新性的舞台,而"创新"本就是新文科之"新"也。所以,只有以人才培养为根本目标,摒弃功利短视的思想,走出单纯应试的手段,才能设计出符合新文科理念的大学英语课程体系。

(三) 教师退场还是教师在场?

无论中西,近年来几乎所有的教育改革理念的提出都离不开一个口号——"以学生为中心"或"把课堂还给学生"。此次新文科建设带来的改革契机必定也会继续此话题。且不提这种理想何时真正自上而下地实现,就算目前已经开始在课堂里逐步实践的一些高校也发现,学生的"自主"何其艰难。早年间大学里雨后春笋般建立起来的众多语言自主学习中心多半时间需要老师给学生布置任务,即使规定了学习内容也要靠教师时不时在教室里逡巡,否则某些学生正好埋头在电脑上干"私活"了。

传统的语言课堂教学往往被诟病为教师主导,让学生失去参与感,因而"翻转课堂"成为大学英语教学改革创新的标配。于是,有些课堂彻底"翻转",从课前 PPT 任务到课堂 presentation,从小组分工到课堂讨论再到组长报告,基本上一堂课也剩不下几分钟,倒是将课堂完全交给学生了,可学生的参与度和收获感真的符合期待吗?评估这样的模式后我们不难发现,看似培养输出能力的教学手段如果不重视输入,即足够的语言基础学习,是无法支撑"翻转课堂"的语言输出系统的,很多学生会因为自身语言功底的不足敷衍甚至拒绝参与到课堂模式中去。但仅仅满足于能胜任任务的学生的技能培养的话,教学当然事倍功半。因此,教师作为"以学生为主体"课堂的总设计师,才是让一堂课活起来的"灵魂"。

所以,当强调"以学生为中心"时,我们的教师应当站在什么位置?我的回答是,他们一定会处于比以前更重要的位置上,因为他们的角色必须从“让学生学习”彻底转换到“教学生学习”上。新文科建设的创新,重中之重在于“增量”而非“存量”。而传统课堂的语言教学就是一种以存量为显著特征的教学,词汇、语法、文化背景、阅读及听力习题,教师自身有多少,教多少,学生也就得到多少;体现创新性的增量——思辨思维及其输出——说和写的训练、媒体技术的运用包括合作意识,则是大学英语教学现阶段难以普遍突破的堡垒。究其原因,是教师受限于教学的时空,同时也囿于自身的创新意识和能力。“人”才是一切事物的美好起点和价值的终点。大学英语教学的突破,必须从教师团队的创新培养和人文关怀开始,永远把教师的发展放在最核心的考量中,这样,即便是面临诸多艰难的挑战,教师们也能够团结协作,创造出增量,出色完成新文科背景下的大学英语课程建设。

(四)局部先行还是齐头并进?

自麦克卢汉提出“媒介即人的延伸”后,人类如愿以偿地让整个地球见证了村庄化的自己。马斯克把芯片植入猪的体内;下一步,也许机械战警就会“活生生”地站在我们面前。正是基于这样的时代新特征的研判,我国的领导人号召中国高等教育必须迈入普及化阶段,这是大势所趋。“普及化”的提法有何要点?普及化就是要改变过去的精英—大众思维,努力适应几种要求:1. 多样化;2. 学习化;3. 个性化;4. 现代化。

其实这几个要点单独看并不新鲜,我们也能够理解甚至在局部已经不同程度地实践过一部分理念。但正如前文所述,当代之中国,正处于“百年未有之大变局”中,世界政治多极化趋势造成国际局势的不稳定性、不确定性日益突出,全球经济收缩加剧,文化交往速度加快,信息量剧增,文化冲突与融合并存。我国的高等教育如果不能普及,则无法应对国家和民族面临的生存挑战。但高等教育一旦走上普及化的道路,必将迎来前所未有的变化与遭遇。学生的个体水平与需求千差万别,应试型基础教育带来的后遗症也会持续存在甚至影响学生终生,社会产出期待和高校培养模式即高等教育与职业教育的融合短期内难以迅速反映,会带来招生和毕业生就业等循环压力……若然看得到这些困境,我们就自然明白:多样或多元标准与路径、常态学习、个性创新、现代理念必须成为一个有机的协同体系,共同助力。

而我校大学英语的课程教学在改革的步子上已经到达“局部先走”“小步走”的临界点。“四新”建设正在我校各个学院如火如荼地展开,各个专业也加紧了创新步伐,大学英语作为应用型学校的一门基础通识必修课程(大学英语学科的重要地位和任务本文已列专章论述,此处无需赘述),一旦在理念上和体系中落后,轻则丧失应有的学科地位,重则无法完全实现对学生进行复合型人才的培养,陷入创新的僵局。

四、结语

综上所述,要想让大学英语课程建设在新文科建设背景下更好地推行与发展,需要我们能够上下达成共识,勠力同心,遇到挑战则视为机遇;做好富有建设性、想象力的顶层设计,打造一个适合我校实际的校本教育课程体系;同时要培养和锻炼出一支水平过硬的大学英语教师队伍,使其逐步适应新文科的教育要求。

参考文献:

[1] 陈凡等. 新文科:本质、内涵和建设思路[J]. 杭州师范大学学报(社会科学版),2020,(1).

[2] 黄启兵等. “新文科”的来源、特性及建设路径[J]. 苏州大学学报(教育科学版)[J],2020,(2).

[3] 教育部高等学校大学外语教学指导委员会[M]. 大学英语教学指南(最新版),北京:高等教育出版社,2020,12.
[4] 莫蕾钰等. 新文科的使命、愿景与实践探索[N]. 光明日报百度官方账号,2021年1月1日,光明青年论坛.
[5] 吴岩. 新文科重磅启动！教育部高教司司长吴岩:全面推进新文科建设. 搜狐新闻 https://www.sohu.com/a/429342416_120214181.
[6] 习近平. 在全国高校思想政治工作会议上的讲话[N]. 人民日报,2016年12月9日.
[7] 王学俭. 新时代课程思政的内涵、特点、难点及应对策略[J]. 新疆师范大学学报(哲学社会科学版),2020,(2).
[8] 王义桅. 表达中国,通融世界[N]. 人民日报,2015年9月1日,第7版.
[9] 王之康. 新文科:一场学科融合的盛宴[N]. 中国科学报,2019年5月8日,第1版,要闻.

[作者简介] 刘玲,西南民族大学外国语言文学学院,讲师,硕士研究生。
研究方向:跨文化研究、英语教学研究。

少数民族学生大学英语混合模态式的课程设计

——以西南民族大学大学英语 II 混合式课程建设为例

西南民族大学　申雅娟

摘　要：互联网学习模式的兴盛和新冠疫情让线上教学成为未来学习的主流模式之一。大学英语教授和学习模式的改革也势在必行。本文以西南民族大学中以少数民族学生为主体的大学英语 II 混合模态的课程建设为例，阐述该课程的混合模态设计详情。笔者首先对教授者和教授对象即笔者本人和 218 名一年级少数民族学生的教与学的需求进行了详尽的分析，在此基础上对线上和线下课程进行了设计，目的在于实现“线上课程+翻转课堂”的混合模态授课和学习方式。

关键词：需求；混合模态；线上课程+翻转课堂

1. 引言

近年来，基于掌握学习理论和建构主义学习理论的“翻转课堂”模式在大学英语教学改革的路上成为一股新生力量。随着互联网在中国的广泛应用，受“微课”“慕课”和“碎片化学习模式”等教学理念的影响，从传统的“以教师为课堂中心”的“教师授课+学生听课”的单一模态教学模式发展到“以学生为中心”的“微课或慕课+翻转课堂”的混合模态教学模式已成为互联网时代大学英语教学改革的趋势。2019 年底一场突如其来的新冠疫情让国家、地区和个人之间暂缓了面对面的交流和学习，利用互联网的线上教学推动了疫情期间教学的正常化。这场疫情加快了大学英语教学改革的步伐。

目前，线上的大学英语教学资源较多：首先，中国高校外语慕课平台、中国大学 MOOC 等网站提供了不同层次的优质慕课；其次，外研社、外教社和高教社等出版社以国内各高校使用的主流大学英语教材为依托开发了大学英语线上课程。学生可以通过 APP 随时进行学习；最后，很多高校联合或自主开发了线上学习平台，并自主搭建了符合本校学生学习情况的大学英语课程。

笔者所教授的大学英语课程因受众是少数民族学生，有其特殊性和小众性，所以笔者在设计课程时只能选择第三种方式——自建课程。本文中，笔者先从探讨课程建设中教师和学习者需求的重要性入手，详细阐述如何设计以少数民族学生为主体的混合模态式大学英语课程。

2. 教学参与者需求的理论分析

大学英语教学中，教师无论采用单一模态模式还是混合模态模式，对课程的设计都不是只对学习材料的增加和删减，而是要首先考虑到教师和学习者的实际需求。因此，对双方需求的分析尤为重要。

2.1 教师需求的理论分析

传统观点认为，教师是教学过程中的被动参与者。大学英语的教学过程中，受教材、教学进度等统一因素的影响，大学英语教师对统一教学的适应性被反复强调，而发挥大学英语教师自己的信念和需要往往被忽略。然而，Masuhara（2011：238）认为，教学过程中，教师是积极的参与者，不仅要实施“课程、教学大纲、课堂方法论”，也要改编和开发材料。Masuhara 明确提出了基于教师个人和专业特征的需求，这些需求均来自于教师的个人感知、同行感知和第三方在理论框架中的客观测量。同时，Bruder 和 Cunningsworth（McGrath 2002）认为，教师对教学和学习者的态度以及备课时间也应该是教师需求的主体之一（见表 1）。

表 1 教师的需求

个人需求	职业需求
年龄	教学风格的偏向
性别	教师培训经历
文化背景	教学经验
个人兴趣	
教育背景	
教师的语言能力	
教师对教学和学习者的态度	
备课时间	

Bruder, 1978 & Cunningsworth, 1995（由 McGrath 引用 2002：20）；Masuhara 2011：239

那么，教师的需求在整个课程设计中的重要性和作用是什么呢？根据 Masuhara（2011）的分析，课程设计在现实世界和理想环境中最主要的区别在于它们是由教材编撰者还是教师和教育管理者决定的。由于在现实环境中教材编撰者对课程设计越来越直接的控制，使得教材编撰者所期望的教材中理论的有效性与学习者的实际需求之间的距离逐渐扩大。作为教材编撰者和学习者中间媒介的教师，如果他们的需求在课程设计中被关注，这样就更有利于教师对整个教学过程的控制。因此有效的课程设计必须考虑到教师的需求。

2.2 学习者需求的理论分析

从1980年到2000年，需求分析特别是在学习者这方面，受到越来越多的关注。Masuhara（2011）也表明学习者需求的满足受到了课程和教材设计者的高度重视。Long（2005）甚至声称，有效的课程设计和语言规划应建立在全面分析学习者需求的基础上。当Hutchinson和Waters（1987）详细阐明"需求"一词时，他们将其分为"目标需求"和"学习需求"（Hutchinson & Waters 1987：54），并且认为后者应该更加受到关注，因为学习需求意味着学习者在"目标情境"中需要做什么才能填补他们所缺乏的和他们所需要的之间的缺口（Hutchinson & Waters 1987：60）。两位学者（Hutchinson & Waters 1987）进一步强调，在英语学习中充分认识到学习者的需求，有利于英语课程内容的合理选择和设计。表2中是一些研究者根据其研究成果所列出的学习者的语言学习需求。

表2 学习者的需求

个人需求	与目标语相关的需求
年龄范围	方言
目标语的语言能力	语言技能的重视度
第一语言	在不同语境和情况下语言的正式程度和不同的语体风格
学术和教育程度	语言的亚技能
社会文化背景	语言的交际能力
职业	语言系统的重视度
学习目标语的原因	语言系统是被主动使用还是被动使用或者两者兼而有之
学习态度	
以往的语言学习经历	

（续表）

语言学习的能力倾向	
语言学习的一般期望	
语言学习的具体期望	
学习风格的偏向	
性别分布	
个人兴趣	

Bruder, 1978; Cunningsworth, 1995; Daoud & Celce-Murcia, 1979; Harmer, 1991; Matthews, 1991; McDnough & Shaw, 1993;（由 McGrath 引用 2002: 20）

除了以上的综合需求外，Tomlinson（2008）认为，在课程设计中应该给学习者提供大量使用目标语的机会，并从学习材料中获得关于语言交际有效性的反馈。课程中的语言学习材料是学习者与语言习得有效性之间的重要媒介，只有这些材料都满足学习者的各种需求后，这种媒介才能发挥作用。

简单地说，如同教师的需求，学习者的需求在课程设计中也很重要。

3. 教学参与者需求实例分析

3.1 当前教学环境下的教师需求

西南民族大学的大学英语教学分为四个层次：大学英语 I 是面向非英语专业的大多数本科生的大学英语课程；大学英语 II 是面向非英语专业的少数民族语言文学或其他专业的少数民族双语班的大学英语课程；大学英语 III 是面向艺术和体育类专业学生的大学英语课程；大学英语（限少数民族语言专业学生修读）是面向非英语专业少数民族学生慢班的大学英语课程。笔者承担第二类大学英语教学，教学时长已超过 15 年并在国外取得语言教学硕士学位,因此有中西方文化相结合的背景和丰富的少数民族学生语言教学经验。笔者对于大学英语教学和学习者有较强的课程设计和教学动机,备课时间充裕,并希望在当前新的形势下能设计出有效的混合模态式课程,切实解决少数民族学生在两年的大学英语学习中遇到的各类问题。

3.2 当前教学环境下的学习者需求

笔者首先对西南民族大学 2020 级大学英语 II 课程中所负责的 218 名彝族学生进行了学习者需求的问卷调查。根据表 2 中的学习者需求清单,结合学生的实际情况,在问卷中进行了目标语语言能力、社会文化背景、英语学习的态度和动机、个人学习风格、个人兴趣、语言技能的重视度、日常生活中的语言交际能力七个方面的调查,调查结果如下(见表 3)。

表 3 大学英语 II 课程学生的需求

大学英语 II 课程学生需求	总体情况和数据分布
1. 目标语语言能力	10.3%的学生英语语言能力低于 CSE3 级;28.5%的学生英语语言能力介于 CSE3 级至 CSE4 级之间;60.2%的学生英语语言能力达到 CSE4 级;1%的学生英语能力介于 CSE4 级和 CSE5 级之间。
2. 社会文化背景	70.4%的学生来源于本民族文化背景较强的地区;29.6%的学生来源于汉族文化背景较强的地区;71%的学生对西方文化感兴趣;82%的学生对如何用英语表达本民族文化和中华文化感兴趣。
3. 英语学习的态度和动机	87%的学生无法做到课后坚持英语学习;93%的学生认为英语与将来的学习和就业无关,大学英语课程只是保证拿学位证书的必修课而已。
4. 个人学习风格	83.5%的学生属于视觉型学习者;14.5%的学生属于听觉型学习者;2%的学生属于运动型学习者。

（续表）

大学英语 II 课程学生需求	总体情况和数据分布
5. 个人兴趣	86%的学生对视频或碎片化学习感兴趣；74.2%的学生对文化元素、流行事物和旅游方面兴趣浓厚。
6. 语言技能的重视度	90.6%的学生认为英语口语很重要；81.7%的学生认为英语听力很重要；73.8%的学生认为英语阅读很重要；56%的学生认为英语翻译很重要；23%的学生认为英语写作很重要。
7. 日常生活中的语言交际能力	3%的学生认为语言交际能力很强；24%的学生认为语言交际能力一般；73%的学生认为语言交际能力很弱。

218 名受调查者是一年级新生，入校时，参照其高考成绩后对应《中国英语能力等级量表》(简称 CSE)可以看出，只有半数多的学生英语语言能力能够保持在高中三年级的水平，少数学生虽能进入大学，但是其实际英语语言能力位于高中三年级之下，甚至只能达到初级中学水平，而能与大学一年级英语语言能力相匹配者凤毛麟角。虽然近几年少数民族学生入学时的英语语言能力有所增强，但跟该校大学英语 I 层次的本科生相比还是有一定的距离，因此，其英语教学的首要任务还是语言基本功的培养。从学生的文化背景来看，问卷调查表反映出有两种文化背景的学生不仅愿意了解西方文化背景知识，而且对如何用英文表达学生本民族文化和中华文化更有兴趣。从学生的学习态度和动机来看，大部分学生对大学英语的看法仅停留在"课堂上的学习"层面。由于大部分学生受固有思维和其生活环境的影响，认为大学英语的学习对未来的学习和工作帮助甚微，所以大部分人缺乏学习动机，抱有得过且过的心态。该方面暴露出少数民族学生课后英语学习量严重不足的问题。结合学生个人学习风格和兴趣两方面来看，如何利用这两项来增强英语学

习的动机和端正学习的态度是课程设计中需要重点考虑的内容。问卷调查的最后两项表明,大部分学生虽认为口语能力很重要,但在日常生活中,大部分人的语言交际能力较弱。因此,课程设计中除了语言输入部分外,语言输出和语言交际也是要考虑的因素。

综上所述,课程设计首先应考虑教师和学习者双方的需求,才能建构出符合实际教学情况的课程,发挥课程设计的有效性。

4. 大学英语 II 混合模态式的课程设计

4.1 单一模态式课程问题分析

"教师授课+学生听课"的模式随着时代发展开始凸显其弊端。首先,新冠疫情在全球范围的肆虐让线上教学成为推行教学正常化的主要手段。虽然疫情在国内得到了有效的控制,但是线上线下的混合式教学手段已经成为后疫情时代和未来教育中的主要手段之一,教学模式的变革势在必行。其次,结合大学英语 II 课程来看,单一模态课程已经开始不适应现实情况的需要。大学英语 II 的综合课程所使用的教材是复旦大学出版社的《21 世纪实用英语综合教程(基础版)1》。该教材属于"十二五"职业教育国家规划教材。就全国范围来看,民族院校的民族学生属于少数受众群体,所以专门针对该类学生的大学英语学习的教材极度缺乏。考虑到教材内容的时效性,该层次的大学英语教材只能从英语语言水平较匹配的高职英语教材里选取。但是,这类教材跟普通的大学英语教材相比,线上素材缺乏,线上课程的建设也相对简单,仅仅是把纸质书本上的内容变成了以手机为载体的移动书本,能支持线上学习的功能版块较少,不足以满足真正的"线上课程+翻转课堂"的混合模态教学和学习。故必须以现有教材为依托,结合学生的实际情况,重新设计更加有效的大学英语 II 课程。第三,大学英语 II 课程的学生因主客观原因学习英语的动机不强,主动性低下。传统模式下,大部分学生只限于完成听课任务,因此,对语言实践的缺乏导致他们在上完两年的大学英语课后英语水平不仅停滞不前,甚至还有下降的趋势。而混合模态式课程设计的引入让学生在线上完成传统课堂的内容,线下针对线上的学习加强对语言运用的练习。同时,线上课程中还可以引入丰富的中外文化背景知识材料和一些分级阅读内容。多形式的课程设计不仅能提高学生的兴趣,增强对英语学习的动机,还可以满足学生个性化学习的需求。

4.2 混合模态式课程的总体设计

大学英语 II 课程采用的是"线上课程+翻转课堂"的混合模态。线上课程包含了针对教材知识点讲解的微课、教材中的听力和课文阅读练习,即传统课堂内容。这部分要求学生根据学习进度表在每节线下课前通过自我学习来完成,并且做好笔记和备注学习中出现的问题。同时,在线下课之前,学生还要根据线上学习的内容完成相应的线上作业,并且在得到教师的线上反馈后备注自己仍存疑的内容。线下课程包含了"以学生为中心"的线上课程总结、线上作业总体和个人问题的解决以及语言交际练习等内容。线下课程以学生为中心,通过线上学习的反馈,解决学生遇到的问题,做到学习更加个性化而不是传统的统一填鸭式教学。

4.3 线上课程

以教材为依托,每课时的线上课程由 Teaching Plan、Language Points 和对应书本内容三大板块构成。通过 Teaching Plan 的微课,学生可以了解每课时的内容结构和学习进度安排,同时还对单元学习目标和要掌握的语言点有清晰的认识,实现学生学习的规划性和条理性。对教师而言,Teaching Plan 是每节线上课程内容的灵魂。教师根据教材中的单元目标结合课文中的词汇、句型和语法内容进行教学的侧重安排,并且以此为依据录制每节微课,从而保证既定教学目标的实现,而非随意性教学。教与学计划的明确性实现了教学参与双方的需求。

线上课程中 Language Points 微课的制作较传统课程模式更能实现学生目标语输入的有效性。在以往的课堂上,由于班里的学生来自少数民族地区,英文基础较差,所以在讲授知识点时基本使用中文。长期用中文进行输入让学生对目标语的练习机会反而减少。根据克拉申的输入假说(Myles & Mitchell 2004),只有在目标语言的输入稍高于学习者目前的语言能力时,输入才是可理解的。相较于传统授课模式,录制微课的方式能够更加保证授课内容的稳定性:首先,在撰写微课台本时,可以使用与学生英语水平较匹配的英语词汇,并且通过台本的设计和反复修改把输入语言的难度尽量控制在稍高于学习者目前的语言能力范围,从而实现语言输入的有效性。其次,由于微课视频具备反复观看的特点,如果个体学习者的现有水平与授课语言水平差距较大时,学生也可以通过反复观看的方式缩小两者之间的差距;且录制的微课可保证学生的语言学习不受时间和地点的限制,更趋于个性化。此外,微课讲解时全英文的使用也可以让学生在语境中学习语言知识点。这样,中学时很少接触听说的少数民族学生在进入大学后可以慢慢增加听说练习的频率。笔者在设计微课时也注重使用大量的语言例句和图片来帮助学生理解全英文的微课内容。语言例句能够实现语境具体化,让学生在语境中学会目标语的使用。同时,针对大部分视觉型学习者,大量图片的利用能够通过视觉化的方式满足他们的学习需求。全英文的讲解也兼顾了第二大比例的听觉型学习者的学习需求。Language Points 微课的内容首先是根据教学目标和教材内容相结合的基本语言知识点的讲解。少数民族学生英语语言能力较差,要帮助大部分英语 CSE4 级甚至低于 CSE4 级水平的学生最终达到英语 CSE5 级水平,词、句和语法的讲解还是首要任务。这样的设计首先满足了学生语言学习的基本需求。微课还结合教材补充了中外文化背景知识的内容,这样能够满足来自不同文化背景地区的学生对如何用英文表达中外文化知识的学习需求,从而进一步增强他们学习目标语的兴趣。线上课程中书本内容板块即是教材中的练习内容。学生在完成微课后,通过相关的语言实践练习,在语境中将所学的语言理论知识具体化,从而将语言的输入真正转变成目标语语言能力。

4.4 线下课程

与传统的课堂不同,线下课程是围绕线上课程和线上学习中的个体问题而设计的,目的是要实现翻转课堂。线下课程的第一个板块是笔者根据线上微课的内容设计的语言知识运用练习。这个部分主要是一些“造句”“编对话”“翻译”等练习,其目的首先是检查学生是否及时观看了微课的内容,并检测他们对微课内容的掌握程度和对所学语言点的运用。从表3中可以看出,传统模式的课程中,学生只是被动接受语言知识点的输入,除个别学生外,大部分学生几乎没有在课堂上检验和实际运用所学知识点的学习经历。该板块旨在通过反复的语言实践练习巩固所学的知识点,逐渐提高学生的目标语语言能力。在组织该板块教学时,笔者是通过生生讨论和师生个别交谈的方式来完成。交谈时,笔者不仅能够及时得到学生线上学习信息的反馈从而有利于对线上课程的及时修订,还能通过交谈解决一些个性化学习问题。线下课程的第二个板块是对线上作业中共有和个性化语言问题的反馈。线下课程开始之前,笔者手动统计出每次线上作业的出错率,且对出错率较高的题目进行统一讲解,作业中的个别问题也同时进行反馈。通过这样的方式,学生可以清楚他们常见的语言问题并及时弥补语言学习中的不足;笔者也可以借此来调整线上教学的侧重点,真正实现以学促教。线下课程的第三个板块是源于教材的口语练习。与帮助学生输入目标语的前两个板块不同,该板块着重语言的输出。学生能通过反复的语言实践提高日常生活中语言的交际能力,最终可以主动使用目标语言系统。

线下课程是线上课程的延伸和实践,两者相辅相成,最终实现大学英语课程的混合模态化。

5. 结语

大学英语 II 混合模态式的课程设计是在互联网信息时代和后疫情时代的教学现状下应运而生的。该课程设计以教师和学习者的需求为理论依据,并运用现代技术手段实现"线上课程+翻转课堂"的混合模态模式。在该课程的设计中还包含了教学组织、教学管理和成绩评价等内容,但由于篇幅的关系,笔者将在今后的研究中一一阐明。该模式的课程设计是对该校少数民族学生大学英语课程的一次创新性尝试,经历了一学期的教学实践后也反馈出一些问题。笔者将从这些反馈中不断改进,从而帮助少数民族学生解决目标语学习中的问题,提高其语言学习的有效性。

参考文献:

[1] Hutchinson T & Waters A. *English for Specific Purposes* [M]. Cambridge: Cambridge University Press, 1987.

[2] Long M H. Overview: A rationale for needs analysis and needs analysis research [A]. In Long MH (ed.), *Second Language Needs Analysis* [C]. Cambridge: Cambridge University Press, 2005. 1-16.

[3] Masuhara H. What do teachers really want from course books? [A]. In Tomlinson B (ed.), *Material Development in Language Teaching* (2nd ed.) [C]. Cambridge: Cambridge University Press, 2011. 236-266.

[4] McGrath I. *Material Evaluation and Design for Language Teaching*

[M]. Edinburgh: Edinburgh University Press, 2002.
[5] Myles F & Mitchell R. *Second Language Learning Theories* [M]. Oxford: Oxford University Press, 2004.
[6] Tomlinson B. *English Language Learning Material: A Critical Review* [M]. London: Continuum, 2008.

[作者简介] 申雅娟（1978- ），女，四川成都人，西南民族大学外国语言文学学院讲师。研究方向：语言测试与评估、语言教学。

“元认知”理论视域下大学生英语自主学习能力发展研究

西南民族大学 谭凌霞

摘 要：元认知策略是帮助学习者提高自主学习能力的一个重要因素，但是目前大学生对于元认知了解甚少。本文试图将“元认知”理论同英语自主学习相结合，从元认知知识、元认知体验和元认知监控三个方面入手，探寻能够有效帮助学生管理自我学习、提高学习效率、最终增强英语自主学习能力的途径。

关键词：元认知理论；自主学习；大学英语；教学改革

1. 当下大学生英语自主学习现状

自主学习自20世纪50年代以来一直是教育心理学研究的一个重要课题。霍利在1981年将自主学习界定为学生在学习过程中负责自身学习，并进一步指出，自主学习能力不是天生的，而是后天有意识培养而成。后期研究者李特尔、纽南、兹姆莫曼等则从独立认知、自我目标确定、动机与行为等各方面对自主学习做了更深入的研究(潘伟伦 2015:72-74)。

国家将培养自主学习能力和终身学习能力视为教育的主要目标。2020年，教育部修改并公布了新的《大学英语课程教学要求》(以下简称《课程要求》)，着重强调高校在教授非英语专业本科英语时，应侧重“个性化”和“自主学习”(教育部高等学校大学外语教学指导委员会 2020:18-20)。

个性化和自主学习最大的优势在于能充分满足不同学习者的个性特点，也能适应不同的情况，学习者在时间和空间上都能享用最大的自由。学习者可以自主制定学习计划,选择学习内容,采取适合的学习策略,并自我评估学习效果。这种学习模式可以极大调动学习者的兴趣和内驱力,突破课堂教学的局限,将学习在课堂外无限延展。

相比初高中英语教学,大学英语不同的教学特点决定了学生自主学习能力在其中扮演更为重要的角色。大学英语授课次数减少,每周只有一到两次,总学时大幅降低;另外,大部分学校最多只在大一大二开设英语课。但是英语学习本质上更强调持续不断重复学习方能有效提高语言运用能力。因此,大学英语课堂的教学目标和重点不应该同高中阶段一样强调单词的记忆和语法知识点的积累。相比之下,加强学生主动在实践中运用英语,培养学生自我学习能力和自我调控能力,为将来持续自主学习英语打下坚实的基础,才应是此阶段的教学重心。

但是,现状却并不令人满意。一是教学模式依然是教师"一言堂""满堂灌",学生被动记笔记或做练习,教学的内容也只是词汇、句型、语法点的进一步拓展或重复,或者是听说读写各种技能的训练。而这种被动、机械的学习使学生无法学以致用,真正将英语作为工具在现实社会获得信息或者与他人交流。二是学生学习的驱动力依然是以考试为导向的外驱力。学生学习英语主要是为了能在期末考试中取得好的成绩抑或通过大学英语四六级考试。其结果是:在高年级学校不再开设英语课的时候,学生会陷入茫然,不知该如何继续。另外,以考试为唯一驱动力也会使学生在通过大学英语四六级考试后,便不再学习英语,等找工作或准备考研时才发现英语能力已经大不如前了。三是班上学生英语水平参差不齐,如果只是依赖教师课堂上传授知识或开展练习,必然无法因材施教,有效帮助所有学生提高英语水平。

对照《课程要求》和大学英语课程教学现状,笔者认为高校英语教学低效的原因是因为长期灌输教学和强控制削弱了学生自主学习的意愿和能力。

如果大多数学生在心理和学习方法上都不具备自主学习的能力,那么大学英语教学应该如何开展才能有效帮助学生提高英语自主学习能力呢?本文试图将认知学中的"元认知"策略理论运用于大学英语教学,探寻切实可行之法。

2. "元认知"理论简介及对学习效果的影响

"元认知"最早是在20世纪70年代由美国著名心理学家弗拉维尔(Flavell)提出。所谓"元认知",就是对认知活动、认知任务、认知事物范畴、认知主体自身的认知,同时对认知过程进行积极的监控和不断的调整。其本质是人们对认知活动的自我概念、自我定位以及自我调节(Flavell 1979:906-911)。

"元认知"主要包括元认知范畴的知识、体验和监控。其中元认知知识是指学习者对认知主体自我认知能力、任务的目标和安排、完成任务必备的条件和准备以及所需要采用的策略等相关事宜的了解、认知,这种了解是在实践中通过经验积累获得的。元认知体验是在认知过程中学习者的体验,既有认知体验,又有情感体验。这种体验的时间可以是短时间的,也可能是长时间的。这种体验贯穿整个认知过程,前期是对任务难易程度的判断、对完成任务所需要的时间和策略的估算预测;中期是在过程进行中对任务推进的感知,以及遇到困难时的体验;后期是复盘整个任务过程,对任务完成是否达到预期效果的自省,以及对完成过程中解决问题和所取得收获的体验。元认知监控是指将整个认知活动作为意识主体,监控活动开展情况,并根据反馈对认知有误的地方进行修改,确保认知活动如预期正常进行。元认知知识、体验和监控三者是相互关联和影响的。充分的元认知知识会帮助学习者主动、有意识地体验整个认知过程,及时评价和调整认知任务、任务流程和认知策略;元认知体验则反过来丰富学习者的元认知知识,激活元认知策略;而元认知监控则能有效帮助学习者及时监控任务是否按预测开展,并能根据情况迅速修改,且监控水平也能影响认知体验,制约认知知识(王菲菲,杨雪,黄海林 2012:906-911)。

欧美元认知研究者通过元认知问卷量表和跟踪实证研究探寻学习者的元认知能力,他们将学生按照元认知能力和基本技能的高低两两结合分组,结果表明:高元认知能力—低基本技能的学生成绩明显优于低元认知能力—高基本技能的学生。因此,可以说学生学习效果的好坏与其元认知策略使用的情况密切相关(Chamot A U & Kupper L. 1989:13-24)。国内学者大量的实证研究也得出类似的结果。元认知能力与学生的学习能力和学习成绩呈正相关。元认知能力高的学生成绩更优秀,学习效果更明显,学习迁移能力更强,且学习的主动性更好(李萍 2005:28-31)。

由此可见,元认知策略可以很好地弥补一般认知的不足,从而提高学习效能。具体到认知的三个组成部分来说,充分的元认知知识可以让学生意识到自我学习的困难和所需的学习策略,并对是否以及如何解决问题有着较为精准的预测;良好的元认知体验可以让学生清楚自己在解决问题时策略的选择,故而能更好地执行加工甚至知识迁移;而有效的元认知监控则可以帮助学习者正确评价认知结果,更好地反馈,为下一次认知活动打好基础。

3. "元认知"策略帮助大学生提高英语自主学习能力

尽管研究表明"元认知"对一个人的学习尤其是自主学习非常有效,但是目前我国在这一方面取得的成效却不尽如人意。首先是大学生元认知策略意识淡薄,对自己的学习水平往往处于困顿迷茫状态。国内教育研究者刘向红对 120 名工科学生的元认知策略能力进行调查研究,结果发现,只有极少的学生会主动根据任务选择所需学习策略,且很少会有意识地对认知过程进行监控,并根据反馈不断修正改进;事后也不会复盘反思(刘向红,安志宏,李增强 2009:76-77)。而另一研究者雷霄对 140 名非英语专业的本科生进行相关问卷调查的结果则表明只有不到 2%的学生认为信息反馈和认知监控对学习是重要的(雷霄 2005:68-74)。其次是教师依然将教学重心放在知识的传播上,对于帮助学生有效提高自我元认知策略做得不够,或是没有意识到其重要性,或是不知道如何具体有效操作,或是因为繁重的教研任务使其无时间、精力训练学生元认知能力。大学英语教学应该尝试引入“元认知”教学,帮助学生提高元认知能力,从而提高英语自主学习能力。

本文拟从元认知的三个基本构成入手,结合笔者在大学英语教学实践中的具体尝试,探讨如何将大学英语教学同元认知能力训练相结合,最终提高学生英语自主学习能力。

3.1　丰富学生元认知知识,提高其元认知意识

虽然很多学生深知英语学习的重要性,也投入大量时间、精力学习英语,但是因为长期以来学生都是被动跟随教师的教学安排,无论是学习内容、学习时间、学习检测都不具备自主性,这种现状导致学生只会盲目依赖教师教学,不会主动思考应该采用什么学习策略,更谈不上对学习过程的监控和对学习效果的反思。因此,帮助学生丰富元认知知识、提高元认知意识,应该是大学英语教学甚至大学教学的一个重点。

笔者在 2020 届大一新生的第一堂英语课上就向学生强调大学学习和初高中学习的不同之处。大学学习更强调学生的自主性,而不是继续被动依赖教师的教学安排,学生要学会对自己负责,自我规划安排,自我检测实施,慢慢实现从被动学向主动学转变。后期的教学课堂上,笔者也经常引入关于提高英语听说、阅读、写作、单词记忆方法的介绍和训练,在具体的场景中培养学生元认知意识,提高元认知能力。(但是因为笔者个人能

力有限,无法传授关于"元认知策略"的更深入的知识。如果学校能邀请经验丰富的教师或专家在大一期间开设与"学习策略"相关的课程或者举办系列的讲座,给学生普及学习策略尤其是元认知策略的知识,让学生开始养成元认知策略的意识,了解不同的学习策略,并能有意识选择学习策略,监控整个学习过程并进行自我反省,一定会有更好的效果。)

3.2 帮助学生增强元认知体验

元认知体验贯穿整个学习过程,是自主学习的重要环节,教师应该协助学生在前期、中期和后期三个阶段做好元认知体验。具体来说,在认知活动前期,教师可以帮助学生细化目标,包括长期目标和短期目标。教师可以根据学生所定计划向学生提问,比如过程具体分成几个阶段,每个阶段预计花费的时间;预计采用的学习策略,若想如期实施还需要什么额外的支持,可能遇到的问题以及可采取的应对策略等。这样可以帮助学生更客观地审视自我计划的可行性。而在认知活动中期,教师随时和学生沟通,了解其计划实施情况,是否如预期般顺利进行以及遇见什么具体困难。教师可以让学生定期撰写阶段学习小结,客观认知自我学习情况,反思所采用的学习策略是否可行,是否需要调整、更换。认知活动后期则要求学生撰写学习总结,建立自我学习档案,通过反思发现学习的不足和效果,并思考改进的措施。教师也应给学生反馈,帮助学生改善学习策略,丰富整个认知体验。

笔者在2020届新生实验班第一次英语课上,先清楚地阐释了本学期英语课程期望达到的教学目标以及相应的教学策略和具体的实施步骤,同时让学生撰写自己本学期的目标和具体每一天的实施步骤,并设计每日完成情况打卡表,学生上交自己的规划。如果发现不太合理的安排,笔者会和学生私下具体讨论。而且,笔者会向学生强调,规划在实施过程中是可以根据情况不断调整的。

以背单词的平台“词达人”为例。笔者在两个参照班上，只是简单介绍“词达人”平台，让学生根据自身情况安排每周学习的进度，并提醒学生期末会算作一定的平时成绩。而在两个实验班上，则是让学生将每周学习计划上交并做好记录，每个月末会将当月完成情况和下个月的安排上交，且没有提及此成绩是否会算作一定的平时成绩。截至期末，参照班两个班(91 人)第一个月在此平台学习的学生人数为 80，第二个月 65，第三个月 24，最后一个月 9 人。而实验班两个班(90 人)第一个月平台学习人数为 78，第二个月 84，第三个 88，最后一个月也是 88。由此可见，如果学生将一个长期计划具体拆分成几个短期计划，每个阶段都安排记录和总结复盘，会有助于学生坚持自主学习。

此外，元认知情感体验也非常重要。兴趣是一种积极的认知倾向。当学生对某一学科产生强烈的兴趣时，他更愿意在上面投入更多的时间精力，学习的主动性会更强，在困难面前退缩的可能性会减少，而持续学习的时间也会延长。心理学研究也证明，兴趣同内驱力和最终学习效果都呈正相关联系。因此，如何帮助学生提高英语学习的兴趣应成为教学的重心之一。

因此，笔者尝试利用丰富的多媒体资源和各种线上线下英语学习的渠道，让英语课堂形式多样化，让学生在愉悦开心的氛围中提高英语能力；另外，笔者会在课下和部分学生交流，分析学生的需求，结合学生的个性、专业等，帮助学生将英语学习同自身兴趣、需求结合起来，从而提高学生学英语的元认知情感体验，让后期不开设英语课程的高年级的学生也能够持续自主学习英语。

3.3　提高元认知监控能力

元认知监控是指学习者有意识且主动地对整个学习过程进行管理、监控和调节。学习效果的好坏同学习者在此过程中是否可以根据实时的反馈及时作出调整、不断尝试最佳学习策略密切相关。但是这一点对于长期只知跟随教师教学安排被动学习的学生来说是一个薄弱环节，而这很难只靠学生自身力量加以提高。因此，在整个学生的认知过程中，教师需要及时和学生不断沟通，并且及时给出反馈。在计划初期，帮助学生自我检测计划的可行性；在计划实施过程中，根据学生的具体情况帮助其找原因，不断调整、修改学习策略；在计划结束后，帮助学生反思整个流程，写好学习小结、自我评价，总结对未来认知活动有用的建议，从而慢慢提高学生元认知监控的意识和能力。教师的参与和干涉在训练初期尤为重要，但是随着时间的推进，教师应该逐步退出，慢慢减少干涉，让学生自主完成，从而提高其自身元认知监控能力，为后期持续自主学习打下坚实的基础。

笔者在2020届新生的实验中，要求学生每月末上报当月的完成情况。如果计划完成不理想，需分析原因，并调整下个月的实施方案。根据上面的例子横向对比本学期四个月的计划完成情况，绝大部分是越往后完成情况越佳，说明学生在此过程中逐步增强了自我元认知监控能力，从而提高了学习效能。

大学英语因其独特的教学特点，重心应放在培养学生自主学习能力上。而自主能力同学生的元认知能力密切相关，元认知策略为学生自主能力可持续发展研究提供了坚实的理论基础。因此，教师应充分熟悉元认知策略的理论和实践，从元认知知识、元认知体验和元认知监控三个方面入手，帮助学生了解元认知策略，并能有意识地将其用于自我的英语学习中，彻底改变其学习意识和学习观念，在方法和心理上做好准备，增强英语自主学习能力，成为一名终身学习者。

参考文献：

[1] Chamot A U & Kupper L. Learning strategies in foreign lan-guage instruction[J]. *Foreign Language Annals*, 1989, (22):13-24.

[2] Flavell J H. Metacognitive and cognitive monitoring: A new area of cognitive development inquiry[J]. *American Psychologist*, 1979, (34):906-911.

[3] 教育部高等学校大学外语教学指导委员会. 大学英语教学指南(2020 版)[M]. 北京:高等教育出版社,2020.

[4] 雷霄. 大学生学习观念与学习自主培养[J]. 外语界,2005,(3):68-74.

[5] 李萍. 论英语多媒体教学模式与学生元认知能力的培养[J]. 外语与外语教学,2005,(5):28-31.

[6] 刘向红,安志宏,李增强. 工科学生英语学习元认知策略能力调查研究[J]. 教育探索,2009,(1):76-77.

[7] 潘伟伦. 对大学生自主学习状况及其影响因素的研究综述[J]. 天津中德职业技术学院学报,2015,(8):72-74.

[8] 王菲菲,杨雪,黄海林. 我国元认知理论与实践研究综述[J]. 高教研究与实践,2012,(3):7-13.

[作者简介] 谭凌霞(1978-),女,四川乐山人,西南民族大学讲师。研究方向:世界文学与比较文学。

课程思政视角下民族高校大学英语教师教学路径探析

西南民族大学　武显云

摘　要：从国家、学校和学科三个层面来看，民族高校大学英语课程开展“课程思政”教学都具有极其重要的意义。民族高校大学英语教师可以通过提升个人德育意识、深挖教材思政内涵、采用创新教学方法、组建思政教学团队等途径积极开展大学英语“课程思政”教学，从而实现立德树人的育人目标。

关键词：课程思政；大学英语教学；民族高校

1. 引言

高校思想政治工作是高等教育的一项重要任务，关系到高校培养什么样的人、如何培养人和为谁培养人这个根本问题。2016 年 12 月，习近平总书记在全国高校思想政治工作会议上强调提升思想政治教育亲和力和针对性的同时，指出“其他各门课都要守好一段渠、种好责任田，使各类课程与思想政治理论课同向同行，形成协同效应。”这一讲话为高校教学工作指明新的方向，并首次提出高校各类课程要和思想政治理论课协同育人的理念。2017 年 12 月，教育部印发的《高校思想政治工作质量提升工程实施纲要》写道：“大力推动以‘课程思政’为目标的课堂教学改革，梳理各门专业课程所含的思想政治教育元素和所承载的思想政治教育功能，融入课堂教学各环节，实现思想政治教育与知识体系教育的有机统一。”该纲要明确提出高校要把大学生的思想政治教育工作通过“课程思政”建设全方位地渗透到各类课程当中。课程思政逐渐成为学界探讨的热点问题。近三年来各类高校教育工作者围绕着如何在各科课程中融入课程思政教育展开积极的探索。

2. 现有高校课程思政教学研究现状及不足

上海大学是国内最早探索专业课程思政教育的试点单位。顾晓英主编的《媒体中的我们——聚焦上海大学课程思政》一书收集了全国主流媒体对上海大学课程思政建设的报道文章，对各高校如何上好思政课具有一定的借鉴作用和参考价值。薛庆国、臧勇(2020)主编的《北京科技大学课程思政案例选编》选取了该校自2017年12月启动课程思政建设以来最具代表性的21个教学案例，展现了工、理、管、文、经等不同学科在传授知识的同时进行思政教育的探索。王英龙、曹茂永等主编的《课程思政——我们这样设计》按照理工类和人文社科类两种类型总结了以齐鲁工业大学为代表的山东省高等学校课程思政研究中心开展的课程思政研究与教学设计活动。除此以外，叶勇、康亮(2020)以重庆电子工程职业学院为研究对象，出版了《新时代高职院校工科专业课程思政教育探索》一书。李俊伟、张翼宙(2020)在总结医学相关专业课程开展思政教育的实践经验基础上，编辑了《医学类专业课程思政教学案例集》。杨惠媛、赵建洪(2019)通过《外语教学课程思政改革论文集》把天津商业大学外语教学部在课程思政教学中的探索、思考和体会呈现出来。

除了以上研究书目，本文以“高校、课程思政”为主题在中国知网（CNKI）上检索了近三年各级高校开展“课程思政”教学探索的期刊文章，共计检索到8700多篇探讨与各类高校课程开展课程思政建设有关的文章，如高德毅、宗爱东(2017)的《课程思政：有效发挥课堂育人主渠道作用的必然选择》，孔标(2020)的《“大思政”格局下大学英语“课程思政”的落实研究》,赵鸣歧(2020)的《高校专业类课程推进"课程思政"建设的基本原则、任务与标准》等。其中直接研究高校大学英语课程思政教学的相关文章不到 150 篇,约占总数量的 2%;探讨民族地区或者民族高校大学英语课程思政教学的相关文章只有 1 篇。总体看来,无论是书籍还是文章,以上研究都把课程思政与高校各科专业课程有机结合起来,从不同角度探讨了课程思政建设中有关课程设置、教学模式、思政内涵挖掘等问题,取得一定成果。这将成为进一步研究的基础,但也存在一些不足,归纳如下:

(1) 现有研究对民族高校课程思政建设的探索相当欠缺。

(2) 现有研究对民族高校大学英语课程思政教学的探索十分欠缺。

(3) 现有研究多从各类课程本身的视角探析课程思政建设,而较少从教师的角度探析开展"课程思政"教学具体的实施路径或方法。

同一般高校相比,民族高校会招收更多来自少数民族或民族地区的学生。每个民族的文化和习俗不同,每个地区的民族成分和宗教信仰各异,学生生源的多样性决定了校园文化的多样性和课堂思政教学的多元性,因此民族高校大学英语课程在开展思政教学时又具有一定的特殊性。其次,课程思政的建设和教学改革,教师是关键。教师开展课程思政教学的路径和方法是保证课程思政建设落地落实、见功见效的第一步。在"全程、全员、全方位"育人的大格局下民族高校的大学英语教师如何充分发挥课程思政"主力军"的角色,如何建设大学英语课程这个"主战场",充分利用大学英语课堂这个"主渠道",将价值塑造、知识传授和能力培养三者融合一体,充分落实课程思政的教学改革,实现立德树人的育人目标,这不仅是一般高校大学英语教师必须潜心研究、长期投入的一项重要工作,更是值得民族高校大学英语教师今后深入探讨和研究的问题。

鉴于此，本文以课程思政建设为视角，试图探讨民族高校大学英语教师如何结合校园特色开展课程思政教学，使大学英语课程和思想政治教育发挥协同互补的效应，为民族地区的和谐稳定和建设发展培养合格建设者和接班人。

3. 民族高校大学英语开展课程思政教学的重要意义

民族高校是针对少数民族学生开展思政教育的主阵地，肩负着提升民族素质、维护民族团结、为民族地区培养留得住且用得好的新时期有用人才、全力推动民族地区以及全国的经济发展和社会进步等重要使命。在民族高校开展大学英语课程思政教学从国家层面、学校层面和学科层面来看都具有重要价值。

从国家层面来看，我们党和国家历来就高度重视人民教育事业。党的十九大从全局和战略高度出发提出“把教育事业放在优先发展地位”，这为高校人才培养工作指明了方向，让我们充分感受到进入新的历史时刻高等教育所承担的使命和责任。顾海良(2019)在《办好“关键”课程，教师是关键》一文中指出：“新时代，我国高等教育发展更要同我国发展的现实目标和未来方向紧密联系在一起，坚持为人民服务、为中国共产党治国理政服务、为巩固和发展中国特色社会主义制度服务、为改革开放和社会主义现代化建设服务的办学方向；把培养什么人、怎样培养人、为谁培养人这个根本问题作为办学的战略导向”。高等院校的各门课程肩负着思想道德教育和专业知识传授的双重责任，一定要与思政课程融合开展教育，这是关系到大学生个人成长成才，关系到建设社会主义现代化强国、实现中华民族伟大复兴宏伟事业的大问题。

从学校层面来看，民族高校作为高等院校的特殊群体，特指地处民族聚居区域或少数民族学生数量占大多数的高等院校。民族高校的培养理念是立足地区，面向全国，服务社会，为民族地区的发展培养少数民族高端人才,为民族地区社会经济的内涵式增长培育少数民族后备力量。新时代的民族大学生不但影响着民族地区当前时期以及未来一段时期的政治经济以及文化发展,还是我国现阶段社会主义战略目标能否在民族地区实现的关键因素。因此,民族高校应通过课程思政建设持续加强对少数民族大学生的思想政治教育。

从学科层面来看,作为高校课时多、历时长、覆盖面广、师资队伍强的一门必修科目,大学英语课程具有长期作为思政教育前沿阵地的天然优势,是课程思政的重要载体和平台。其次,大学英语课程的素材大多来自西方国家,有的文章甚至是未经删减的英语原文。孔标(2020:180)就指出:青年学生在学习这些英语课文时容易受西方文化和思潮的影响,可能出现盲目崇拜外国文化而摈弃本国优秀文化的倾向。因此,民族高校的大学英语教学十分有必要融入课程思政元素,除了培养和提升学生的跨文化思辨能力以外,还应担负起培养学生文化自信、引导新时代少数民族大学生树立正确的民族观念、增强民族团结意识和中华民族认同等重要职责,充分发挥大学英语课程的协同育人效应。

4. 民族高校大学英语教师实施课程思政教学的路径

综上所述,在民族高校大学英语课程中开展课程思政教学具有重要的价值和意义。同一般高校相比,民族高校大学英语教师在开展课程思政教学时又具有一定的特殊性,应考虑少数民族学生的特殊性和差异性,引导少数民族大学生维护民族团结,增强中华民族共同体意识和爱国主义精神。具体路径如下:

4.1 提升个人德育意识

教师承担着立德树人的神圣使命,是课程思政教学的关键力量。正如顾晓英(2020:19)在《教师是做好高校课程思政教学改革的关键》一文中所写道:“教师自身的马克思主义理论素养,以及对教学目标、教学过程的把控能力等,都深刻影响着课程思政的效果。因此,教师在课程思政教学改革中肩负着重要的责任和使命”。而目前有部分民族高校大学英语教师还没有充分理解课程思政的理念和内涵,甚至把课程思政和思政课程混为一谈,认为大学英语是以讲授英美文化和英语语言知识为主要教学目标的课程,课程思政建设应是马克思主义学院教师的工作。

2020年5月28日教育部印发的《高等学校课程思政建设指导纲要》明确指出:高等院校的所有课程都为立德树人的高等教育任务而设置,课程思政建设工作要在全国所有高校、所有学科和专业全面推进,促使课程思政的理念形成广泛共识。在大学英语授课中教师以隐形的方式给学生融入社会主义核心价值观等主流意识形态的立场和观点等,能实现以润物细无声的方式加强对大学生的思想政治教育。因此,大学英语教师应积极提高自身的思想觉悟和大局观念,关注教育发展形势和课程思政教学改革措施,结合民族高校的人才培养定位和校园特色,理直气壮地开展大学英语课程思政教学。

4.2 深挖教材思政内涵

大学英语教材是课程思政教学的内容源泉,在立足大学英语教学实际的基础上,教师们应深挖教材内容中的思政内涵,使学生在学习英语知识的同时,增进对我国传统文化和主流价值观的认识和了解,尤其是有关政治认同、国家意识、文化自信、公民人格、人文素养和科学精神等由习近平总书记倡导的新时代中国特色社会主义思想,结合授课内容将这些思政题材恰当地融入课堂具体教学的过程中。笔者所在学校的非英语专业本科生使用的是上海外语教育出版社于2017年出版的《全新版大学进阶英语》系列教材。该套教程不仅人文资料丰富,文章内容紧跟时代脉搏，而且还非常注重中国文化在大学英语教学中的渗透。以《全新版大学进阶英语》第一册第一单元为例，大学英语教师在讲解“The Pursuit of Dreams”这个主题时，在导入部分有我国知名科学家钱学森和美国苹果公司创始人乔布斯的相关资料可用。大学英语教师就可以重点讲解钱学森面对美国政府迫害千方百计克服困难辗转回来为国效力的故事，结合当下美国政府大肆打压华为等中国高科技公司的成长、壮大，引导大学生们增强对国家的热爱、对我们党的领导和社会主义道路的认同等。

4.3 采用创新教学方法

教学方法是课程思政教学的依托手段。鉴于现在的大学生都非常喜欢并习惯于从网上获取知识和信息，除了传统的课堂教学外，大学英语教师还应适度采用 MOOC、SPOC、微课等新型教学模式，通过各种资源积极补充民族高校课程思政育人题材，重点收集“一条道路、两个共同、三个离不开、四个认同、五个维护”等有关民族团结和国家统一等的素材，建立民族高校大学英语课程思政素材库，再通过学习通、云课堂等网上教学平台发布听说读写译等形式的学习内容，让学生利用课余时间在线上学习这些资料，教师在实体课堂上利用少量时间对学习的内容进行反馈或检测。这样，以线上线下相结合的新型教学方法不仅帮助民族高校大学英语教师完成语言教学的基本任务，而且以学生喜爱的方法融入了具有民族高校特色的思政育人题材。

4.4 组建课程思政教学团队

团队是课程思政教学的重要保障，课程思政是新时代高等院校新的教育教学理念，要长期坚持下去，而且不能仅依靠某一门课程或部分老师发挥作用，而是要把各类基础课程、专业课程与思政课程有机结合在一起，实现全员、全程、全课程育人。因此民族高校的大学英语教师要建立课程思政教学团队,共同制定民族高校大学英语课程思政教学方案,包括重新制定教学目标、修改教学内容、设计教学方法、进行教学评估等。教学团队成员通过分工协作、集体备课、说课、赛课等方式在各个环节进行合作交流、相互学习,保障民族高校大学英语课程思政建设的合理性和落地性。

5. 结语

民族高校的教学不仅承担着在知识传授过程中对学生的价值引领和能力培养的重要职责,同时还肩负着提升民族素质、维护民族团结、实现中华民族伟大复兴的重要使命。大学英语课程是民族高校非英语专业本、专科生必修的公共基础课,参与学习的学生数量众多,从国家、学校和学科三个层面来看,民族高校大学英语课程开展课程思政教学都具有极其重要的意义。民族高校大学英语教师可以通过提升个人德育意识、深挖教材思政内涵、采用创新教学方法、组建思政教学团队等途径积极开展大学英语课程思政教学,从而实现立德树人的高等教育育人目标。

参考文献:

[1] 陈蕾. 关于推进民族高校思想政治教育工作的思考[J]. 理论界, 2020,(6):99-104.

[2] 丁水芳. 协同育人:大学英语"课程思政"教学模式建构研究[J]. 东华理工大学学报, 2020,(1):67-70.

[3] 杜刚跃. 高校英语教学"课程思政"有效策略研究[J]. 延安大学学报,2019,(4):122-126.

[4] 高德毅,宗爱东. 课程思政:有效发挥课堂育人主渠道作用的必然选择[J]. 思想理论教育导刊,2017,(1):1-34.

[5] 顾海良. 办好"关键"课程,教师是关键[J]. 求是网: http://www.qstheory.cn/dukan/qs/2019-09/16/c_1124994770.html.
[6] 顾晓英. 教师是做好高校课程思政教学改革的关键[J]. 中国高等教育,2020,(6):19-21.
[7] 孔标. "大思政"格局下大学英语"课程思政"的落实研究[J]. 长春师范大学学报,2020,(3):179-182.
[8] 刘晓阳. 大学英语课程思政的实施路径研究[J]. 吉林工商学院学报,2018,(5):126-128.
[9] 马亮,顾晓英,李伟. 协同育人视角下专业教师开展课程思政建设的实践与思考[J]. 黑龙江高教研究,2019,(1):125-128.
[10] 王英龙,曹茂永. 课程思政——我们这样设计[M]. 北京:清华大学出版社,2020.
[11] 薛庆国,臧勇. 北京科技大学"课程思政"案例选编[C]. 北京:冶金工业出版社,2020.
[12] 杨惠媛,赵建洪. 外语教学课程思政改革论文集[C]. 天津:天津大学出版社,2019.
[13] 叶勇,康亮. 新时代高职院校工科专业课程思政教育探索[M]. 成都:西南交通大学出版社,2019.
[14] 赵鸣歧. 高校专业类课程推进"课程思政"建设的基本原则、任务与标准[J]. 思想政治课研究.2018,(5):86-89.

[作者简介] 武显云,女,西南民族大学外国语言文学学院。研究方向:英语教学和文化研究。

任务驱动下小组合作学习在大学英语教学中的应用

西南民族大学 乔 艳

摘 要：小组活动是以任务为依托的课堂教学的主要组织形式，同时也是合作学习的基本组织形式。任务和合作学习都强调以学习者为中心，通过学习者合作共同完成任务。本文探讨在任务驱动下，教师如何转变课堂角色，小组如何通过在任务前、任务中和任务后的合作学习，增加学习参与度，提高学习主动性。

关键词：任务；小组；合作学习；英语教学

一、引言

《大学英语课程教学要求》中明确提到了大学英语的教学目标是培养学生的英语综合应用能力，特别是听说能力，使他们在以后学习、工作和社会交往中能用英语进行有效交际，同时增强其自主学习能力，提高综合文化素养。大学英语是一门必修的公共基础课程，覆盖面广，班级多，学习者个体差异较大。近年来，大学英语教学虽进行了诸多改革，但总体而言大学英语课堂教学形式较为单一，缺乏灵活性，课堂主要角色还是教师，教师讲解提问占大部分时间。学生听课，以对话或问答的形式操练语言点，参与度较低且缺乏协作，难以激发他们的学习兴趣和主观创造性，不利于教学和英语能力的提高。然而课程要求强调用语言进行有效交际，而目前单一的教学模式无法达到这一要求，因此有必要将以学生为主体、以完成任务为目的的小组合作学习模式引入课堂。

二、任务教学和合作学习

任务型教学是交际教学思想与认知心理学相结合的一种教学发展形态,兴起于20世纪80年代,是西方英语教育的最新发展成果,受到学习者和教学者的重视和欢迎。美国哈佛大学和斯坦福大学的医学院、工学院和法学院等注重培养学生实际能力的课程有40%都是用此种方法组织教学。[1] 经过多年在语言教学领域的探索和实践,已形成相对完整的体系和成熟的实践型教学模式。任务型教学法以学习者为中心,在实际教学过程中,外语教师把整个教学目标设计成符合本目标的若干个任务,以调动学生积极性,让其主动参与到各种有意义的交际任务中,并在教师指导下完成各项任务。

合作学习是20世纪70年代初起源于美国的一种教学理论与策略体系,由美国著名教育家David Koonts首先倡导并实施。它以学习小组为基本组织形式,系统利用教学因素的互动促进学生的学习;以团体成绩为评价标准,共同达成教学目标。[2] 有以知识为目标的合作学习,如课文难点释疑解惑;有以技能为目标的合作学习,如口笔头概述课文、翻译和仿写;还有以交际能力为目标的合作学习,如小组讨论、角色扮演。[3]

小组活动是以任务为依托的课堂教学的主要组织形式,而任务和小组为成员间个性化的合作学习提供了必要保障。小组中的两个或多个学习者在完成任务过程中协商、合作、互动并自然生成语言,是提高交际能力的关键。[4] 李洁莉等通过一学期实证研究,发现进行小组活动的班级在综合成绩、阅读、口语和听力方面得分均高于对照班。[5] 以上可以看出,任务教学和小组合作学习都是以学生为中心,强调在学生互动的基础上完成有意义的交际,提高学生的外语实际应用能力。这为在教学中以任务为驱动进行小组合作学习提供了理论依据。

三、任务

（一）任务的特点

要设计好任务，首先要正确理解“任务”的特点。任务有广义和狭义之分。广义的任务指人们日常生活、工作、玩耍中所做的事，如通过查看铁路局的火车时刻表及订票须知来决定选择什么时间段订票，填一张表格或支票等。狭义的任务指代一系列的教学活动，如教材上的练习（短语造句、选词填空）和课堂里的教学活动，其结果都是语言性的。前者强调意义至上、使用至上，重视学生如何沟通信息；后者聚焦于语言教学，主张先教授语言知识，再用一系列的任务让学生用语言练习做事。[6] Nunan 指出，任务是学习者用目的语理解、操作、产出或交际的一项课堂活动，学习者主要聚焦于意义而非语言形式。但他同时也强调，语言的意义和形式并不是没有变更的，这两者实际上是相互作用的。[7]夏纪梅认为任务是能够让学生运用语言去做事而不仅仅是去学习，例如计划、组织、谈判、说服、解释、争论、辩护、评价、比较、决策。[1]由上我们可得知任务具备真实语境、有意义、有交际目的的特点。

（二）任务的分类

Prabhu 认为活动包括信息差（information-gap）活动、推理差（reasoning-gap）活动、观点差（opinion-gap）活动[8]；而 Clark 则以语言在真实世界的应用为前提，认为活动分为通过交际解决问题（solve problems）活动、交流感兴趣的话题（topics of interest）活动、寻找特定信息（specific information）活动、根据特定话题讨论并发表观点活动、创造想象文本（imaginative text）活动[9]。综合而言，这些活动都建立在交际的基础上，教师可根据课本主题选择易操作的活动类型。

四、任务驱动下的小组合作学习的实行

在实行小组合作学习时要注意完整性和连贯性，将小组活

动置于任务的大框架下，按照任务前、任务中、任务后三个阶段执行。因此，任务涉及信息理解及加工、解决问题、决策问题的一组相互关联的具有目标指向的课堂交际或互动活动。

在任务驱动下，教师必须对培养目标、所用教材的设计理念、教学内容及教学单元主题有全面的了解，按照真实语境、意义、交际设计等原则设计并合理分配任务。再者，教师一定要转换以往在课堂中的控制角色，把自己看成课堂教学中的激发者，学生行为的组织者，正确语言模式的提供者、咨询者和评价者。任务驱动下的教师不再只提供和单方面传授正确的语言输入，而且还要在此过程中以学生参与为中心积极利用各种教学资源和策略进行任务设计，以调动学生的学习情绪，激发学生的学习兴趣，形成主动参与的意识，积极参与到课堂教学中，做到多维互动。总之，教师应该给学习者更多的参与机会来实践语言的实际应用。

（一） 任务前

任务前教师要组织划定分组，指定任务，以教师输入背景框架和小组合作筹备相结合。如要让学生完成一幅校园环保宣传海报的制作，除具备制作海报的基本知识外，还必须输入这个主题下所需语言点，如 carbon emission，green-house effect，plastic waste，recycle，renewable energy 等。

1）分组

Brown 提出，小组活动包括 pair work 和 group work，小组人数在 6 人以下为宜[4]。一般建议在学期开始时就组织分组，登记小组成员；还可让各小组给自己组取个特色名字，增加成员的归属感。对小组要有持续性的指导和管理，可准备学期任务完成情况跟踪记录表，记录小组每次完成任务的情况。在笔者所教的班级中，同学们大都会按照同一专业、同一寝室或关系亲疏来组成小组，而不是按照优化组合来划分。可以通过同学自我介绍或一两周的课堂情况观察来了解组员情况，做到科学划分活动小组,使一个组里高水平者与低水平者兼顾。划分完小组后选出小组组长、记录员、汇报员,小组成员也可以根据任务的不同来变换角色,这样可以避免总是成绩好的学生独当一面,以维持小组平等的机制,让每个学生的价值作用相互依存,相得益彰,小组合作学习互动增值。

（二）任务中

在执行任务时以小组抢答问题、填表、分工负责文章段落句型的分析翻译、讨论的形式完成。下面通过以上任务分类中的几个操作较理想的活动做具体介绍。

1）信息差活动

信息差活动是指参与任务的各方都拥有完成任务所需的一部分信息,要完成任务,必须共同协作,交换信息。如在讲到《新世纪大学英语综合教程 1》第三单元 Parents and Children 这课时,可以将文章先分几部分安排给不同小组预习,要求小组成员合作将自己这部分故事画成一幅画,配上和文章内容匹配的对白,也可以通过合理的想象补充对白,在课上各个小组依次上来展示自己的作品并且进行英文讲解或者以表演的形式展示。通过文字—图片—讲故事的形式,学生在根据图片描述故事和观看各组的成果的过程中,知道了整个故事的发展脉络,弥补了各组之间的信息差,在表演和转述故事的过程中加强了语言表达能力。同样,《新世纪大学英语综合教程 2》第一单元中“The Kindness of Strangers”这篇文章也可以使用信息差活动,因为文章中会出现很多美国的州名及地名,为了增强对地理知识和文化背景的了解,教师可将打乱的州名及其文化特点介绍发给不同小组,各个小组需要和其他组交换信息才能实现配对,并上台将州名贴在地图空白处。这样,通过信息差活动,让每个成员都了解到了美国不同州的方位、特点,在进一步的课文学习中可以对作者的路线有直观了解。

2）观点差活动

观点差活动提倡活动参与者为自己持有的观点进行说明、辩护。如在一次以 Online Learning 为话题的写作任务中,可以组织学生对 online learning 是否会取代 traditional learning 进行讨论和辩论。要完成此任务,学生必须大量筛查资料,去了解 online learning 的发展形势,包括调查其在国内外的现状,以及与传统课堂对比的优缺点。收集资料、准备论点的过程提高了他们用目的语阅读、理解、表达观点的能力,而且也培养了他们的团队意识和合作精神。

3) 解决问题活动

解决问题的活动需要学习者根据自身的知识和能力用英语解决现实生活中可能遇到的问题。如《新世纪大学英语视听说教程 3》Go to Travel 这课,为了巩固所听内容,在此任务中,小组需要设置真实的情节进行交流,用英语在机场办理登机托运手续,在飞机上和空乘交流询问里程时间等。谈论到环保问题时,先通过课堂提问的方式让小组头脑风暴或查阅网上资料,了解目前环境污染存在的主要问题及原因。小组成员每人贡献至少一条信息,完成后上来写关键词并讲解,让全班通过小组活动了解课文背景,教师在各小组汇报完后可对小组成员的语言表达和内容做点评。在学完课文后,可以让小组针对国内外污染比较严重的自然景观或城市拍摄环保宣传片,教师在整个制作过程中保持关注,给予一定指导。此类任务不仅强化语言技能,还培养学生关注校园、关注社会问题的意识。

4) 创造性活动

创造性任务指任务具有探索性、开放性和实践性。如在学到乔布斯生前在斯坦福大学做演讲"Stay Hungry Stay Foolish"后,设想乔布斯如果还健在,他即将来到本校做演讲,小组得到了一次采访他的机会,让同学们做成一个访谈节目并拍成视频带到班上展示。这需要用到角色扮演、选择访谈场景、制作视频等技能。小组组员要思考怎么去沟通,学习一些跨文化交际的礼仪,了解乔布斯生平。更为重要的是这样还能激发他们的想象力和创造力,从而产生对英语的热爱。

(三)任务后

任务后阶段除了巩固新词汇、短语和句型等语言型的操作外,更重要的是给教师反馈,让他们及时了解小组活动中的表现、有哪些特长、存在哪些不足。教师可根据小组活动的内容是否准备充分,活动的内容是否表达清楚、紧扣主题、逻辑性强、能够激发大家的兴趣,展示的内容是否有效地克服了一些常见的语言错误,各组员之间的合作是否紧密相关,是否合理有效地利用了幻灯片、图片、音频、视频等手段来辅助知识的表达等五个方面收集反馈[10]。同时,除了教师的点评外,学生也可以进行组内成员间的点评和组间的点评,可采用 A、B、C、D(优秀、良好、一般、较差)四个等级来评价小组整体表现,对小组起到鼓励和督促作用。对每次评价,教师记录在案,方便学生回顾,也作为平时成绩考核。

五、结论

在任务驱动下的小组合作学习作为一种新颖的学习方式和教学策略,能在很大程度上丰富学生的学习形式,锻炼他们以合作交流的方式完成任务的能力,既提高了语言应用技能,又加强了学生间的沟通协作。教师应该创造各种各样的活动和任务,让学生在宽松的氛围里有足够的参与语言实践的机会,掌握及应用所学的知识和技能。教师要根据所学内容的难易和课堂时间适量设计任务,积极听取学生意见并给予反馈。再者,小组合作学习也需要外部教学环境的支持,如可以设置一部分能自由移动的桌椅,配备多屏幕的智慧教室,使师生之间、生生之间教学和交流更加便利和有效。

参考文献：

[1] Clark J. *Curriculum Renewal in School Foreign Language Learning* [M]. Oxford: Oxford University Press, 1987.

[2] Nunan D. *Designing Tasks for the Communicative Classroom* [M]. Beijing: People's Education Press, 2000.

[3] Prabhu N. *Second Language Pedagogy: A Perspective* [M]. Oxford: Oxford University Press, 1987.

[4] 丁平磊. 小组合作学习在大学英语课堂中的应用[J]. 大学教育, 2015,(6).

[5] 丰玉芳,唐晓岩. 任务型语言教学法在英语教学中的运用[J]. 外语与外语教学, 2004,(6).

[6] 顾珣. 多任务小组活动在大学英语课堂的应用[J]. 长春理工大学学报, 2008,(4).

[7] 郝涂根. 合作学习理论与大学英语教育改革[J]. 中国高教研究, 2005,(10).

[8] 李洁莉,顾群超,马利飞. 大学英语教学中小组活动有效性的实验研究[J]. 沈阳工程学院学报, 2005,(3).

[9] 武敬芳. 小组合作学习在大学英语立体化教学中的实践[J]. 语文学刊:外语教育与教学, 2010,(8).

[10] 夏纪梅. "任务教学法"给大学英语教学带来的效益[J]. 中国大学教学,2001.

[项目来源] 2021年度西南民族大学教育教学研究与改革一般项目"任务为依托的小组合作学习在大学英语教学中的应用—以西南民族大学为例"(项目编号: 2021YB18)

[作者简介] 乔艳(1982-),女,西南民族大学外国语言文学学院讲师,硕士。研究方向:应用语言学、英语教学法。

藏族大学生英语学习动机研究
——以西南民族大学为例

西南民族大学 苏婕兰

摘　要：本文采用问卷方式对 795 名藏族大学生的英语学习动机进行调查,旨在探讨藏族大学生的英语学习动机,以及学习动机和学生性别、年级、生源地的关系。研究结果表明,学生性别、年级、生源地对某些学习动机类型有较强的影响。本研究可以为了解少数民族大学生英语学习动机提供参考。

关键词：藏族学生；大学英语；学习动机

基金项目：西南民族大学中央高校基本科研业务费专项资金资助项目(项目编号：2019SQN15)的阶段性研究成果

1. 引言

动机的研究源于人们对自己行为的好奇,想要探究行为背后的原因。对于动机的研究,加拿大学者加德纳最早将其引入外语学习研究,认为文化情境与教育情境对二语习得非常重要。[1]我国的外语学习动机研究起步于 20 世纪 80 年代,研究对象主要聚焦于在校大学生,样本中的大学生主要是汉族大学生。这样的大学生英语学习动机研究结果是否也适用于少数民族大学生？鉴于此,本研究对西南民族大学非英语专业的藏族大学生进行了调查研究,旨在调查藏族大学生英语学习动机类型及强度,以及影响英语学习动机的因素。

2. 研究设计

2.1 研究问题

1）藏族大学生英语学习动机的类型主要有哪些？各类型的强度怎样？

2）藏族大学生英语学习动机类型与学生性别、年级、生源地有无关系？如果有，有怎样的关系？

2.2 研究对象

1）本研究在2017年采用修编的“藏族大学生英语学习动机问卷”，对2016级中国少数民族语言文学（藏族文化产业管理）专业、中国少数民族语言文学（藏学）专业及藏药学专业共117名大学生进行调查，以找出藏族大学生英语学习动机的类型。该问卷以Emmons（1986）编制的“个体努力目标量表”为蓝本，经国内研究者徐小燕等修编[2]用于调查学生动机的基础上，进一步将其修编以用于测量藏族大学生英语学习动机。“藏族大学生英语学习动机问卷”属于半开放式问卷，分为基本信息和具体描述两部分。具体描述部分有两类，第一类是努力学习英语的12个原因，第二类是不学习英语的12个原因，调查对象根据自己对英语学习的态度选择其中一类并进行原因描述。调查发现，藏族大学生具有英语学习的动机，且英语学习动机类型与高一虹、赵媛、程英和周燕所著的《中国大学本科生英语学习动机类型》中的动机类型高度相似。藏族大学生英语学习动机的主要类型包括内在兴趣动机、学习成绩动机、学习情境动机、出国动机、社会责任动机、个人发展动机、信息媒介动机这七种动机类型。

2）本研究二次调查对象是西南民族大学2016、2017、2018级藏族大学生，发放问卷850份，回收问卷795份，回收比例为93.5%。其中251名男性，537名女性（性别变量缺失7份）；2016级212份，2017级263份，2018级296份（年级变量缺失24份）。

2.3　研究工具

研究工具为藏族大学生英语学习动机问卷。问卷包括三个部分。第一部分:学生的个人基本信息,包括学生学号、民族、性别以及家庭所在地;第二部分:英语学习动机类型,主要依据是对西南民族大学 117 名藏族大学生英语学习动机的半开放式问卷调查,采用高一虹的英语学习动机类型调查问卷。[3] 一共有 21 道题目,从 7 个维度进行调查统计,包括内在兴趣(Q2、Q6、Q12)、学习成绩(Q5、Q13、Q18)、学习情境(Q4、Q16、Q19)、出国(Q3、Q9、Q17)、社会责任(Q7、Q15、Q20)、个人发展(Q8、Q10、Q11)、信息媒介(Q1、Q14、Q21);第三部分:英语学习动机强度,采用高一虹的英语学习动机强度调查问卷,共七道题(Q22、Q23、Q24、Q25、Q26、Q28、Q29)。此部分还包括一道懈怠反应的题目(Q27),受试在这部分的得分总和(除 Q27)反映动机强度。问卷以选择题的形式,采用李克特量表(1-5 Likert Scale)五点记分法,1=非常不赞同,2=不赞同,3=不确定,4=赞同,5=非常赞同。被调查对象在每一题项后的五个选择中任选一个代表该题项目与自己实际情况相符合的选项,采用 1=1 分,2=2 分,3=3 分,4=4 分,5=5 分的记分方法。

2.4　研究数据分析

本研究使用 SPSS 20.0 统计软件对数据进行分析,得出藏族大学生英语学习动机类型、动机类型的强度,以及类型与动机强度之间的关系。

3. 数据调查结果与分析

3.1　藏族大学生英语学习动机类型

表 1 英语学习动机类型

动机类型	问卷数	最小值	最大值	平均数	标准偏差
内在兴趣	793	3.00	15.00	10.7074	2.13796
学习成绩	794	3.00	15.00	9.9924	2.34533
学习情境	790	3.00	15.00	9.9696	2.12334
出国	795	3.00	15.00	8.6629	2.34055
社会责任	784	3.00	15.00	9.7985	2.17209
个人发展	794	3.00	15.00	10.5252	2.20683
信息媒介	752	3.00	15.00	10.5346	2.28441

描述性统计如表 1 所示，动机类型的强度由强到弱依次是：(1)内在兴趣动机，它包括对英语歌曲、电影、文学作品以及文化的兴趣；(2)信息媒介动机，把英语作为一种语言工具；(3)个人发展，认为学习英语是身份的象征，是个人受教育程度的体现，学好英语能找到好工作；(4)学习成绩，学英语是为了期末考试和各类等级证书；(5)学习情境，学习英语是受教材、教师和班级环境的影响；(6)社会责任，学英语是为了让世界了解中国，为了中国的发展，为了各国人民之间的了解；(7)出国动机，学习英语是为了寻找更好的受教育机会，寻找更好的工作机会并最终移民国外。

3.2 独立样本 t 检验(性别/动机类型)

研究者以性别为自变量，不同的英语学习动机类型为因变量，进行独立样本 t 检验。

结果如表 2 所示。七种动机类型中源于学习成绩、社会责任和信息媒介的英语学习动机无性别差异，源于出国的动机男生强于女生，其他均为女生强于男生。

表 2　不同英语学习动机的性别差异

动机类型	性别	问卷数	平均数	标准偏差	t 值	d 值
内在兴趣	男	258	10.4729	2.34919	-2.148*	-0.153
	女	528	10.8220	2.02979		
学习情境	男	253	9.7194	2.18497	-2.245*	-0.161
	女	527	10.0835	2.08941		
出国	男	251	8.9442	2.54183	2.414*	0.172
	女	537	8.5140	2.22609		
个人发展	男	258	10.1899	2.32370	-3.006**	-0.215
	女	529	10.6919	2.13590		

注：* $P<0.05$，** $P<0.01$

在性别调查中，女性在英语学习动机的内在兴趣这个类型上要强于男生，这说明女性对外面的世界更感兴趣，因为女性在传统社会中的压力更大，女性在传统社会中的任务和生活压力大于男性。学习情境反映出女性对英语负载的情景内容更感兴趣，对超越她所接触的现实的那种社会更感兴趣。个人发展表明女性更加努力，女性想要有一个新的生活、新的背景。男性在出国动机上高于女性，这说明男性相对于女性所受的约束更少，生活压力相对较小，更有机会去接受新的挑战。

3.3　单因素方差分析（年级/动机类型）

以年级为自变量，不同的动机类型为因变量，进行单因素方差分析，结果如表 3 所示。七种动机类型中仅有内在动机有年级差异。2018 级学生的内在动机要强于 2016 级。

表 3 不同英语学习动机的年级差异

动机类型	变异源	平方和	*df*	均方	*F*	partial η^2	多重比较
内在动机	组间	37.531	2	18.766	3.472	0.09	1<3
	组内	4150.463	768	5.404			
	总变异	4187.995	770				

注：1 代表 2016 级，3 代表 2018 级。

刚入学的时候学生对英语学习有一种假设、一种向往，但是随着对现实社会的了解和接触，大多数学生将大学英语教育定位为一门课程，认为英语学习与个体发展的关系不太密切，没有将其纳入自己今后的职业规划，忽视了此课程对内涵的价值以及对生命的意义。

3.4 单因素方差分析（地域/动机类型）

以地域为自变量，不同的动机类型为因变量，进行单因素方差分析（ANOVA），结果如表 4 所示。七种动机类型中源于学习成绩和出国的有统计意义上的差异，事后多重比较发现，针对学习成绩而言的动机，农村农区高于农村牧区，也高于乡镇；针对出国而言的动机，农村牧区高于农村农区和市级城市，省会城市也高于市级城市。其余动机类型强度无地域差异。

表 4 不同英语学习动机的地域差异

动机类型	变异源	平方和	*df*	均方	*F*	partial η^2	多重比较
学习成绩	组间	83.459	5	16.692	3.081**	0.020	2<0<1
	组内	4106.494	758	5.418			
	总变异	4189.953	763				
出国	组间	115.119	5	23.024	4.265	0.027	1、4<0
	组内	4113.376	762	5.398			4<5
	总变异	4228.495	767				

注：0 代表农村牧区，1 代表农村农区，2 代表乡镇，4 代表市级城市，5 代表省会城市。

在学习成绩动机类型上，在县级乡镇的学生（非农牧民）的学习动机最低，小于农村农区，也小于农村牧区。数据说明，乡镇（非农牧民）的学生不太关注成绩，他们对成绩的兴趣不大，因为他们需要的不是获得老师和别人的奖励（认同）。他们的父辈大多是从农牧民转化成干部进入乡镇的。他们知道自己今后的工作并不完全靠读书所得，但学习是生活中必须经过的一个过程。

农区的学生对英语学习成绩的关注低于牧区的学生，这说明学习的内容和学习的需要之间发生的联系是有差异的，农区的学生一旦觉得学习对他们的未来不带来希望的时候，他们会产生出一种不关注。

3.5 藏族大学生英语学习的动机强度

使用 27%临界值法，对藏族大学生的动机强度（有效样本 $n=365$）进行高低分组。升序排列后，低分组为最低分到 27 分，共 87 人，代表低动机强度的藏族大学生；高分组为 35 分到最高分，共 105 人，代表高动机强度的藏族大学生。以高低分组为自变量，不同动机类型为因变量，进行独立样本 t 检验，结果见表 5 所示。由表 5 可知，藏族大学生学习成绩与学习情境动机得分在高低动机强度上无统计意义的差异，即动机强度的高低不作用于源于学习成绩和情境的动机。藏族大学生其余动机类型得分在高低动机强度上均在 0.001 水平上具有统计意义的差异，且均为高动机强度组得分高于低动机强度组得分。由效应量 *Cohen's d* 的结果可知，动机强度的高低对源于社会责任的动机作用最为明显，其次是源于内在兴趣的动机、源于个人发展和出国的动机；而动机强度的高低对源于信息媒介的动机作用则相对最弱。

表 5 不同动机类型在高低强度组的均值差异

动机类型	动机强度	样本量	均值	标准差	t	Cohen's d
内在兴趣	高	105	12.20	2.10	9.27***	1.35
	低	87	9.07	2.58		
学习成绩	高	106	10.38	3.03	−1.80	
	低	88	11.11	2.58		
学习情境	高	104	10.00	3.00	1.34	
	低	88	9.48	2.29		
出国	高	103	9.11	2.91	4.63***	0.67
	低	89	7.22	2.69		
社会责任	高	104	12.55	2.16	10.52***	1.54
	低	84	9.03	2.41		
个人发展	高	104	13.03	2.11	7.54***	1.09
	低	89	10.67	2.22		
信息媒介	高	101	13.10	2.26	5.11***	0.30
	低	80	11.23	2.66		

注： *** 代表 $P<0.001$

4. 研究讨论

4.1 学习动机讨论

在学生学习动机调查过程中发现，学生对英语学习是有动机的，想学英语。但在实际的学校学习中，学校没有考虑到学生现实英语学习的实际能力，而是按照以前的课程要求，把藏区来的学生都分到大学英语 II 的版块，英语从零开始，导致零基础班上学生的英语水平跨度太大，一个教学班中既有完全没有英语基础的学生，也有入学后第一个学期就考过大学英语四级考试的学生。同时教材的选择也不能完全满足学生学习的需求，零基础的学生认为教材学习吃力，考试的时候只能靠死记教材内容，用藏语来帮助自己记忆，但根本不理解语言真实传递的信息；英语成绩好的学生觉得教材太过简单，对课堂的英语学习没有兴趣，可是根据本科生学籍管理要求又必须参与课堂学习，这样的学习不但没有激发学生学习的兴趣，还一次又一次强化了学习的负面影响。英语学习中等的同学在“学不懂”和“不屑于学”的影响下，学习的动力也慢慢地在减弱。老师在课堂教学中也感到吃力，在英语能力跨度如此大的班级授课，在一周 90 分钟（第三学期）或者一周 180 分钟（第一、二学期）的教学时间里如何满足学生英语学习的需求？

4.2 学生性别与学习动机

从性别上看女性受传统文化的压力更大，表现在现实社会中的工作选择比男性更难。从数据中可以看出，女性在对英语学习的内在兴趣、学习情境、个人发展动机类型上都强于男性。这说明在传统的社会中，女性学习的压力和自己未来生存的压力更大，社会中存在着性别差异的不公正。

4.3 学生生源地与学习动机

对来自不同地区学生的调查反映出越了解汉文化的学生学习英语的动机水平越低。城镇的学生大多汉语相对较好，藏文不是太好；与农村同学相比，他们不太担心未来，他们更多受汉文化的影响。家庭出身是农民的同学对自己未来较前者更为担忧。牧民背景的学生显示出追求更广阔空间的愿望。

4.4 学生年级与学习动机

上述调查发现，随学生年级的增加导致内在兴趣动机衰减，对于学习者来说，一旦学习失去了意义，学习的负面价值就会产生，因为他们感到读书并不能使他们达到未来生活的要求。学生这种兴趣动机由高到低的变化，从对读书有兴趣到无兴趣的变化,很可能发展成反兴趣(一种逆反的心理)。今后学生找不到工作,学习便没有多大的意义;若当下学习的内容与今后生活所需的知识和学习内容相关度不大,这样就会产生逆反心理,他们就会去反思到底学什么最重要。从访谈中可以发现,无论学生在什么年级、什么性别,他们不是对英语一点都不感兴趣,而只是条件不够成熟。

5. 结语

本研究给我们的启示是:从研究中发现,藏族大学生英语学习动机的主要类型集中于内在兴趣动机、信息媒介动机和个人发展动机,动机与学生性别、年级以及生源地有着不同程度的关联性。在激发学生学习动机时应当充分考虑学生原有的学习、生活背景,结合当下的学习情境并联系学生未来的个体发展。学生的学习不是断裂的,而是一个持续发展的过程,这给老师的教学也提出了挑战。教师在教的过程中首先要了解学生的需要,只有将学生的需要与英语教育关联起来,才能更好地调动学生学习英语的动机。

参考文献:

[1] Gardner R C & Lambert W E. Motivational variables in second language acquisition [J]. *Revue Canadienne de Psychologie*, 1959, (13): 266-277.

[2] Xu X, Mellor D, Xu Y & Duan L Q. An update of Murrayan needs: A pilot study among American college students [J]. *Journal of Humanistic Psychology*, 2014,54(1): 45-65.

[3] 高一虹、赵媛、程英、周燕. 中国大学本科生英语学习动机类型[J]. 现代外语,2003,(26):29-38.

[作者简介] 苏婕兰(1979-),女,四川成都人,西南民族大学外国语学院讲师,研究方向:应用语言学、多元文化基础理论。

思政教育与大学英语网络教学结合的路径探究

西南民族大学　余　杨

摘　要：大学英语教学必须与思政教育相结合。在互联网教育迅速发展的时代背景下，大学英语网络教学发展迅速。本文拟从教学设计、教学过程、教学评价三方面对思政教育与大学英语网络教学结合的必然性、可行性以及结合路径进行探究。

关键词：思政教育；大学英语；网络教学

近年来，大学英语网络教学发展迅速，思政教育与其相结合势在必行。

一、思政教育与大学英语教学结合的必要性与可行性

1. 必要性

党的十八大以来，思政教育成为了大学教育的重要组成部分。2016年习近平总书记在全国高校思想政治工作会议上强调，高校思想政治工作要因事而化、因时而进、因势而新。思政教育的目的是要培养拥护共产党的领导和社会主义制度、立志为中国特色社会主义事业奋斗终生的接班人。在大学课堂的教育中，遵循思想政治工作发展的规律，发挥教师的主观能动性，将课堂讲授内容与立德树人的思政教育理念相结合，帮助学生建立正确的人生观、世界观、价值观，在当前复杂多变的国际环

境下显得尤为重要。[1]

大学英语教学根据《大学英语教学指南》(2020版)(以下简称《指南》)做出重要修订:"大学英语教学应主动融入学校课程思政教学体系,使之在高等学校落实立德树人根本任务中发挥重要作用。"[2]

在互联网新时代,经济与社会高速发展,文化交流也日益频繁,大量信息涌入,仅仅依靠单一的思政课略显单薄。"高等学校各门课程都具有育人功能,所有教师都负有育人职责。"[3]

在大学英语这门课的教学工作中,本身就承载了跨文化交际的任务。现在《指南》向我们提出了新的挑战,就是要在学习西方文化、了解西方文化的同时,把中国的传统文化发扬光大;同时还需要抵制来自西方不良势力的影响,甄别善恶,树立正确的人生价值观。

大学一、二年级正是学生"立德树人"的关键时期。因此,思政教育与大学英语网络教学有结合的必要性。

2. 可行性

线上教学作为大学英语教学的重要手段,已经和线下教学形成了良好的互补互生的关系。2020年,在新冠肺炎疫情的影响下,更是用线上教学替代了线下教学。不同以往的是,在这一个时间段,线上教育不再是作为线下授课的补充,而是全面替代了传统教育,全方位覆盖了大学英语教学。大学英语作为非英语专业学生的一门必修课程,其覆盖面广,时间长,是大学生建立正确思政观的最佳机会。新时代新媒体技术的出现及其迅猛发展给教育领域带来了新的发展机遇和挑战。随着"微时代"的发展,线上教学的占比逐年上升,线上线下教学结合得更加紧密。广大大学外语老师可充分利用教学机会,传达"立德树人"的理念,在拓宽国际视野、认识不同文化精髓的同时,弘扬民族传统文化,将中西方文化结合。网络教学还有很重要的一点,就是让学生在潜移默化的学习中,学会甄别材料,具备长期辨别是非的能力。

互联网微时代下的授课,除了原有的 MOOC 和公开演讲网站外,还实现了远程交互式教学。智能手机应用的发展,尤其是手机 APP 以及微信小程序的加入,使得我们的网络教学既具有异地授课、覆盖全面、信息及时等优点,同时也有信息过于繁杂、网络资源质量参差不齐的缺点。广大大学英语教师,尤其是年轻教师,可以熟练应用新媒体展开教学;与此同时,不断提高自身素质修养,在教学中做学生的"引路人"。大外课堂作为思政教育的新阵地,教授英语知识,训练语言技能,同时带领学生修身养德、读书立志,这一结合是完全可行的。

二、教学设计

教学设计中需要从教学内容的选材、教师授课的教学策略、学生学习途径、学生学习情况的反馈来考虑。教学设计作为课堂教学过程实施之前的教学活动,应从教学目标、教学内容、学生、教学方法这些方面去全方位思考。

我们现在所处的网络时代,被定义为"微时代"。微课程是"微时代"在线学习的重要学习资源,以其易获得性、时间短、内容精、模块化、情景化等特点满足了广大用户多样化学习方式的需求。[4]

在"微时代"教学设计中,我们要强调在教师的引导下,能够明辨是非;在网络大环境下自主学习的同时,增强适应性,加强内在自觉性,把社会主义核心价值观在学习过程中贯穿始终。

教学设计应从以下几个主要环节展开:

1. 教学目标的设计

《指南》明确指出,"课程设置"应该以立德树人为根本任务,以提高教学质量为抓手,对标一流课程建设的要求,体现高阶性、创新性和挑战度,将课程思政概念和内容有机融入课程。

首先明确教学目的:"立德树人"要求我们必须坚持德育为先,通过正面教育来引导学生,塑造符合社会主义核心价值体系的优良品格。因此针对大学低年级学生的教学,应从"立德树人"的目的出发,在教学设计中应充分考虑如何将社会主义核心价值观与教学活动相结合。

2. 教学内容的设计

大学英语在线教学内容的设计关键是对教学资料的选材。

教师在教学内容的选择上,先要把好关口。对于西方知识文化体系,既不能全盘否定也不能照单全收,要取其精华,去其糟粕。例如在大学英语教材中环保的生活理念,我们可以结合"可持续性发展"的理念进行教学设计。习近平主席强调:"大家一起发展才是真发展,可持续性发展才是好发展。"因此可以推荐学生在线上学习联合国相关文件以及宣传保护动物多样性、避免能源污染以及过度利用的文章,也应推荐更多的非功利性的英文网站,引导学生进行阅读。

在线学习的过程中,因为学生需要大量接触网络素材,所以明辨是非显得格外重要。在2020年,新冠疫情在全球迅速蔓延,国内外媒体的大量报道充满我们的视野:从病毒的DNA结构到国内外疫情的情况报道,再到疫苗的研发,都有涉及。因此在课堂上引导学生如何正确认识国外新闻媒体报道的真实性,以及如何在英语信息中捕捉到有效有益的知识,都是线上大学英语教学所必须面对的问题。在课程设计中,应充分考虑到学生所接触到的海量互联网信息,对教学内容进行初筛,进而引导学生树立正确的社会价值观,形成符合社会主义核心价值体系的人生观。

3. 教学思路设计

教学思路设计是教师对已确定的教学内容如何推进的一个总体思考。

在教学过程中,需要考虑教师讲课的时间、学生回答问题及讨论的时间、方式等。在线上教学的过程中,需要考虑到相对于线下教学,这种通过线上授课模式的学习会有其弊端,例如无法核实学生的专注度,以及讨论时有时间延迟。

因此,在设计教学思路的时候需分配好教学过程的各个环节所用时间。除了教师引导外,在思政教学融入大学英语教学这一前提指导下,需要在线上教学的过程中增加学生讨论时长,增加线上作业,并注意教学反馈。

三、教学过程

现代教学过程包括六个基本环节:引起求知欲、感知教材、理解教材、巩固知识、运用知识、检查知识(包括技能、技巧)。[5]

1. 思政教育与西方文化融合

在课堂教学过程中,基于课本的单元教学都可以引入相关的主题。英语教学不同于其他科目学习。在介绍西方文化的同时,更要引导学生对中国当前的政治、经济、文化等领域取得的成就以及对未来的展望、对执政理念和"人类命运共同体"的理念能有更深入的学习和理解。

要充分理解线上英语教学的优点,对课堂教学进行前期设计。以《大学英语全新版第二册》为例,"低碳绿色生活"这一个主题与新冠肺炎疫情引发的思考相契合。教师可恰当地引入关于人类与自然和谐发展的主题。除了课文本身,还可引导学生阅读《科学》和《自然》上的科普文章。

2. 思政教育与网络教学融合

思政教育与大学英语线上教学结合的同时要注意到大一学生与大二学生的区别。大一新生对环境比较陌生,对大学英语的了解程度不够。因此,介绍英语课程的主要目的,是帮助学生培养明辨是非的能力,强调中国文化的输出,增强学生的"文化意识”。在熟悉了大学英语教学过程后,应引导学生用英语表达中国文化。在学习西方先进文化的同时,更要帮助其学习如何输出优秀的中国文化。在这一教学理念下,应充分利用汉译英的教学手段,同时应利用“句酷批改网”这样的在线评分网站,选取中国传统文化部分的翻译练习进行线上教学,针对大学二年级的学生建立起初步的职业素养。在英语教学中,则更应注重引导学生将个人理想与社会主义核心价值观统一起来。因此,在线上教学中,可以拓宽学生对西方文化的接触范围,并且引导学生在课堂上就同一主题展开讨论。在主题选择上,应注重在对材料进行深度学习后,是否对学生产生积极的思想引导作用。针对大学二年级的学生,可以利用微信自媒体,推荐China Daily 的公众号,并鼓励学生参与评论。

以《大学英语》课本为例,目前教材主要集中了绿色环保、亲情友情、追寻梦想等主题。以上主题均可与思政教育中的“可持续发展”“弘扬中华优秀传统文化”“天行健,君子以自强不息”的当代热门话题联系到一起。

3. 思政教育与时代形势结合

微信公众号的英语材料也可作为英语教学的补充。例如在最新的中美谈话现场,翻译官张京的表现就值得推荐。这使得在线教学生动活泼,在融入思政教育的同时,不流于形式。学生也可对现场翻译的内容展开讨论。例如,网友对中美对话交锋中的几处翻译颇有争议,对于杨洁篪主任所说“我们把你们想得太好了”,不少人认为张京的翻译显得语气不强烈。在教学过程中,则可以展开广泛的讨论。

在教学过程中,既可以以课本作为主体,引入网络中相关的英文材料,结合当前的国际国内形势,丰富课程内容,引入思政教育的内容;也可以直接选取当前热点,让学生在手机上就能实现信息实时共享。

在网络资源作为教学主要内容的时候,我们可以更加注重新闻的时效性以及热点讨论。以2021年“新疆棉”事件为例。在网络教学的板块,我们可以利用所学发出声音。首先,我们可以了解国际上的英文报道,然后将我们的看法通过合理合法的途径用正确的英语表达发表出来。学习英语的目的之一就是向世界更好地展示中国文化,介绍中国的现状。尤其在我校,作为少数民族院校,我们有许多来自新疆地区的少数民族学生。他们能够发出正义之声,并且用英语的形式在自媒体平台上展示,是能够起到正面、积极的作用的。

互联网时代、自媒体时代对于从事大学英语教学的教师有着新的挑战。我们的教师需要紧跟时代的步伐,才能够在教学过程中与时俱进,起到正确的引导作用。

四、评价体系

对于思政教育与大学英语网络教学是否达到预期效果,应有相应的评价体系。

《教育部办公厅关于开展2017年国家精品在线开放课程认定工作的通知》(教高厅函〔2017〕40号)明确要求:“在教学内容与资源、教学设计与方法、教学活动与指导、团队支持与服务、教学效果与影响等方面,坚持质量为本,注重共享应用,体现融合创新”。在“融合”视域下对大学英语在线课程教学质量进行评价,有利于促进高校在线开放课程的可持续发展。[5]

线上教学中以翻转课堂为主,因此课堂教学质量评价体系的重点在于对指标内容的形成、对教师教授部分和学生知识内化部分的学习效果进行区分评价,对思政教育与大学英语学习的结合情况进行评估。

1. 课堂教学评价

在思政教育的内容传输上,对大学英语教师提出了更高要求。在专业技能的基础上,需要教师自身有良好的思政思想,同时要有意识地传递“立德树人”的正确观念。教师在网络平台上传资料的质量、数量都应纳入评价体系,并且应参考组织学生参与的数量。量化考核是对思政教育与大学英语网络教学结合情况的客观评价。

但对教学实施情况,仍然需要在评价的方式上利用网络平台教育的优势,建立多维度评价体系。在客观数据的参照下,对于教师在课堂教学中完成思政教育的情况可通过学生在课上课后完成的作业进行反馈性评价;同时还可通过问卷形式,对学生在大学英语课堂上所学思政知识进行了解,从而进一步完整地评价教师完成教学的情况。

2. 学生意识形态先进性评价

思政教学与大学英语网络教学的结合,英语学习才是主体。因此考核学生内化知识需要建立在英语知识考核的基础上。这一部分则需要结合线下教学情况,开展主题活动,并可以通过线上平台,布置基于“听、说、读、写”基本技能的作业,基于平台测试分数来进行评价分析;同时应特别强调中国文化的输出。因此在“翻译”技能方面需要结合中国传统文化进行考核。

可通过不同的手段,对教学活动进行评价。重点考核内容应为:学生是否在意识形态上有所提高,从而树立了正确的世界观、人生观、价值观,并能够抵制各种错误思潮和腐朽思想的影响和侵蚀。

结语

思政教育与大学英语线上教学的结合是符合时代发展、符合当前教育发展形式的,并且两者的结合在当今复杂的社会环境下也十分必要。

需要说明的是,大学英语课程教学中会涉及许多西方先进文化思想,也有许多先进的科学知识。我们在授课的过程中,加入思政教育的因素，并不是要禁锢学生的思想，让他们走不出去。现在的网络教学，就是虽然身在中国，但是却可以放眼世界。在未来的学习生涯中，学生也可能会走出国门去交流学习。如果建立了完善而健康的社会价值观，就能看到西方文化的优点，也能正视自己的不足；能够学习西方的先进文化，也能将中国传统文化带出去。更重要的一点是，将个人理想与祖国建设结合在一起。

大学英语教学，尤其是线上教学板块，是引领学生个体“立德树人”的重要阵地。从长远来看，思政教育与之结合旨在培养更多有志于服务国家、综合素质优秀的生力军。思政教育与大学英语线上教学融合目的明确，途径多样。

参考文献：

[1] 黄建军，郭绍青. 论微课程的设计与开发[J]. 现代教育技术，2013，(5).

[2] 教育部. 大学英语教育指南(2020 版)[M]. 北京：高等教育出版社，2020.

[3] 教育部办公厅关于开展 2017 年国家精品在线开放课程认定工作的通知(教高厅函)〔2017〕40 号.

[4] 王道俊，郭文安. 教育学(第七版)[M]. 北京：人民教育出版社，2016：229.

[5] 习近平. 把思想政治工作贯穿教育教学全过程，开创我国高等教育事业发展新局面[N]. 人民日报 2016-12-09(1).

[6] 中共中央国务院《关于进一步加强和改进大学生思想政治教育的意见》[Z]. 中发 [2004]16 号.

[作者简介] 余杨(1980-)，女，浙江乐清人，讲师，硕士。研究方向：翻译、英语教育。

跨文化交际视域下民族高校学生文化移情能力的培养路径研究

西南民族大学外国语学院　谭爱华

摘　要：跨文化交际是世界文化交流体系的重要组成部分，而文化移情则是在跨文化背景下实现有效交流与沟通的必要条件。文化移情能够使生长于不同文化土壤中的交流者摆脱本民族文化中的固化思想，冲破语言、习俗、宗教、思维模式等多方面的障碍，消除对民族、地域、国家的歧视，实现轻松、有效、合理的交流，从而构建起国家之间、民族之间合作与共赢的桥梁。

关键词：跨文化交际； 少数民族；文化移情；民族院校

1. 引言

在世界经济全球化、文化多元化的今天，培养和加强具有跨文化交际能力的国际化人才已成为世界高等教育界的共识。2017 年 1 月，中共中央办公厅、国务院办公厅印发了《关于实施中华优秀传统文化传承发展工程的意见》，提出要“讲好中国故事”。中西方文化交流需要以语言为载体，中国文化以外语为载体向外输出更需要大量有“扎实语言功底、丰富文化知识、较强的跨文化交际能力的高素质的人才和真正的‘文化使者’”。多年来，我国的英语教学文化生态一直不平衡：大学英语教育过于偏重英语国家社会文化的输入，忽视了应当把中国文化的英语表达教育贯穿到各层次英语教学之中。在许多地方民族高校，民族文化在外语教学中没能有效地融入。学生在用英语表达中国传统民族文化时自信心不足，无法做到准确恰当。地方民族高校不仅是培养地方优秀人才的基地，更是民族文化得以传承和发展的中心，同时承担着培养具有中国情怀、民族特色、国际视野的跨文化应用型人才的责任，肩负着学校、专业对中国优秀传统文化对外传播的时代使命。

"移情"一词来源于德语，即作为主体的人与作为客体的事物在情感上的共鸣。日本语言学家库诺最早把"移情"引入语言学研究，并提出"文化移情"的概念。在跨文化交际背景下，文化之间的交流并不仅仅是语言层面的交流，而且是文化价值观层面的契合，既要做到外在层面上的"入乡随俗"，又要做到内在层面上的"将心比心"，即英语中常见的谚语"Let yourself put on someone else's shoes and learn about one's posture from another person's shoes"。

我国最新制定的《大学英语教学指南》(2020 版)将大学英语的课程定位和性质确定为"工具性和人文性"。工具性表现为英语的通用性和专用途性；人文性表现为英语的文化性，主要指跨文化交际性。指南指出：外语教育具有双重目标，一是语言文学目标，二是社会人文目标。在全球化的今天，外语的社会文化教育特指跨文化教育，旨在培养具有跨文化意识、知识、能力并能与不同文化背景的人和谐相处、有效沟通、平等合作的跨文化人。外语教育的目标已从培养听说读写译等语言技能转变为培养国际化领导素质，使学生具有国际视野和跨文化沟通能力，传播好中国声音[1]。如今，如何培养和提高跨文化交际能力不仅是跨文化交际领域中的一个重要研究课题，也是外语教学所面临的一个核心问题。文化移情能力是跨文化交际中较为重要的部分，教师在跨文化教学过程中应当注重学生文化移情能力的培养，掌握文化移情及其影响因素，并通过合适的途径来培养学生的文化移情能力。英语教学中的文化教学，不应是单向的国外文化教学，也应该包括作为中华民族文化重要组成部分的少数民族地区文化的教学。本文分析了民族院校英语教学中的特点和问题，提出了民族院校英语教育中提高和培养学生的文化移情能力的方法，在外语教学过程中学习跨文化交际，培养出具有民族文化和时代特征的人才。

2. 跨文化视域下文化移情能力的重要性和必要性

跨文化交际能力在行为层面体现的是在跨文化环境下完成交际任务或实现交际目的的能力，即跨文化效能。由于受应试为导向的传统观念思想的影响，在外语教学中，师生更偏重对语法错误的分析、词汇学习和句子结构的理解和表达，这种做法势必影响学生跨文化交际能力的大幅度提高。侧重于学生的答题技巧、英语输出能力、单向的交际能力会导致他们对本民族文化的陌生感，即使了解一部分本民族文化也不知道该如何用英语正确得体地表达。当学生在翻译具有民族文化的负载词，如物质文化词、观念文化词和行为文化词时，很难在满足真实性的前提下体现出民族地方传统特色。"由于缺乏对经典文化英文译本的阅读，对于翻译过程中异化、归化等翻译策略不能很好地运用，缺乏把语言放在相关的文化背景之中来审视，难以对文化差异进行换位理解和感受"（王骏 2012）。

关于跨文化交际能力的定义，仁者见仁，智者见智。通过几项对教育机构和跨文化交际学专家的调查研究，发现最受认可的跨文化交际能力定义是：在跨文化交际实践中表现出来的基于跨文化知识、技能和态度的有效且恰当的沟通能力。学者们对跨文化交际能力概念的表述各有不同，但已达成普遍共识，即跨文化交际能力主要包含充分的跨文化知识、积极的跨文化交际动机和有效的跨文化交际技能三个要素。"有效性"和"得体性"是跨文化交际能力的核心标准。

1989 年，Chen[(2)] 在文献调查的基础上归纳出一个四维跨文化交际能力模式。四维是指个人特性、沟通技巧、心理调适和文化意识，每个维度又包含不同元素。个人特性意指交际者的人格品性,包括自我表露、自我意识和社交从容。沟通技巧是指交际者用于有效交际的言语和非言语行为,包括信息传递技巧、社交技巧、行为灵活性和互动管理。心理调适是指交际者适应新的文化环境的能力,包括应对挫折、压力、疏远、暧昧等的能力。文化意识是指交际者理解文化多样性、克服民族文化中心主义的能力,包括社会价值、社会习俗、社会规范和社会制度[3]。

关于文化移情的概念,不同的人有不同的见解,主要可以分为两方面:一方面是感情层面,包括肯定自己的积极感情,并能够以更加积极的方式驾驭自己的感情,避免对他人有偏见或刻板的想法和态度。另一方面是认知层面,包括区分自我与他人的逻辑思维、意图、思维方式、修辞等方面。文化移情就是交际主体自觉转变自身的文化立场,在交际的过程中能够有意识地超越本土文化的束缚,置身于另外一种文化模式中,亲身感受和领悟另外一种文化,保证在沟通的过程中交际双方能够实现高效的交际。

3. 民族院校英语跨文化交际能力教学现状

首先,现阶段民族高校的英语教学,在很大程度上由于受传统教学法的影响,以语言技能教学为主,不重视跨文化教育,跨文化教学内容在英语教学中所占比例很小,重语言形式、轻文化因素的现象在教学的各个环节都相当普遍;而脱离社会文化语境的单纯的语法结构、语篇分析等语言技能训练充满教科书。很多高校英语教师本身对国外文化知识不够熟悉,对语言与文化的关系认识模糊,侧重语言教学,传授词汇、语法知识,仅仅强调语言的正确性,在教学过程中放弃介绍国外文化知识,或者未能将传授背景文化知识渗透到各项教学中去。同时,由于对少数民族特色文化在国际交流中的重要性认识不足,很少有高校开展少数民族文化的英语教学。

其次,民族院校少数民族学生不仅要受到汉语的影响,还要受到本民族语言的影响,在英语的学习过程中遇到的困难更多、更复杂。为了应对各种英语考试,他们大部分时间和精力都花在了语法结构和词汇记忆上,但是应用英语的能力并没有多大提高,尤其是跨文化运用能力低下,对英语国家文化的理解浅显,在与其他文化背景的人进行跨文化交际时,常常显得力不从心,综合交际能力很低。此外,很多少数民族学生对本民族文化的具体内涵也没有特别清楚的认识,对其他少数民族文化更是知之甚少,在与英语国家人士进行跨文化交际时,无法很好地把本民族文化特色传递给对方。

4. 民族院校跨文化教学中文化移情能力的培养途径

民族院校英语教师应当认真地研究和学习跨文化交际能力培养过程中需要应用的各种原则,不断地加强文化知识导入的力度[4]。

4.1 授课式教学与体验式教学相结合原则

授课式采用课堂教授、讨论等途径传授知识技能,提高民族学生的认知和理解能力,让他们学习掌握语言和文化知识,分析和理解文化差异。体验式则以学习者为中心,设立教学情境,使民族学生在实践体验中理解和掌握知识[5]。

4.2 阶段性原则

教师要根据少数民族学生的语言水平、接受能力和领悟能力确定文化教学的内容,循序渐进,由简单到复杂,由现象到本质。在讲每一个语言项目时都把与之相关的文化知识、语用功能进行全面讲解,并充分练习[6]。

4.3 持久性原则

目的语文化知识应持久、系统地导入。社会文化知识的学习应结合语言知识的学习,跨文化交际能力的培养也应和基本语言技能的培养相结合,而这些技能的培养又是以长期系统地培养民族学生的跨文化交际能力为最终目的。

在遵循以上原则的前提下,还要采取以下一些具体的方法和措施,以更好地实现对民族院校学生跨文化交际能力的培养目标。

首先,在现有教材基础上增加具有代表性的英语国家文化内涵丰富的教材作为学生的辅助学习材料。教材内容的选取和编排需要在语言中体现文化差异,并且将文化异同反映在不同语言的差异中。教材中的语言对话应是在真实环境下的交际语言,还原真实生活。按照要求采取多种方法对学生进行跨文化教育,让学生充分了解词汇、语用、语篇、文体等各层面的文化差异,同时在语言教学中把文化学习融入英语的社会文化背景、价值观、道德观、历史与现状中去体验,扩大语言学习和文化学习的层面,使学生进一步领会、学到目的语的文化精髓。

其次,教师还可以引导学生阅读原版报纸杂志、电影电视里的文化内容,将英语知识教学与英语国家的社会文化有机结合起来,让学生了解更多中西方语言文化的差异性,并在读文学作品、报刊时留心和积累文化背景、社会习俗、社会关系等方面的材料。对于绝大多数学生来说,了解英语国家社会主要靠间接地阅读有关材料和文学作品,这是了解英语国家民族性格、心理状态、文化特点、风俗习惯和社会关系等方面最生动丰富的材料。

提升学生的中国文化知识内涵,提高跨文化交际能力,单纯靠有限的课上教学是远远不够的,还需大力开发第二课堂。首先是经典阅读。文学经典是中华民族精神和生活的鲜活载体,展示了他们的生活、习俗,描述了他们的精神和思维方式。除了选修课中增加的中国文化典籍翻译赏析外,让学生课下研读中国文学经典中外译本作为课堂内容的拓展和补充,有利于拓展学生的文化空间,提高文化修养,如中外著名学者翻译的经典名著《西游记》《论语》等。通过比较中外译者在相关文化背景不同的视角下呈现语言内容及文化内涵的思维方式,从而提高文化敏感度,提升学生的本土文化外语表达能力。作为经典阅读的成果,学生们则以不同主题进行展示,如读书报告、主题论坛、经典诵读、外文版中国话剧等。这些活动可激发他们对传统文化的热爱,加强他们对中国文化深刻的认识和理解,培养其多元文化视角。

最后,英语教师应具有相应的国际知识视野、跨文化交际知识的水平。教师应熟悉中国文化和英语所代表的西方文化在语言语境、非语言交际、思维方式和社会语言等层面上的对比意义。作为教学活动的主导者,教师要充分认识培养学生跨文化交际能力的重要性,必须重视学生跨文化交际能力的培养,认识到英语教学的目的正在于此。要提高教师自身的跨文化交际能力,首先要提高跨文化交际的基本理论知识水平及敏感度,这需要高校为教师创造更多的中外文化交流的机会,并促进和鼓励教师到海外进修学习。同时,高校教师也要熟知少数民族地区文化。高校应对英语教师进行专项的少数民族文化培训,让老师自身先成为民族文化的专家。这样,对学生进行跨文化英语教学就会更专业,也能激发学生学习的兴趣,提高跨文化英语培养的效率,切实地增强学生的跨文化交际能力。

5. 结语

总之,文化移情既是彰显民族文化的要求,又是实现跨文化交际、树立正面价值观的要求。在跨文化交际活动中,交流者的文化移情能力受文化差异、刻板印象、民族优越感以及语言差异等因素的影响,对跨文化交际的顺利进行造成直接影响。因此,交流者须积极参加语言沙龙,坚持欣赏相关文学及影视作品,注重身体语言的价值,在本民族文化的基础上进行适度移情,并努力提升情感能力与交际能力,培养文化敏感性与顺应能力;既不能因过度提升民族优越感而贬低他国文化,也不能因过度羡慕他国文化而丧失民族自信心与自豪感。

英语教学的核心目标就是为了实现跨文化交际,与不同文化背景的人进行交流。全面提高民族院校英语教学的效率和质量,大幅度地提高少数民族学生的跨文化交际能力,这是高等教育发展的实际需要,同时也是民族高校英语教育的一项紧迫任务。

为了实现这个目标,我们要正确认识到英语教育是跨文化教育的一部分,把语言看作与文化、社会密不可分的一个整体,并在教学大纲、教材、课堂教学、语言测试里全面反映出来。英语教学和跨文化能力教学之间的关系应该具有同步性、互补性和兼容性。高校教师必须要在跨文化交际基础上,通过有效的方式来培养学生的文化移情能力,使学生能够有更多的机会和平台接触到异己文化环境,克服自身的认知束缚,更好地完成跨文化交际。

参考文献:

[1] Chen E. *Language* [M]. New York: Harcourt Brace, 1921.

[2] Samovar L, Porter R & Stefani L. *Communication between Cultures* [M]. Beijing: Foreign Language Teaching and Research Press, 2006.

[3] Seelye H. *Teaching Culture: Strategies for Foreign Language Educators* [M]. Skokie, I L: National Textbook Company, 1974.

[4] 鲍志坤. 也谈外语教学中的文化导入[J]. 外语界,1997,(1).

[5] 顾嘉祖,陆昇. 语言与文化[M]. 上海:上海外语教育出版社,1990.

[6] 胡文仲. 跨文化交际与英语学习[M]. 上海:上海译文出版社,1988.

[7] 王骏. 在阅读中培养思辨能力需要的元认知知识[J]. 当代外语研究,2012,(8).

[作者简介] 谭爱华(1979-),女,硕士,西南民族大学外国语学院教师,研究方向:语言学及应用语言学。

基于贝叶斯网络的民族院校大学英语网络自主学习实证研究

西南民族大学外国语学院　何　翼

摘　要：本文采用贝叶斯网络模型对民族大学学生网络自主学习的现状进行了研究。研究发现：贝叶斯网络有助于将分散的网络学习影响因素与结果形成系统和层次化，或者多形态的逻辑结构，有利于网络自主学习研究的量化表达。研究显示，影响学生网络自主学习的策略因素具有局部的显著意义，其他因素仍有较大的影响空间。网络预测显示，在学习目标的实现上存在较多可以选择的方法路径，从概率上为不同基础的学生找到适合自己的学习策略组合提供了很大的可能，体现出构建贝叶斯网络的实际意义。

关键词：听力策略；元认知策略；少数民族；贝叶斯网络模型

一、研究概述

Henri Holec 于 20 世纪 80 年代初提出了自主学习的理论概念，认为自主学习是“学习者对自己学习负责的能力”，主要关注于学习者学习过程中的自主决策的行为研究，包括自主学习中的主要环节，如学习目标、学习内容、学习方法、学习策略、过程监控、效果评估等方面。如 Little（1991）所述，自主学习是一种独立行动的能力，进行批评性反思。Nunan（1995）认为，这种自行确定学习目标、自行寻求学习机会的能力是一种对自己学习负责的能力，具有非常重要的意义。随着相关研究的深入发展，学者愈发认识到学习的终身化以及自主学习能力在这个过程中所发挥的重要作用。就外语学习而言,同样强调学习的自主性,希望学生能在传统的课堂之外设立学习环境,独立自主地进行学习;能自主决策学习的目标,并能为实现该目标负责。

多媒体和网络技术对于设立课题之外的学习环境提供了有效途径,拓展了英语教学的时间和地点,为个性化、自主式学习创造了较好的条件。无论是自主化还是讲授式的学习,学习者为了达到学习目标,取得较好的学习效果,都会显性或者隐性地采取多种学习策略。这些策略不仅包括学习任务层面的微观策略,更包括对学习的目标、过程、结果的计划、组织、评估、调控等具有管理性质的宏观策略。按照 O'Malley 和 Chamot (1989)的观点,学习策略可分为三类:元认知策略(meta-cognitive strategies)、认知策略(cognitive strategies)和社会/情感策略(social/affective strategies)。元认知策略主要是指学习者确定和调整学习目标,选择学习方法和技巧,对学习结果进行评价和反思等。认知策略是指学习者对输入的信息进行分析、转化或合成所采取的措施,用于语言学习活动之中,可概括为预测联想,利用推理、归纳等逻辑手段分析和解决问题,在听和读的过程中借助语境猜测词义或者概括段落大意。情感策略是指学习者在学习过程中培养、调整、控制自己情感的策略,比如克服英语学习过程中的紧张和焦虑心理,日常生活中敢于用英语与他人交流和表达,监控并调整英语学习中的情绪等。教师在学生自主学习过程中将引导学生确定学习目标,促进自我管理和调控,营造气氛活跃、充分表达思想、情感的课堂。在技术层面,教师也为学生提供学习策略的提升方法,如 Cohen (1998)指出的一般学习技能课程、讲座和讨论、讲习班、伙伴辅导、将学习策略融入教材、微型录像、以策略为基础的外语教学等多种方法。

有效地评估学生的网络自主学习效果,对于教师和学生而言都具有重要意义。在自主学习理论的指引下,通过量化考评学生的学习效果,结构化地展示学习策略间的影响关系,找到薄弱环节，对于提升后续学习效果有较大的帮助。由于自主学习涉及的理论和实证研究较多，结构关系复杂，本文通过构建贝叶斯网络的方法，利用民族大学学生的网络自主学习测评数据，讨论民族大学生的网络自主学习效果。

综合自主学习的研究情况，可见研究涉及的影响因素较多，同时关系很复杂。许多学者也谈到缺乏既能揭示自主学习的复杂影响因素又能兼具量化分析特点的有效的研究工具。贝叶斯网络，也被称为信念网络，由 Judea Pearl 于 1985 年首次提出，被认为是在不确定性环境中实现知识表达、概率推算、结果预测、原因推理等目标的有效工具。通常在研究中我们只能掌握部分和不完整的信息，而研究目标又力求得到确切可靠的研究结果，如自主学习的研究，正是希望从众多影响因素中找到主要的影响因素及其结构，但是实际中很难对这些信息有完整的把握。因此，应研究是否可以将这些不确定影响因素结构转化为某种概率关系来表述。基于概率关系的结构表达在结构和程度上相对较为灵活和可控，并且可以随着信息的更新进行持续的更新和扩充。贝叶斯网络能较好地实现这一目标。贝叶斯网络采用有向无环图的拓扑形式，形成一种描述研究变量概率关系的有向图解。在贝叶斯网络中，每一个节点都具有方向性，且没有循环节点，可以更好地解决概率性和不确定性问题。由于这种网络可以表示连续的或离散的多维分布，能较好地模拟现实中的场景。

二、模型设计

1. 自主学习系统的拓扑图

研究以网络自主学习为核心，将影响因素和典型特征作为构成节点，通过自主学习系统拓扑图，以图形化的方式组织网络自主学习的结构。

自主学习系统拓扑图的构成比较灵活，根据自主学习和网络学习的相关研究进行设计。本文参考相关理论，着重将学习策略结合网络学习结构进行细化，再将因素指向综合的学习效果，从而构成一个规模较大、影响因素覆盖面广的网络。这种思路构建的网络效果较好，难点在于网络规模较大，需要估计的参数数量庞大，只能通过分步分阶段的方式逐步实施。贝叶斯网络的自身特点允许构建不同规模、程度不一的网络结构，并逐步形成较大规模网络。贝叶斯网络是一种有向节点图，用节点和有向弧表示整个风险结构，每个节点表示影响因素，有向弧则将节点间的关系组织成为结构。节点作为变量，显示某种因素发生的可能性。整个系统拓扑结构形成了条件概率网络，通过条件概率的计算获得某个节点的状态概率。因此，拓扑结构越复

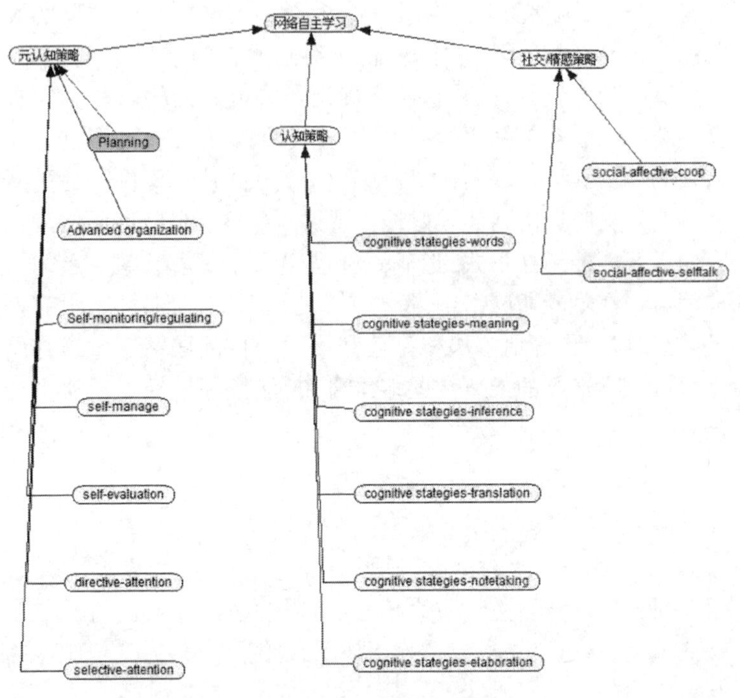

图1 网络自主学习影响结构

杂,每个节点的状态越细分,对学习系统的描述越细致深入,越能模拟学习系统运行的实际状态。图1为根据学习策略理论及运用相关研究绘制的网络自主学习系统的影响结构图。

表1根据图1中的网络,列举了部分节点间的影响关系。如"网络自主学习"受上一层的"元认知策略""认知策略""社交/情感策略"节点影响,其中"社交/情感策略"受其上一层"social-affective-coop"和"social-affective-selftalk"节点影响,而"认知策略"节点受到其上一层的"cognitive stategies-words""cognitive stategies-meaning"等6个根节点的影响。

表1 节点间的影响关系表(部分)

节点	状态	影响节点(父节点)
社交/情感策略	高、中、低	social-affective-coop
		social-affective-selftalk

2. 风险系统的参数表

贝叶斯网络实质上是概率网络,系统中分不同节点类型,需要设定参数表,即概率表。对于根节点,其概率表为该节点出现相应状态的概率,如"网络自主学习",存在三种状态(high, mid, low),分别表示学习的高、中、低三种效果。该节点再无后代节点,这三种状态出现的概率取决于其三个父节点("元认知策略""认知策略""社交/情感策略")的状态组合,因此该节点的状态概率实际上为条件概率。

表2 "网络自主学习"节点的条件概率表

high	mid	low	B C D
0.6	0.3	0.1	high high high
0.55	0.35	0.1	high high mid
0.55	0.4	0.05	high high low

（续表）

high	mid	low	B C D
0. 55	0. 35	0. 1	high mid high
0. 5	0. 3	0. 2	high mid mid
0. 4	0. 3	0. 3	high mid low
0. 55	0. 35	0. 1	high low high
0. 4	0. 3	0. 3	high low mid
0. 1	0. 3	0. 6	high low low
0. 55	0. 35	0. 1	mid high high
0. 5	0. 3	0. 2	mid high mid
0. 4	0. 3	0. 3	mid high low
0. 5	0. 3	0. 2	mid mid high
0. 2	0. 3	0. 5	mid mid mid
0. 1	0. 3	0. 6	mid mid low
0. 4	0. 3	0. 3	mid low high
0. 1	0. 3	0. 6	mid low mid
0. 1	0. 2	0. 7	mid low low
0. 55	0. 35	0. 1	low high high
0. 4	0. 3	0. 3	low high mid
0. 1	0. 3	0. 6	low high low
0. 4	0. 3	0. 3	low mid high
0. 1	0. 3	0. 6	low mid mid
0. 1	0. 2	0. 7	low mid low
0. 1	0. 3	0. 6	low low high
0. 1	0. 2	0. 7	low low mid
0. 05	0. 05	0. 9	low low low

*注：B、C、D 分别表示“元认知策略”“认知策略”“社交/情感策略”节点。

三、模型应用

将贝叶斯网络应用于学生网络自主学习研究主要集中在三方面,即结构学习、参数学习与网络推理。

1. 结构学习

结构学习是分析研究学生网络自主学习系统的拓扑结构,本质上即是对目标的影响因素的分析,如本文中所列示出的学习策略对网络自主学习效果的影响结构。贝叶斯网络要求将影响结构图形化,图形形态比较灵活,不一定仅是树状结构,可以是多连通的网状结构。这种构图模式具有很大的灵活性,为我们分析影响因素结构提供了很大的自由度,可以将很多专家学者对问题的思考模式进行组合,以取得对问题的深入分析,最终形成的影响结构拓扑图可能是主干清晰、层次分明的结构,也不排除形成分布均匀、影响关系交错复杂的结构。这就有利于将我们对影响因素分析的分散经验从整体上进行组织。

2. 参数学习

参数学习是对条件概率表各项概率值的把握,正是依赖于各节点的条件概率表,才能形成整个网络状态的量化判断。如图 2 所示,该示意图中,若要判断节点 $x5$ 的概率情况,则有,

$$\begin{aligned}\mathrm{p}(x5) &= \sum_{x4}\sum_{x3}\sum_{x2}\sum_{x1} p(x1,x2,x3,x4,x5)\\ &= \Sigma_{x4}\Sigma_{x3}\Sigma_{x2}\Sigma_{x1} p(x1)p(x2 \mid x1)p(x3 \mid x2)\\ &\quad p(x4 \mid x3)p(x5 \mid x3),\end{aligned}$$

这是一个典型的联合概率分布的情形,需要事先估计出每个节点的概率或者条件概率值才能获得 $x5$ 的情况。

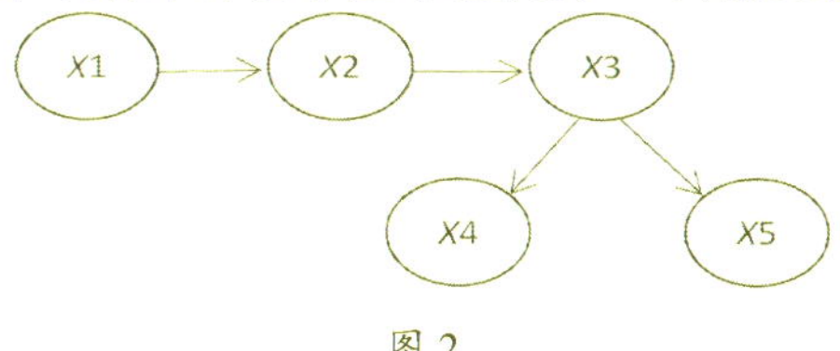

图 2

获取参数的方法比较多样化,这个过程同样可视为实际工作经验的量化过程。第一种方法就是通过问卷调查,直接请相关业务专家对有关问题发生的可能性进行直觉上的判断。第二种方法是可以从实际发生的测评情况中进行总结。这两种方法得到的条件概率均为先验概率,可以用于网络的分析运用。网络的运用可以进一步获取各项参数的实际情况,即后验概率,以此后验概率作为参数的调整值,用于网络的后续分析应用。持续进行这个过程,网络的各项参数就会得到不断优化,网络的分析应用的精准度也会逐步提高。

本文对初始参数的设定,采用了综合方法,对于叶节点的参数表,通过问卷调查评分的方法获取。表 3 为问卷变量结构。考虑到问卷的测量维度较多,也不宜直接观测发生程度的情况,所以研究通过因子分析对数据结构进行降维处理,同时对问卷的预设关系进行合理性检验,得到适合分析的因子,最终以因子得分作为拟合叶节点各状态概率的数据结构;而对于其他节点的初始参数设置,则结合采取假设影响因素为均匀分布的方法。

表 3　问卷变量结构

策略类型	策略维度	测量维度
元认知策略	planning	2
	advanced organization	2
	self-monitoring/regulating	5
	self-manage	4
	self-evaluation	3
	directive-attention	2
	selective-attention	3

（续表）

策略类型	策略维度	测量维度
认知策略	cognitive stategies-words	3
	cognitive stategies-meaning	3
	cognitive stategies-inference	2
	cognitive stategies-translation	2
	cognitive stategies-notetaking	2
	cognitive stategies-elaboration	2
社交/情感策略	social-affective-coop	2
	social-affective-selftalk	3

如图 1 网络中的“认知策略”节点，影响该节点的因素有 6 个子节点，包括“cognitive stategies-words”“cognitive stategies-meaning”等，当出现了子节点所描述的影响情况时，则“认知策略”的调用程度也会增加。我们假设这些代表影响因素的子节点的影响力是均匀分布的，则每出现一个高水平影响因素，即子节点的状态为 high，则“认知策略”节点出现 high 或者 mid 状态的概率等比例地增加。按此方法，可以得到该节点类似于表 2 中的条件概率表。进一步统计该节点 high 状态的概率出现频次，可以得到如图 4 所示的概率频次图，该图反映出该节点出现 high 状态概率的分布是近似正态分布的形态。这种概率形态与大多数状态下分布往往呈现正态性的规律比较一致。

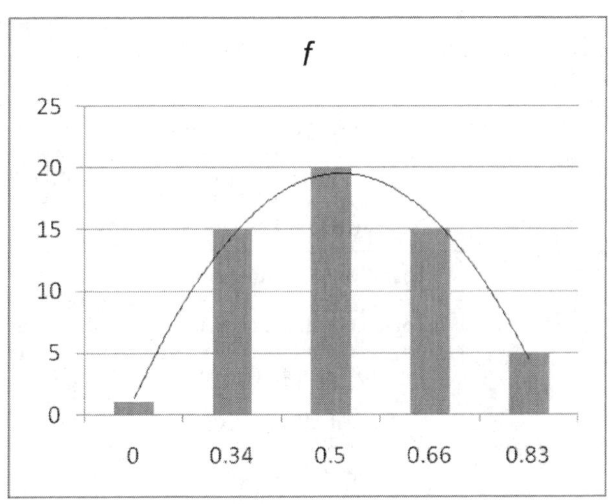

图 3 “认知策略”节点的“high”状态概率频次

3. 网络推理

网络推理是贝叶斯网络运用的主要方向，如后验概率问题、最大后验假设问题、最大可能假设问题等。本文的研究集中于通过一些节点变量的取值情况去计算、分析另外一些节点变量的概率取值问题，本质上反映的是一些认知策略的影响因子变化对网络自主学习效果的影响问题，因此集中于网络推理中的后验概率问题。有两种基本的具体推理形式，可从不同角度反映与学习效果相关的信息。诊断推理是从结果到原因的推理，如我们知道了网络学习的效果程度，那就需要分析引起这种效果的原因来自哪里以及具有多大的程度。预测推理是从原因到结果的推理，假设我们知道了存在导致影响网络自主学习的若干个因素，那么从原因到结果的链条上的节点状况都可以进行概率推理。

3.1 诊断推理

相关研究显示，影响网络自主学习效果的因素较多，但是对形成因素可能缺乏系统掌握。利用贝叶斯网络,我们可以通过诊断推理来推测。图 4 是已经建立了条件因果关系的"网络自主学习"及其三个第一级的父节点在无证据节点出现的情况下的自然分布。

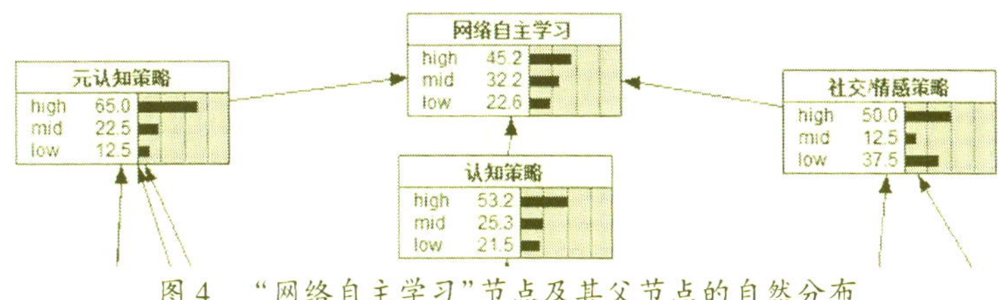

图 4 "网络自主学习"节点及其父节点的自然分布

现在假设"网络自主学习"节点的三种状态分别为真(状态概率 100%),则其三个父节点的概率状态将发生不同的变化(图 5、6、7)。当"网络自主学习"节点的风险状态分别为 high、mid、low 状态时,"元认知策略"出现 high 状态的概率分别为 72.9%、67.7%、45.4%。这说明 "网络自主学习"效果状态在中等以上的时候,存在"元认知策略"的影响因素可能性很高。实际中也易理解,元认知策略实质上是学习的管理过程,是保障学习效果的基础,与学习效果基本上同向发展。当"网络自主学习"出现 low 状态的时候,三个父节点出现 low 状态的概率较 high 状态均大幅增加,显示出当自主学习效果较差的时候,学习策略管理出现问题的可能性很大。

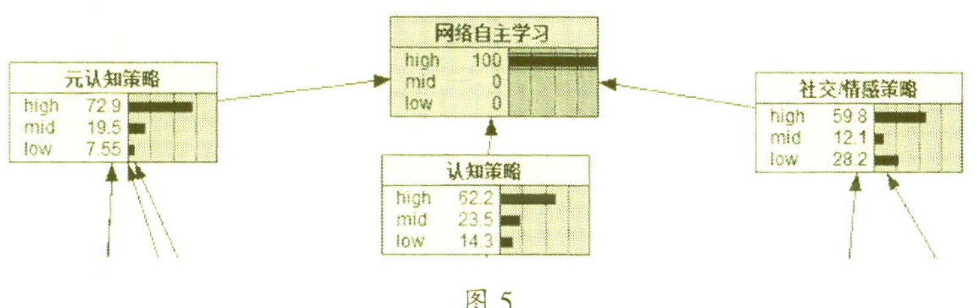

图 5

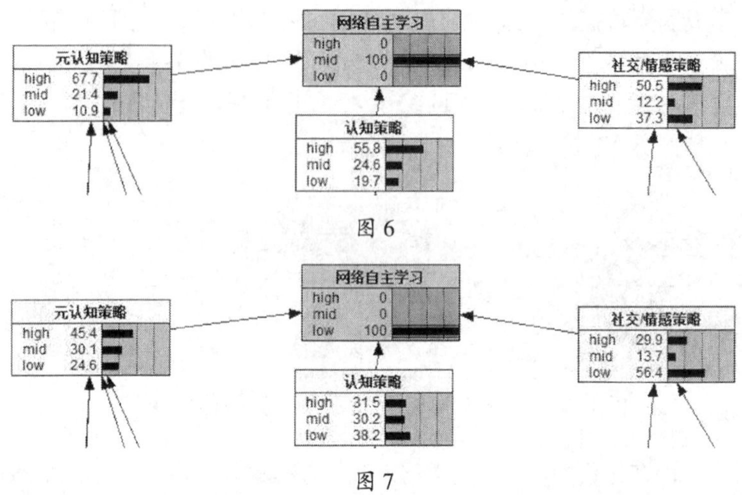

图 6

图 7

3.2 预测推理

预测推理是从原因到结果的概率估计,当影响因素上升到风险因素证据程度,但不一定所有的风险因素都能证据化,即使其中个别或者部分节点成为证据节点,我们也可以推测目标节点的状态概率。研究选取了"planning""advanced organization""cognitive stategies-words""cognitive stategies-meaning""social-affective-coop"5 个同级别节点作为证据节点,在共计 32 种状态组合的情形下,计算推理"网络自主学习"节点(查询节点)最好效果(high)状态的概率。

表 4 部分证据节点组合下"网络自主学习"(high)状态的推测概率

网络自主学习(high)状态概率	planning	advanced organization	cognitive stategies-words	cognitive stategies-meaning	social-affective-coop
30.5	0	0	0	0	0
43.1	0	0	0	0	1
35.2	0	0	0	1	0

（续表）

网络自主学习(high)状态概率	planning	advanced organization	cognitive stategies-words	cognitive stategies-meaning	social-affective-coop
46. 7	0	0	0	1	1
35. 2	0	0	1	0	0
46. 7	0	0	1	0	1
38. 7	0	0	1	1	0
49. 4	0	0	1	1	1
34. 1	0	1	0	0	0
46. 6	0	1	0	0	1
39. 1	0	1	0	1	0
49. 5	0	1	0	1	1
39. 1	0	1	1	0	0
49. 5	0	1	1	0	1
42. 8	0	1	1	1	0
51. 8	0	1	1	1	1
34. 0	1	0	0	0	0
46. 5	1	0	0	0	1
38. 9	1	0	0	1	0
49. 4	1	0	0	1	1
38. 9	1	0	1	0	0
49. 4	1	0	1	0	1
42. 7	1	0	1	1	0
51. 7	1	0	1	1	1
36. 7	1	1	0	0	0

(续表)

网络自主学习(high)状态概率	planning	advanced organization	cognitive stategies-words	cognitive stategies-meaning	social-affective-coop
49.1	1	1	0	0	1
41.9	1	1	0	1	0
51.6	1	1	0	1	1
41.9	1	1	1	0	0
51.6	1	1	1	0	1
45.8	1	1	1	1	0
53.5	1	1	1	1	1

注:“0”表示处于 low 状态,“1”表示处于 high 状态

表 4 中反映出所关注的证据节点能部分影响查询节点(“网络自主学习”节点)出现 high 状态的概率。表 4 数据具有两个特点。第一个特点是:并非证据节点均出现 low 状态的时候,查询节点的 high 概率就会降低为 0,因为还有如“self-monitoring/regulating”等节点会影响查询节点。另外,即使在证据节点为 high 的状态下,查询节点出现 high 状态的概率也不会达到 100%。第二个特点是:查询节点的 high 概率与证据节点出现 high 状态的频次基本上成正比,但并未体现出比较对称的正态分布(图 8)。表 4 中突出显示的 4 行数据表明,即使在证据节点出现 high 状态的次数相同的情况下,查询节点的概率值也是不一致的。这个特点说明理论上存在某些因素组合可能导致查询节点出现 high 状态的大概率。这种数学意义表明,存在多种方法、途径促使学习目标实现,关键在于如何找到这些途径。可以通过大规模的计算找到这些节点的状态组合。当网络规模急剧扩张的时候,也只有通过大数据运算这种方式才能找到最大风险组合集。这个最大概率组合集与教师的经验判断相结合,可以较有效地指导开展网络自主学习的教学工作。

3.5
3
2.5
2
1.5
1
0.5
0
30
35
40
45
50
55

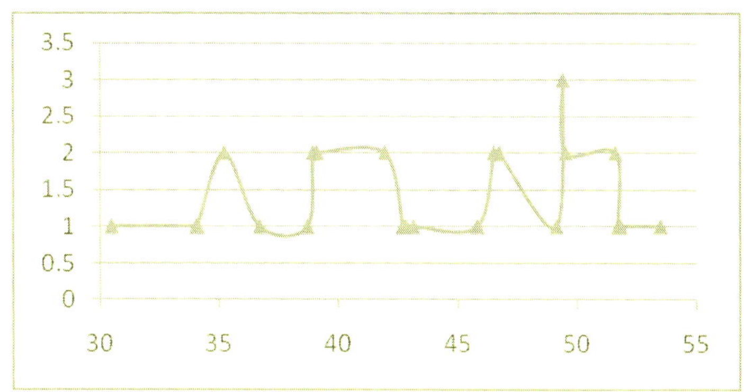

图 8 网络自主学习 high 状态概率

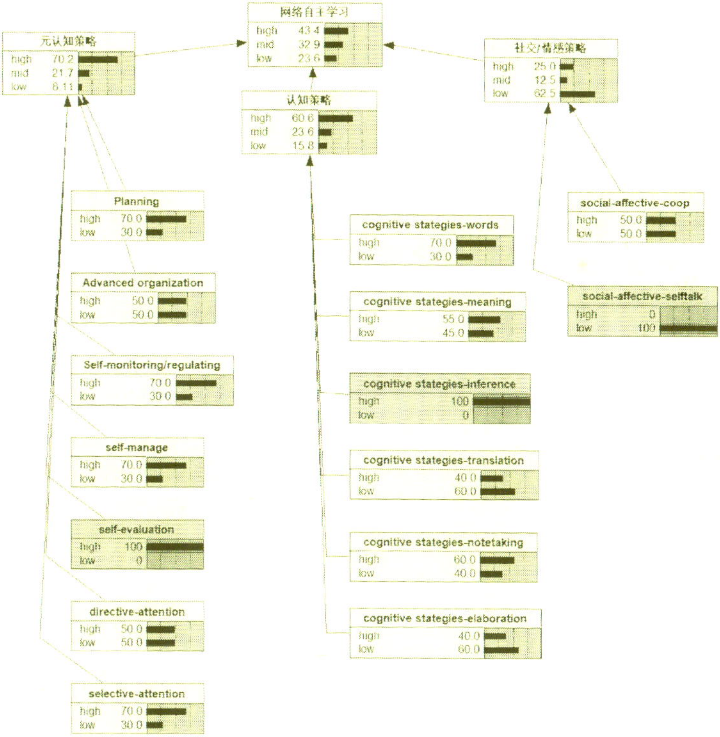

网络自主学习
high 43.4
mid 32.9
low 23.6
元认知策略
high 70.2
mid 21.7
low 8.11
社交/情感策略
high 25.0
mid 12.5
low 62.5
认知策略
high 60.6
mid 23.6
low 15.8
Planning
high 70.0
low 30.0
Advanced organization
high 50.0
low 50.0
Self-monitoring/regulating
high 70.0
low 30.0
self-manage
high 70.0
low 30.0
self-evaluation
high 100
low 0
directive-attention
high 50.0
low 50.0
selective-attention
high 70.0
low 30.0
cognitive stategies-words
high 70.0
low 30.0
cognitive stategies-meaning
high 55.0
low 45.0
cognitive stategies-inference
high 100
low 0
cognitive stategies-translation
high 40.0
low 60.0
cognitive stategies-notetaking
high 60.0
low 40.0
cognitive stategies-elaboration
high 40.0
low 60.0
social-affective-coop
high 50.0
low 50.0
social-affective-selftalk
high 0
low 100

图 9

预测推理可以再继续深入。如图 9 中,将其他节点作为证据节点,从图中可以看出“元认知策略”“认知策略”“社交/情感策略”三个查询节点的不同状态的概率将发生相应的变化。

贝叶斯网络节点间的影响具有马尔科夫性,即节点总是受其直接相连的节点影响,当其直接相连节点成为证据节点时,则其他非直接相连节点的影响程度将大为降低,这就为网络推理计算带来了很大的便利。从实际角度看,事物总是更容易受到最近发生情况的影响,而更远发生事件的影响力则不那么强,这也是贝叶斯网络更贴近实际情况的原因。

四、研究发现

贝叶斯网络能对思维过程进行拟合,形成推理和判断。当其应用于网络自主学习研究的时候,通过网络构建,有利于将分散的学习影响因素与结果形成系统和层次化或者多形态的逻辑结构,通过有向图的方式搭建一个虚拟的“超级学习专家”。这个虚拟专家理论上可以从任何相关的学习研究成果中吸收知识,转化为自己的图形思维结构。这个思维结构通过持续的再学习,可以去芜存菁,以机器学习的方式不断地迭代优化。同时,这个过程也为研究工作产生的数据和经验向信息化转化提供了更高层次的途径。

参数学习有利于网络自主学习研究的量化表达。贝叶斯网络是一种信念网络,网络的假设允许条件概率表参数的主观化,形成一个准确度不高的先验概率;而后通过比较网络运行结果与实际情况的偏差,会获得准确度得到提升的后验概率,从而更新原有概率表。此过程循环往复,既是实务工作的不断总结和信息化,也实现了网络的持续学习。

本文的研究发现:一是影响网络自主学习的因素与相关研究的结果相符合。预测推理显示:即使“元认知策略”“认知策略”“社交/情感策略”三个节点均处于 high 状态,“网络自主学习"high 状态的概率为 60%；而三个节点均处于 low 状态的时候，"网络自主学习"low 状态的概率为 5%，并非为 0。所以学习策略的管理运用对"网络自主学习"的效果是局部性的，但具有较为重要的意义。二是本文构建的网络图中，驱动"网络自主学习"high 状态较大概率出现的因素组合较多，表示存在较多可以选择的方法路径促进学习目标的实现，从概率上为不同基础的学生找到适合自己的学习策略组合提供了很大的可能，在复杂的网络学习环境下可以发挥大数据的计算优势，通过大量运算去发现多种较优的学习策略组合，结合教师经验，可以有效地开展学习指导。三是当"网络自主学习"状态较为明确的时候，可以通过诊断推理发现学习策略运用中的主要影响因素，也为学习中发现自己的薄弱环节提供方向性的指导。

参考文献：

[1] Cohen A D. *Strategies in Learning and Using a Second Language* [M]. London: Longman, 1998.

[2] Little D. *Learner Autonomy I: Definitions, Issues and Problems* [M]. Dublin: Authentik, 1991.

[3] Nunan D. Closing the gap between learning and instruction [J]. *TESOL Quarterly*, 1995, (2): 133-158.

[4] O'Malley J M, Chamot A U & Kupper L. Listening comprehension strategies in second language acquisition [J]. *Applied Linguistics*, 1989, v11 n4: 418-437.

[5] Pearl, Judea. Causal diagrams for empirical research [J]. *Biometrika*, Volume 82, Issue 4, December 1995: 669-688.

[6] Vandergrift L. The metacognitive awareness listening questionnaire: Development and validation [J]. *Language Learning*. 2006, 56(3): 431-462.

[7] Wenden A L. Metacognitive knowledge and language learning

[J]. *Applied Linguistics*. 1998, 19(4): 515-537.

[8] 成城,周华. 元认知策略在英语听力学习中的应用及有效性分析[J]. 黑龙江教育学院学院学报. 2007,26(12):431-433.

[9] 姬志伟等. 基于贝叶斯网络的航空公司安全风险评估研究[J]. 中国民航飞行学院学报,2016,27(6):25-32.

[10] 李建中. 英语有效教学中学生元认知策略的培养[J]. 外国语文(双月刊). 2011, 27(2):137-139.

[11] 刘勃,周荷琴. 基于贝叶斯网络的网络安全评估方法研究[J]. 计算机工程,2004,(22):111-113.

[12] 戚玠, 李光, 姜晨等. 基于贝叶斯网络的复杂系统多态可靠性分析[J]. 现代制造工程, 2014,(1).

[13] 周建国,徐惠云,刘 飞. 贝叶斯网络在运营隧道结构风险评估中的应用[J]. 工业工程,2019, 22(6): 103-109.

[作者简介] 何翼(1975-),女,西南民族大学外国语学院,副教授,硕士。主要研究方向:英语教学。

"产出导向法"语言促成设计研究及例析

西南民族大学外国语学院 胡艳萍

摘 要：语言促成是"产出导向法"的实践难题。本文在解读"促成有效性"的"精准性""渐进性""多样性"三标准基础上，通过教学实例，展示如何应用三标准设计语言促成方案。通过对促成路径的分析，语言促成方案较好地实践了"促成有效性"的标准。研究表明：三标准对语言促成具有较强的指导意义，循序渐进的语言促成设计对学生具有积极的促学效果。

关键词：产出导向法；语言促成；促成有效性；精准性；渐进性；多样性

基金项目：本文系2018年度西南民族大学教改项目（项目编号：2018GGJC01）的阶段性成果。

1. 引言

为解决大学英语学用分离的现状，文秋芳教授提出具有中国特色的教学理论——产出导向法（POA）。在产出任务驱动下，教师适时为学生提供相应的输入材料，并通过设计相关练习和活动帮助学生提取与产出任务相关的内容、语言和语篇结构，再通过师生合作评价完成学习的强化和升华。作为一线教师，在论证POA应用到本校大学英语教学的可行性后，笔者决定开展POA教学实验，全面提升学生在听说读写译等方面的产出能力。

在"驱动—促成—评价"的教学环节中，促成环节至关重要。促成有效性直接决定了产出成果的质量。为指导一线教师开展 POA 教学,文秋芳(2017)提出“促成有效性标准”:“精准性”“渐进性”“多样性”。三标准为促成研究提供了理论指导。邱琳(2020)通过辩证研究探索了落实有效性标准的途径,提出应用三标准的实践难题和对策,通过教学实例展示如何有效设计和实施促成活动,为实施 POA 促成环节积累了实践经验。然而,“促成有效性”是一个源自真实教学生态、涉及诸多教学变量的系统问题(邱琳 2019)。只有在对教情、学情、校情进行具体分析后,促成活动才能发挥理想的教学效果。如何在本校大学英语教学中落实三标准原则亟待进一步研究。与此同时,在内容促成、语言促成和语篇促成中,语言促成尤为棘手,它肩负着完成语言教学目标、为产出任务提供语言载体的重任。在以往教学中,笔者往往采用翻译教学法对重点词汇、短语及句型进行讲解,课后通过选词填空和翻译练习检测学生掌握的程度。然而,在学生的作文和平时口语练习中,目标语言使用率和正确使用率均较低。如何设计循序渐进的语言练习从而提升学生对目标语言的正确使用率无疑成为语言促成研究的关键所在。本研究以“促成有效性标准”为理论指导,通过教学案例设计语言促成方案,以期提高课堂英语使用率,构建学用结合的英语课堂。

2. 促成有效性标准

POA 倡导“学用一体”的教学理念,促成是实现这一理念的关键一环。为指导一线教师开展促成教学,文秋芳(2017)提出了“促成有效性标准”:“精准性”“渐进性”和“多样性”。其中“精准性”关涉促成目标,“渐进性”关涉促成过程,“多样性”关涉促成自由度,三者有机融合,缺一不可。没有“精准性”,促成活动无法对接产出任务,脱离了目标的促成将失去明确的方向;没有“渐进性”,促成步调太大或太小,无法调动不同学生群体的积极性,促成效果难以保证;没有“多样性”,将导致产出任务同质化(邱琳 2020)。

2.1 精准性

"精准性"是指促成活动应直接对接产出任务和产出困难。以语言促成为例,输入性材料应为学生提供完成产出任务的单词、短语以及句型结构,并通过设计语言促成练习指导学生掌握目标语言的准确用法,从而将目标语言运用到产出任务中去。基于语言促成教学实践,邱琳(2017)指出,目标语言项目的选取可遵循"选择性"和"功能相关性"原则。"选择性"是指选择与产出任务密切相关且表意功能强的目标语言,并进行显性教学。"功能相关性"是指以同一表意功能下的离散语言表达有机整合,既丰富语言表达,又满足不同语言层次学生的需求。同时,精准性为学生指明了促成方向,明确了学中用、用中学、学用结合的教学理念。

促成活动还应对接产出困难,应有针对性地设计促成活动从而"对症下药"。在驱动环节,笔者会邀请不同语言层次的学生进行产出尝试,从中发现各个层次的产出困难(词语、句子、篇章);在促成环节,从语言练习的完成度和准确度中也会发现不同的产出困难。了解产出困难后,笔者课后精心设计语言促成练习进行补救型教学,着力解决大多数同学的产出困难。例如,在产出尝试中,不少同学明确表示欠缺相关词汇量。目标词汇的整合无疑会为他们清扫语言障碍,增强产出自信。针对句子产出困难,语言促成练习中设计了带有提示词的汉译英练习或连词成句,帮助学生准确理解目标语言使用的句法规范,有效降低句子产出焦虑。

2.2 渐进性

"渐进性"是指促成活动沿着语言和技能两个维度循序渐进。就语言维度而言,促成活动可按照单词—句子—段落—篇章的顺序逐步推进(文秋芳 2018)。让学生先理解或产出难度较小的语言单位,再逐级过渡到难度较大的语言单位,直至产出篇章。需要指出的是,因理解能力和语言水平差异,学生可由不同的起点逐级过渡。就技能而言,促成活动从接受性技能(听读)过渡到产出性技能(说和写),最终实现用英语完成产出任务,每一级的难度和跨度视学生的具体水平而定。在学生产出难度递增的任务过程中,教师要适时为学生搭建脚手架。待学生完成该项任务时,教师应适时拆除(邱琳 2019)。渐进性既符合语言学习的基本规律,又有利于帮助学生树立产出信心。

2.3 多样性

多样性涵盖三个方面:信息传递渠道、交际类型和活动组织方式。信息渠道促成材料应包括听、说、读、写、译等各种途径的信息。交际类型包括听说等形式。以说为例,有演讲、头脑风暴、辩论、访谈、对话等。活动组织方式包括课堂各种活动,如个人活动、对子活动、小组活动、班级活动等(文秋芳 2018)。多样性极大地丰富了 POA 产出成果,避免了由细致化促成造成的产出同质化。以笔者设计的语言促成练习为例,在信息传递渠道上,笔者采取了说读写译四种途径。选词填空让学生通过词义辨析完成"写";思维导图让学生完成"说";翻译练习让学生完成"译";段落写作让学生完成"写";访谈让学生完成"写"和"说"。交际类型以说和写为主,包括访谈和脚本创作。活动组织方式包括个人活动、对子讨论、小组讨论等。多样性的促成活动使课堂教学丰富多彩,进一步提升了学生语言学习的兴趣。

3. 教学设计

3.1 背景介绍

笔者在一所民族院校教授大学英语,该课程属于通识必修课,授课对象为全校非英语专业学生。自 2016 年起,依据高考及入学考试成绩,大一新生分为 A、B 两个等级(排名前 50%归于 A 类,后 50%归于 B 类),实施分层教学。笔者目前所带班级为 A 类,授课对象为 2020 级大一新生,来自中国语言文学学院。该班高考平均分 118 分(满分 150 分,个别省份 120 分后按 150 分换算)。前期已从教师、学生、教材、教学培养方案等方面论证将 POA 引入本校大学英语教学的可行性。

3.2 教学流程

笔者选用《全新版大学进阶英语》第二册第五单元主课文 Pioneers of Flight 实施 POA 教学(李荫华等 2018)。该单元学时计划 8 课时。本单元的产出任务:一名宇航员接受记者采访,讲述中国航空简史及飞行先驱的故事。该产出任务紧扣教学目标(积累关于人类飞天梦及航空业的词汇,口、笔头概述三位飞行先驱的故事)。此外,考虑到学生的专业背景(广播电视专业)及未来职业规划,该产出任务具备一定的交际价值,能激发学生的学习欲望和热情。本研究以产出子任务"万户飞天"为例设计语言促成方案。

3.3 语言促成实例

在产出子任务的驱动下,语言促成方案首先应满足"精准性"原则,即促成材料应精准对接产出任务和学生的产出困难。结合"万户飞天",笔者从文本中选取了五个与产出子任务密切相关的单词和短语,按"功能相关性"原则增补两个目标词汇。目标词汇的有效聚合旨在解决词汇产出的困难。现以这七个目标语言项目的促成为例,展示语言促成的过程化研究。

Task 1: Fill in the blanks with the words or phrases from the box below in their proper forms.

Legend has it that ... fascination with flight harness fasten devise principle ignite

1. Wan Hu ________ the first spaceship — a rocket-powered chair.

2. ________ that Wan Hu was mostly interested in the Chinese ancient convention — gun powder and rocket.

3. His crazy idea contained the ________ of rocket-powered flight.

4. He dreamed to ________ the power of rocket to send human beings to the blue sky.

5. A ________ has haunted the dreams of mankind through countless centuries.

6. The flying chair vehicle was ________ to 47 large rockets.

7. Each rocket was ________ by a servant carrying a torch.

参考答案：devised, Legend has it that, principle, harness, fascination with flight, fastened, ignited

此练习的目的在于建立目标语言形式与意义之间的连接度，进一步加深对目标语言的准确理解。需要说明的是，尽管legend 和 fascination 对学生来说并不陌生，但新句型 Legend has it that 和新搭配 fascination with 对学生来说依然属于新知识，将新句型和新搭配作为整体促成，不再进一步拆分，以便建立目标语言的正确使用。同时，选词填空能建立起目标语言项目使用的语法知识。此外，该练习以文本内容为依托，完成了语言和内容的同步促成。

Task 2: Describe each branch into a full sentence with key words.

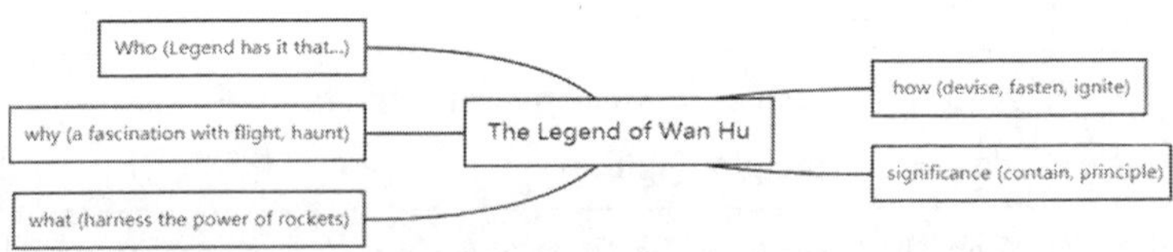

参考答案:

Branch 1: Who — **Legend has it that** Wan Hu has been considered as the world's first pioneer of flight with rocket-powered spaceship.

Branch 2: Why — He was **haunted** by **a fascination with flight**.

Branch 3: What — He prepared his own mission to the stars by **harnessing** the power of rockets.

Branch 4: How — He **devised** the first spaceship. He held two big kites and sat on a large flying chair to which were **fastened** 47 large rockets. Then he ordered his servants to **ignite** the rockets. An earth-shattering explosion followed. The flying chair vehicle had become a big fire ball. Wan Hu had fallen out from his chair.

Branch 5: Significance — His crazy idea **contains** the **principle** of rocket-powered flight, the frontier that had not been reached.

如果说选词填空完成词形和词义之间的连接度,那么思维导图旨在帮助学生连词成句,循序渐进地实现语言产出单位递增的目的。五个分支精准概括了“万户飞天”的五个关键信息,帮助学生梳理故事内容。此外,每个分支下列举的关键词帮助学生完成从词到句的自然过渡。应该注意的是,haunt, contain 等词虽未列入目标语言项目,但分别与产出子任务两个分支属于同一表意功能范畴。以功能为纽带建立的关联网络既可以将离散的目标词汇有效聚合,又可以丰富语言表达,同时有利于激活学生存储的陈述性知识。

Task 3: Tell Wan Hu's story orally with the words and phrases in the box below.

Legend has it that ... fascination with flight harness fasten devise principle ignite

参考答案：Legend has it that Wan Hu, who was haunted by **a fascination with flight**, **devised** a risky plan to **harness** the power of rockets to take him to the stars. He built the first spaceship. A flying chair was **fastened** to 47 powerful gunpowder rockets and two kites attached to it. Each rocket was **ignited** by one servant carrying a torch. In a moment, there was a tremendous roar accompanied by billowing clouds of smoke. When the smoke cleared, Wan Hu and his flying chair were gone. Though he failed in the end, his crazy idea **contained** the **principle** of rocket-powered spaceflight. His story was recorded in an American author Herbert S. Zim's book *Rockets and Jets* in 1945. Since then, Wan Hu has even been considered the world's first recorded "astronaut".

T2 帮助学生厘清故事的主要信息(即内容促成),同时提供关键目标词汇辅助学生完成"造句"的产出任务。T3 帮助学生将句子整合成为段落,在思维导图的帮助下完成此项产出练习。值得注意的是,在总结"万户飞天"的历史意义时,学生需使用衔接性表达,如 although,to sum up 等。

Task 4：Translate the following sentences into English with the words in brackets.

1. 传说一个名叫万户的人在公元 1500 年筹划了一场他自己的遨游星空之行。(legend has it that ...)

2. 他是第一位设计二级火箭的人。(devise, two stage rocket)

3. 嫦娥奔月的传说正是中国人长久以来飞天梦的有力证据。(fascination with flight)

4. 发射那天,他手持两个大风筝,坐在一辆捆绑着四十七支火箭的飞车上。(fasten)

5. 他命令他的仆人点燃第一排火箭。(ignite)

6. 万户的痴梦中包含了以火箭为动力的宇宙飞行原理。(principle, contain)

7. 他梦想着利用火箭的推力将人送上蓝天,去亲眼观察高空的景象。(harness)

参考答案:

1. **Legend has it that** in A. D. 1500 a man named Wan Hu prepared his own mission to the stars.

2. He is the person to **devise** two stage rocket.

3. The legend of Chang'e (the moon goddess) is strong evidence of Chinese people's longstanding **fascination with flight**.

4. On the day of the launch, holding two kites in his hands, he sat on a flying chair to which were **fastened** 47 rockets.

5. He ordered/commanded his servants to **ignite** the first row of rockets.

6. The **principle** of rocket-powered spaceflight was **contained** in his crazy idea.

7. He dreamed to send human being to the blue sky by **harnessing** the power of rockets in order to have a bird's-eye view of the world.

将翻译练习设计在口语表述后是出于三个考虑。其一,"多样性"标准要求增加交际类型。T2 和 T3 以说为主,旨在完成口语讲述的产出任务。T4 以写为主,旨在准确把握学生对目标语言项目的掌握程度。其二,多种类型的语言练习增加了目标语言项目的产出频次。其三,因学生不同的语言水平和理解能力,T2 和 T3 产出中可能会出现各种错误使用,T4 可通过翻译练习对目标语言项目实现补救型教学,为后面的写作练习打下坚实的语言基础。

Task 5: Rewrite the following paragraph by using the words and phrases listed.

Legend has it that ... fascination with flight harness fasten devise principle ignite

It is said that Wan Hu used to have a passion for flight. He dreamed to send human beings to the blue sky by using the gunpowder and rockets. He designed and built his spaceship: a flying chair which was attached firmly to 47 gunpowder rockets and two kites. On the day of the launch, each rocket was lit by a different servant. In a huge blast, the flying chair was surrounded by heavy smoke and flames. Wan Hu had fallen out from his chair while still holding two huge burning kites. Though he made an unsuccessful attempt at the cost of his lives, the concept of rocket-powered spaceflight was contained in his idea.

参考答案：Legend has it that Wan Hu was haunted by a fascination with flight. He dreamed to send human beings to the blue sky by harnessing the gunpowder and rockets. He devised the first spaceship — a rocket-powered chair which was fastened to 47 gunpowder rockets with two kites attached to it. On the day of the launch, each rocket was ignited by a different servant. In an earth-shattering explosion, Wan Hu and his primitive spaceship had disappeared completely. Thought he died in the end; his crazy idea contained the principle of rocket-powered spaceflight.

同义改写的目的是增加目标语言项目的使用频次，再次加深目标语言形式与意义的连接度。在改写过程中，学生必须要准确理解原文内容，找到需要替换的语言项目，再根据句法要求将目标语言准确替换进原文。通过同义改写，学生再次使用目标语言项目，体会“学用一体”的教学理念。

Task 6: Choose one of the scenarios and write down your draft.

Scenario 1: Write a 2-minute draft in at least 120 words on the topic"The Story of Wan Hu".

Scenario 2: Some say Wan Hu can be called the first recorded"astronaut", while others say he can't be called an "astronaut". What's your viewpoint on it? Please provide your answers with reasons and evidence in at least 120 words.

考虑到学生不同的语言层次,笔者设计了两个不同的产出场景,学生可依据自己的水平自由选择完成。第一个产出场景针对基础较弱的同学。基于"促成有效性标准"设计的六个产出练习为学生提供了完成产出任务的内容、语言和语篇结构促成,有效实现了"学用一体"的教学理念。精细化促成有效降低了产出焦虑,却带来产出同质化的风险。鉴于此,第二个产出场景针对学有余力的学生,旨在培养思辨能力。为了帮助学生完成该项任务,笔者提供了美国火箭学家赫伯特·S·基姆的《火箭和喷气发动机》节选章节以及各界对万户的评价,通过信息归纳、主题讨论、以问题和练习驱动的材料阅读,指导学生完成"选择性"学习,最终顺利完成产出任务。

4. 语言促成路径分析

4.1 对接产出任务和产出困难

根据"精准性"原则,笔者确立了"万户飞天"的五个关键信息(who, what, why, how, significance);在每个分支下,选择了一到两个目标语言项目。这五个目标语言项目直接对准产出任务,并且具有较强的表意功能。其中,一个词汇引出对万户的简单介绍;一个词汇描述飞天的缘由;四个词汇聚焦飞天椅的建造过程;一个词汇描述飞天的意义。根据"功能关联性"原则,在描述飞天椅的建造过程时,fasten 和 ignite 因贴近产出任务且表意功能强,被增补进目标语言。

在语言促成设计中,考虑到新句型 Legend has it that ... 和新搭配 fascination with flight 对学生而言比较陌生，拆分后势必会对学生造成记忆负担，因此新句型和新搭配整体出现，共同促成。针对部分学生产出句子困难，笔者在 T4 设计翻译练习，旨在对目标词汇进行显性教学，括号内的提示词可以有效降低产出焦虑。针对个别基础薄弱的同学，笔者将 T4 翻译练习改为连词成句，在降低产出难度的同时帮助学生进一步建立起关于目标语言项目的语法知识。

4.2 语言单位和产出难度逐级递增

根据“渐进性”原则，促成应按照语言单位逐级递增的方式设计。T1 选词填空旨在从单词的角度切入，帮助学生建立起词形和词义之间的连接度，进一步加深对词义的理解，建立起目标语言使用的语法知识。T2 基于思维导图，在目标语言帮助下梳理出主要内容。该步骤完成了从词到句的过渡。T3 基于目标语言口述万户飞天的故事，完成从句到段的过渡，也是产出任务中关键性的跳跃。T6 两个产出场景实现从按要求产出到自由产出的过渡，从而完成产出难度的递增。在“渐进性”原则的指导下，T1 到 T6 实现语言单位和产出难度的逐级递增。

4.3 促成练习多样性

首先，从 T1 到 T6 的语言促成练习涵盖选词填空、思维导图、口语讲述、翻译、同义改写、写作。目标语言在多样化的语言练习中被频繁使用，语言接触频次得以保证，巩固和强化了促成成果。其次，交际类型为“说”和“写”，紧扣产出子任务，T2 和 T3 聚焦产出任务“说”，T4、T5、T6 聚焦产出任务“写”。两者并进，保证了产出类型的丰富性。值得注意的是，为避免因细致化促成带来同质化产出，笔者将 T6 设计成两个交际场景，在既定目标下为学生提供多样的发展机会。针对第二个写作场景，笔者通过信息归纳、主题讨论、以问题和练习驱动的材料阅读指导学生完成该产出任务，引导多样化产出。

5. 结语

文秋芳教授的"促成有效性标准"为促成教学提供了理论指导。在"精准性""渐进性"和"多样性"原则的指导下,笔者结合本校教学实际,设计并实施了语言促成方案,通过对产出路径的分析,使语言产出练习较好地实践了"促成有效性"标准,循序渐进的促成方案带来了较好的促学效果。然而,促成涉及真实教学生态,同一个语言促成方案在不同的班级也会产生不同的教学效果。只有在课前对学生的语言水平和产出困难进行仔细分析后,在三原则指导下设计适合不同语言水平的促成练习,才能保证高质量的促成效果。

参考文献:

[1] 李荫华等. 全新版大学进阶英语[M]. 上海:上海外语教育出版社,2018,104.

[2] 邱琳. "产出导向法"语言促成环节过程化设计研究[J]. 现代外语,2017,(3):386-396.

[3] 邱琳. "产出导向法"促成环节的辩证研究[J]. 现代外语,2019,(3):407-418.

[4] 邱琳. "产出导向法"促成环节标准例析[J]. 外语教育研究前沿,2020,(3):12-19.

[5] 文秋芳. "产出导向法"教学材料使用与评价理论框架[J]. 中国外语教育,2017,(2):17-23.

[6] 文秋芳. "产出导向法"与对外汉语教学[J]. 世界汉语教学,2018,(3):387-400.

[作者简介] 胡艳萍,西南民族大学外国语言文学学院讲师,硕士。研究方向:英语教学法、二语习得、英汉翻译研究。

基于形成性和终结性评价的大学英语测试现状历时研究
——以西南民族大学2013—2017年藏彝学生大一英语期末试卷为例

西南民族大学 张书奎

摘 要：语言教学中的形成性评价能真实有效地反映学生的语言水平及语言应用能力，帮助老师和学生找到合适的教学和学习路径。本文根据英语测试的基本理论，结合形成性评价和终结性评价体系，对民族院校藏彝学生大一英语期末测试（2013—2017年）现状进行历时研究，了解民族院校藏彝学生期末考试试卷的质量、数量、试卷效度和反拨效应，学生对期末考试的感受和要求以及教师对测试理论的掌握情况。希望通过本研究发现对藏彝学生英语考核存在的问题，引起教师对形成性评价的重视，增强学生学习英语的积极性和主动性。

关键词：藏彝学生英语测试；形成性评价

1. 调查与研究背景

全美洲首席教育官理事会将形成性评估定义为教师和学生在教学过程中所采用的能提供反馈用以不断调整教学从而使学生尽可能达到既定的教学目标的过程。Leung & Mohan（2004: 336）也指出，形成性评估以学习为目的，注重学习的过程；终结性评估则是以考试为代表的评估形式，注重学习的结果。Bachman & Palmer（1996）发现，形成性评估较之终结性评估更能促进学生的学习进步，其他相关研究（Black & Wiliam 1998；Genesee & Upshur 2001）也证实了这一点。民族院校的藏彝学生英语基础普遍比较薄弱，更需要充分发挥形成性评价机制的作用，从而增强学生学习英语的积极性和主动性。

2. 形成性评价概述

形成性评价（formative assessment）是针对学生在学习英语过程中英语语言知识和英语语言技能的生成过程而进行的一种评价。它的目的有两个：（1）就学生而言，可以让学生了解自己学习英语的某一过程或者某一个阶段，掌握英语语言知识，掌握英语语言技能的情况，以便学生调整自己的学习策略，为今后的学习做好更充分的准备。（2）就老师而言，通过形成性评价可以了解学生学习英语语言知识、掌握英语语言技能的情况，调整今后的教学。英语形成性评价和其他的测验、测试相比，可以让老师更全面地了解学生学习英语的情况，比如对英语学习的情感态度和情绪、兴趣，这是在英语测试、测验中很难体现出来的。但是我们通过一系列的形成性评价量表，就可以很清楚地反映学生在英语学习的某一阶段或者某一过程的情感态度和情绪、兴趣。它是通过诊断方案或计划及教育活动中存在的问题，为正在进行的教育活动提供反馈信息，以提高实践中正在进行的教育活动质量的评价。

3. 形成性评价研究综述

国际上，美国课程评价专家 Sctriven 于 1967 年首次提出形成性评价的概念并把它与总结性评价作了区分，开启了该领域研究的先河。Sctriven 之后，美国教育学家 B. S. Bloom 首先将这一评价方式引入课堂教学。布鲁姆将教学评价分成三大类：诊断性评价、形成性评价和终结性评价。布鲁姆认为：“形成性评价是在教学过程中为了获得有关教学的反馈信息、改进教学、使学生知识达到掌握程度所进行的系统性评价,即为了促进掌握尚未掌握的内容进行的评价。”Bachman & Palmertsl 从考试的角度分析了形成性评价,指出:用于形成性目的的考试有助于指导学生学习,有利于教师教学水平的提高。与国外研究相比,我国对教育评价的研究相对来说起步较晚,一直以来,受终结性评价的影响,测试都被看作是语言学习的终极目标。相比学习能力的培养,英语教学更多地偏向知识的传播。直到 2001 年,英语新课程标准颁布实施,教育评价被作为一个重要的组成部分进行研究和讨论,强调应加强评价形式的多元化发展,同时也提供了新的评价的指导原则。功能、目标、内容以及学习者的评价方法都被以更人性化的方式重新定义。在此背景下,许多专家和教师都致力于这一领域的研究和实践,并在几年的时间内发表了大量的著作与文章,在理论与实践层面都取得了相当的成就,如龚亚夫、罗少茜 2002 年发表的英语教学评估和学生学习档案。次年,罗少茜又发表英语课堂教学形成性评价研究。此外,一大批学长都提出自己的理论与主张。如郭茜提到:形成性评价有利于帮助学生增强学习动力,提高学习自信,成为自主性学习者。苏鹏指出:形成性评价对我国外语教学理论、教学方法、学习理论都将产生不可估量的影响,将大大有利于我国外语教学从知识传授型向能力培养型转化。总的来说,形成性评价在我国外语教学的研究中取得了一定的成绩,探索出了一些值得借鉴和可供推广的方法和经验。

发展趋势

目前,我国外语教学的评价方式过多地依赖于终结性评价。传统的终结性教学评价方式重结果,轻过程;重知识,轻素质;重选拔,轻激励,不利于激发学生的学习积极性和内在动机,阻碍了学生在学习中主体性、能动性和创造性的发挥,使我国英语教学陷入了应试教育的怪圈。国家义务教育《英语课程改革纲要》提出要改革现行评价机制，建立能促进学生不断发展、教学不断提高、课程不断完善、符合素质教育的评价体系，并在全国中小学开展以形成性评价为核心的教学评价改革实验。因此，近年来国内对形成性评价的研究越来越重视，对此进行的研究调查也不再仅仅局限于对理论或具体操作步骤介绍的理论层面，实证研究也越来越受到研究者的重视。

研究方法

对形成性评价的研究多采用文献研究法、调查研究法、资料分析法等方法。

应用领域

近年来，从事中学英语教学形成性评价研究的队伍不断壮大，并且取得了一定的成绩。目前学者们对英语教学形成性评价的研究主要应用于教育教学领域。

4. 英语测试形成性评价框架

表 1

<table>
<tr><td rowspan="7">形成性评价体系</td><td rowspan="4">课堂表现</td><td>回答问题</td><td>主要针对课文提出的问题，主要由教师进行观察并对学生提出建议</td></tr>
<tr><td>presentation</td><td>由小组成员单独或合作完成，结合课文内容规定题目或由学生自选题目</td></tr>
<tr><td>group discussion</td><td>组内成员参与讨论的表现，由教师观察和组员互评相结合</td></tr>
<tr><td>dictation</td><td>每课学完后进行</td></tr>
<tr><td rowspan="3">课外表现</td><td>作业</td><td>课文背诵、作文、课后练习</td></tr>
<tr><td>活动参与</td><td>晚会、英语角、朗诵会、竞赛等</td></tr>
<tr><td>课外自主学习</td><td>预习课文、晨读、收听英语广播、阅读英文报刊、写周记</td></tr>
</table>

摘自《大学英语测试中的形成性评价探究》研究报告，王立红，https://max.book118.com/html/2016/0816/51651702.shtm

4.1 民族院校藏彝学生课堂表现调查

根据此框架，笔者随机观察了四名教师（每名教师四节课一个单元）共计16课时的课堂教学情况，观察结果统计如下：

表2

教师＼内容	回答问题	presentation	group discussion	dictation
教师1	X	X	X	V
教师2	V	X	X	V
教师3	V	X	X	X
教师4	V	X	X	V

从上表可以看出，大多数教师（75%）注意了学生课堂问题的回答，并进行了及时的评价与反馈，注重了课堂互动。但是没有老师要求学生做 presentation 和 group discussion，原因在于四个老师都认为藏彝学生英语水平低，无法完成 presentation 和 group discussion。对于 dictation，75%的教师对每一单元的单词进行了听写并及时进行批改和成绩登记。笔者认为让学生做 presentation 和 group discussion 能更好地提高学生参与的积极性，可以根据学生水平，设定相应的任务，如介绍家乡美景、美食以及当地的特色风俗习惯，这不仅可以提高学生口语表达，还能传播民族文化，从而促进师生课堂互动。

4.2 民族院校藏彝学生课外表现调查

对于藏彝学生课外表现，主要采取了问卷调查的方式，共发放问卷200份，收回198份，问卷统计结果如下。

表 3

作业				活动参与				
课文背诵	作文	课后练习	其他	晚会	英语角	朗诵会	竞赛	其他
2	190	65	3	0	35	0	5	0
1.0%	96.0%	32.8%	1.5%	0%	17.7%	0%	2.5%	0%
平均 32.8%				4.0%				

课外自主学习					
预习课文	晨读	收听英语节目	阅读英语报刊	写周记	其他
15	128	8	2	4	7
7.6%	64.6%	4.0%	1.0%	2.0%	3.5%
平均 13.8%					

统计结果表明,学生的课外作业表现优于课外自主学习,活动参与方面最差。作业方面,大多数学生(96%)都能完成老师布置的作文,但是只有不到一半的学生(32.8%)会主动完成课后作业,只有极个别同学(1%)会选择主动背诵课文。在课外活动参与方面,没有学生参加英语晚会、朗诵会,参加英语角的学生也只占17.7%。课外自主学习方面,比例最高的是晨读,这估计与学校规定早读有关,而其他自主学习项目学生的参与比例极小。口语角是学生练习英语口语的很好的平台,应该鼓励学生积极参与,教师可以提前给学生讲授口语交际相关知识以及日常口语表达,增强学生的自信心,帮助学生准备一些感兴趣的话题和英语词汇、句子储备,克服英语交流障碍。教师可以在课堂上组织一次模拟口语角,教师作为组织者设定交际任务以及完成任务的详细步骤,一步一步引导学生大胆参与学校的英语角活动。学校也应该多组织一些类似的英语活动,如朗诵比赛、

演讲比赛、英文歌曲大赛等等，提高学生英语输出能力和水平。

4.2 研究结论

从表2和表3可以看出，民族院校藏彝学生不管是课堂表现还是课外表现，远远没有达到形成性评价的要求，那么40%的平时成绩也就没有实际意义，也缺乏事实依据，也不可能真正提高学生学习英语的积极性和主动性。

5. 民族院校藏彝学生期末测试现状

从前面的分析可以得出，民族院校藏彝学生的英语测试几乎没有做到形成性评价，那么评价学生英语水平的唯一标准就是期末考试——终结性评价了。笔者对2013—2017年大一藏彝学生英语期末试卷进行了统计分析。

5.1 分析框架

表4

听力	说	阅读	写作	翻译
有、无/题型	有、无/考核方式	有、无/快速阅读、仔细阅读	有、无/考核形式	有、无/考核形式

5.2 讨论与分析

表5

	听力	说	阅读	作文	翻译
2013	无	无	仔细阅读	半命题作文	句子翻译
2014	无	无	仔细阅读	半命题作文	句子翻译
2015	无	无	仔细阅读	半命题作文	句子翻译
2016	无	无	仔细阅读	半命题作文	句子翻译
2017	无	无	仔细阅读	半命题作文	句子翻译

从表 5 中 2013—2017 年共计 10 套试卷的统计结果可以看出：对大一藏彝学生终结性评价的试卷中，没有涉及听和说语言能力的考核，这无论是对教师的教还是对学生的学都会产生负面影响，在真实的语言教学活动中忽略了听说能力的训练。在期末试卷设计方面，应该增加听力考试，这样可以培养学生平时练习听力的习惯。考试对教学有反拨效应，如果长期没有听力考试，教师在课堂教学中无疑会不自觉地忽略听力教学，学生在课后也不会主动练习听力。阅读考核也只考了学生的仔细阅读能力，没有涵盖快速阅读能力。英语阅读分为仔细阅读和快速阅读，考试中如果没有快速阅读，教师教学过程中也会忽视快速阅读能力如跳读、略读的训练和培养。而跳读、略读能力在现实生活中是非常重要的，应用非常广泛，无论是阅读英文报纸还是英语新闻甚至是英语小说，都会用到这些技能。作文都采取半命题作文，题目文体单一，没有涉及图表作文、应用文、说明文等文体的写作，单一的作文体裁会使学生直接背一些范文作为准备，无法真正体现学生真实水平，也无法真正提高学生的写作能力。这会让学生忽略这几种文体的学习与写作。翻译也都是汉译英句子翻译，没有英译汉以及段落翻译，不能全面衡量学生的翻译能力，不能真正提高学生翻译能力。

6. 结语

从调查结果可以看出，民族院校藏彝学生英语测试没有做好形成性评价，缺乏听说考核。应该在试卷中增加听力考核，speaking（说）可以在课堂上进行考核，参照四六级口语考试标准和形式进行，适当降低难度；还可以结合学生课外口语活动的参与进行评估和评价。口语考核形式可以多样化，如任务型测试、小组讨论、英语演讲、英语朗读、录制英语视频、英语配音等形式。在终结性评价方面评价方式也是非常有局限性的，应该在阅读考核中增加快速阅读技能的考核，翻译的题型和体裁应该丰富多样,不能单一考核句子的汉译英。写作考核体裁和题材应该多样化,应该涵盖图表作文、应用文、说明文等文体的写作。单一的作文体裁会使学生直接背一些范文作为准备,无法真正体现学生真实水平,也无法真正提高学生写作能力。这会让学生忽略这几种文体的学习与写作,不能真正反映学生的英语水平和能力,更不能增强学生学习英语的积极性和主动性。要全面提高学生英语听、说、读、写、译能力,必须认真落实形成性评价机制。形成性评价是教与学的双向评价,在对学生进行全面评价的同时,也能促使教师全面、深入和细致地总结课程、教材和教法等各方面的经验和教训。

参考文献:

[1] Airasian P W. *Classroom Assessment* [M]. New York: McGraw-Hill, Inc., 1991.

[2] Bachman L F & Palmer A S. *Language Testing in Practice* [M]. Oxford: Oxford University Press, 1996.

[3] Black P & William D. Assessment and classroom learning [J]. Assessment in Education, 1998, (5): 7-74.

[4] Darling-Hammond L. *Authentic Assessment in Action* [M]. Philadelphia: Teachers College Press, 1995.

[5] Genesee F & Upsjur J A. *Classroom-based Evaluation in Second Language Education* [M]. Beijing: Foreign Language Teaching and Research Press, 2001.

[6] Kohonen V. *Experimental Language Learning: Second Language Learning as Cooperative Learner Education* [M]. Cambridge: Cambridge University Press, 1992.

[7] Leung C & Mohan B. Teacher formative assessment and talk in classroom contexts: Assessment as discourse and assessment of discourse [J]. *Language Testing*, 2004, (3): 335-359.

[8] Murphey R & Torrance H. *Changing Educational Assessment In-*

ternational Perspectives and Trends [M]. London: Rutledge, 1991.

[9] Nigel J M. Alternative Forms of Formative and Summative Assessment [EB/OL]. URL: http://www.economics.ltsn.ac.uk/handbook/assessment/, 2008-11-25.

[10] Weir C J. *The Formative and Summative Uses of Language Test Data* [M]. London: Cambridge University Press, 2001.

[11] 北京师范大学外语系课题组. 论在外语教学中构建形成性评价体系[J]. 中小学外语教学,2001,(5):6-8.

[12] 北京师范大学外语系课题组. 对现行外语教学评价体制的反思——兼论形成性评价在外语教学中的重要性[J]. 中小学外语教学,2001,(6):1-4.

[13] 教育部. 英语课程标准(试验)[M]. 北京:人民教育出版社,2008.

[14] 卢莉. 中学英语形成性评价的探索与实践[J]. 中小学外语教学,2002,(12).

[15] 鲁子问,康淑敏. 英语教学设计[M]. 上海:华东师范大学出版社,2008.

[16] 罗少茜. 英语课堂教学形成性评价研究[M]. 北京:外语教学与研究出版社,2003.

[17] 苏德宏. 发挥形成性评价在英语教学中的作用[J]. 中小学英语教学与研究,2001,(2).

[18] 吴红梅. 课堂教学形成性评价的作用和方法[J]. 外国中小学教育,2002,(4).

[19] 许华琼, 胡中锋. 形成性评价及其反馈策略[J]. 教育测量与评价(理论版),2010,(1): 23-26.

[作者简介] 张书奎(1975-),男,四川广安人,西南民族大学外国语学院讲师。研究方向:语言测试与语言教学。

探讨英语阅读对非英语专业大学英语写作中思辨力的培养
——基于“大学英语写作工作坊”的教学实践

西南民族大学　贾　婷

摘　要：在外语教学中培养学生的思辨能力是英语教学的重要内容。然而传统的英语教学只注重语言基本技能的学习，忽视培养学生的思辨能力。反观非英语专业大学英语写作现状，学生的写作凸显出条理不清、逻辑混乱等问题。笔者以此基于Krashen的“输入假设”与Swain的“输出假设”的理论基础，以“大学英语写作工作坊”的教学实践为例，探讨如何通过英语阅读，融入思辨力培养策略，培养非英语专业大学生英语写作中的思辨力。

关键词：英语阅读；英语写作；思辨力；写作工作坊

一、研究的背景

1.1　非英语专业大学英语课堂教学现状

在外语课堂教学中融入思辨能力的培养具有重要的意义。英语教育与思辨能力并举，是因为思辨能力的培养乃是整个高等教育的终极目标之一。我国高等教育的培养任务是旨在培养具有创新精神和实践能力的高级专门人才（孙有中 2015:3）。从学科定位而言，英语教育本质上属于人文教育，应致力于在语言学习的全过程中培养学生的思辨能力，其中包括认知技能和情感态度，最终为学生的学术发展、创新就业和终身发展奠定基础。反观传统英语教学,尤其是基础阶段语言教学中,教师往往专注于听、说、读、写等基本语言技能的操练,而忽略了培养学生的思维能力。在非英语专业大学英语教学中,大学英语课时有限,而对语言材料的精读教学又占据大量的教学时间,因此大量的语言教学活动集中在对语言知识的模仿、理解和识记层面,很少上升到应用、分析、评价和创造的高级思维层次上。学生的外语学习活动变成了词汇的死记硬背、语言的机械练习,"思辨缺席症"导致学生割裂了语言学习和知识学习这两个区间,忽略了在英语学习过程中一以贯之地帮助学生通过语言获取人文知识、训练思辨能力,同时在获取知识的过程中夯实语言,提高学生阐述、分析、评价和推理的思辨能力。

1.2 非英语专业大学英语写作的现状

基于语言技能训练的大学英语课堂教学,在非英语专业大学英语写作教学中,教师往往注重训练学生在语言层面的准确性和合理性,而忽视培养学生写作中语篇的条理性、逻辑性。学生的写作问题尤其体现在语篇内容与主体缺乏相关性、论述和观点缺乏逻辑性或者论证不充分等方面。

基于以上现状分析,顺应高校非英语专业英语教育的大趋势,笔者所在的大学外语教学团队开辟了"大学外语学习工作坊",为全面提升英语教育思辨化搭建平台。本论文试图结合笔者在非英语专业"大学英语写作坊"的教学实践经验,探讨如何通过英语读写结合的教学方式,融入思辨能力培养策略,培养非英语专业大学生英语写作中的思辨力。

二、概念的界定和理论依据

2.1 思辨理论

思辨能力即"批判思维能力"(critical thinking skills)。长期以来,西方学术界对思辨能力进行了大量的研究。美国哲学界发布的《德尔菲报告》对思辨能力提出了颇具权威性的定义,该报告认为思辨能力是一种“有目的、自我调节的判断。这种判断可以表现为解释、分析、评价、推理以及对判断赖以存在的论据、概念、方法、标准和语境的说明。”(Facione 1990)由此可见,该定义涵盖了认知技能和情感倾向两个维度。在“写作坊”对学生进行的阅读材料的甄选中,笔者则围绕保罗-埃尔德思辨模式和理论框架(Paul & Elder 2014)选择练习活动的阅读文本。根据这一理论框架,具有思辨性的文本材料包括八项“思维要素”(Elements of Thought), 即:目的、问题、视角、信息、推理、概念、假设、影响。同时,该模式提出了评估上述思维要素的十项思辨性标准:清晰度、真实性、准确性、重要性、相关性、完整性、逻辑性、公正性、深度和广阔性。经过这样系统的训练,学习者最终养成八项思维品质:谦虚、独立、诚实、勇气、毅力、相信理性、同理心、公正心。基于上述理论,教师在“大学英语写作坊”的课堂教学中,将思辨能力的各项认知技能和情感倾向纳入教学目标和课堂设计中,选择相应的思辨性文本,并设计了相关练习和任务活动。

2.2 Krashen 的“输入假设”与 Swain 的“输出假设”

语言输入假设(the input hypothesis)是美国语言学家 Krashen (1981)提出的第二语言习得理论。该理论认为,学习者只有获得可理解的、足够的语言输入量,他们才能习得语言。学习者摄入的“可理解性的语言输入”方式通常是他们听到或读到的可理解的语言材料。Krashen 同时提出了语言输入的条件,即广泛性和多样性、粗调性、趣味性和关联性。“输入假设”奠定了二语习得的必要条件,提出了语言能力是学习者通过不断接触大量可理解性语言输入后自然形成的过程。该理论也为教师在阅读材料选择的标准上提供了理论依据。

然而,语言输入虽然在语言习得过程中非常重要,但是依然需要有一定量的语言输出活动才能实现学习者语言应用能力的提升。因此,Swain（1995:125-144）提出了“输出假设”理论。他认为仅仅有语言输入环节是不够的,学习者需要对摄入的语言材料进行吸收,特别是对所习得的语言形式和结构内化,需要经常操练“说”和“写”的语言输出能力。通过一定量的语言输出(说和写),学习者大脑中原有的语言知识被激活,不断增加其目的语使用的次数,学习者在学习过程中才能真正实现语言输入与语言能力之间的转化。因此,在教学活动中,将语言的输入与输出相互结合,才能真正实现学习者语言学习的最终目的。本论文基于以上理论,认为写作是基于阅读而进行的一种活动,阅读材料的文本信息对学生的写作起着潜移默化的作用。同时,结合思辨性思维模式理论,笔者设计阅读教学和选择阅读材料,将读写训练相互结合,用于小班写作坊教学活动的实践中,从而探索是否有助于构建学生英语写作的思辨力。

三、大学英语写作工作坊的教学设计

3.1 大学英语写作工作坊的介绍

大学英语写作工作坊本质上是大学英语教学的第二课堂,利用学生课外时间,弥补因课内学习课时有限、班级人数庞大所带来的语言训练严重不足的问题,旨在集中教学优势资源,激发学生的学习动机和潜能,以提高学生的语言应用能力,培养学生的思辨能力和跨文化能力。“写作工作坊”教学主体是本校非英语专业大一学生,经过新生英语能力测试(笔试和面试)和个人英语能力潜力评估,按照成绩择优选拔。学生具备较强的语言读写能力。写作工作坊的学生人数控制在15人左右,分为三个学习小组。在教学形式上,除了传统的课堂教学外,教师利用微信、石墨文档、腾讯课堂等在线教育形式分享阅读写作材料,搭建线上学习社区和写作平台。

3.2 融入思辨性的读写相结合的教学构想

笔者认为,思辨性读写相互结合的教学需要经过阅读前、阅读中和阅读后这三个过程。笔者结合、归纳学者刘伟和郭海云(2006:16)对于思辨性阅读的探索,将大学英语写作工作坊的教学设计分为以下几个阶段:质疑与预测、理解与分析、讨论与写作、评价与反思。

阶段1:质疑与预测

在进行阅读教学活动之前,教师确定该项读写活动的主题,根据主题选择思辨性的阅读材料。通常每个主题配有两篇相关阅读文本,阅读材料的来源根据写作体裁的需要,由老师甄选外刊阅读材料、名家作品。阅读前,教师让学生对两篇文本做预习,让学生调动已有的生活体验,根据自己的前置经验对话题产生深度思考,激发学生对话题产生问题意识。同时,教师引导学生思考阅读材料的标题、副标题、图片信息,鼓励学生对两篇文本内容进行预测,推断两篇材料的写作视角、写作对象和话题侧重的内容。通过阅读前的预热,激活了学生大脑中对于该话题已有的背景信息,培养了他们对于话题的质疑和预测能力。

阶段2:理解与分析

在阅读中,组织学生快速阅读文章,了解两篇文章的文本信息。教师根据文本内容,提出阅读理解问题,考查学生对文章的理解程度。学生进一步对比阅读前后对文本的预测,评估或修改他们之前的预测。同时,在这个步骤中,学生凭借阅读技巧、上下文语境,猜测文章中不熟悉的语言表达。

帮助学生梳理分析文章的结构框架,引导学生分析文章作者的观点以及作者如何提出观点,如何展开阐述观点,又是如何通过论据论证和支撑观点。通过对文章组织框架的分析,学生可以借鉴作者的写作思路,培养语篇的逻辑分析能力。

教师进一步介绍文章的背景知识、写作者等潜文本信息,并且通过文本的修辞方式、语言文体特色,让学生分析和推断写作者的写作意图、态度和文本隐含信息。由此,学生进一步提高了分析、推理、解释的能力。

阶段 3：讨论与写作

这个环节主要是学生进行阅读后的讨论与写作环节。在进行这个环节的教学时，教师从阅读材料中提炼出任务与活动，以小组为单位进行分享和讨论，每个组总结组员的观点和看法，搜集相关素材和论据。讨论环节旨在让学生可以归纳和总结阅读材料的观点、立场、态度，及时进行语言输出，不断内化学习到的思维模式和写作技巧。

学生通过前面各个阶段的学习过程，已经逐步建立对这个单元主题的认识视角，形成基本看法，也整合了相应的素材和论据，因此布置围绕该主题的相关写作练习。写作练习可以布置阅读材料的读后感、评价作者的观点，或者仿写练习等。学生可以通过写作环节进行更高层次的思维训练，强化学生在阅读文章中所学习的语言知识和思辨性策略。对于学生的写作练习，教师应该给予及时反馈，反馈信息不仅包括学生写作中语言层面的修改，同时还应包括如何调整和优化学生写作的组织结构。

阶段 4：评判与反思

写作活动不是一次性的完结性活动，而是过程性的活动。写作活动也是学生兼具独立与合作进行主题探索的过程，更是一个知识建构、思维训练和精神成长的过程。因此，学生完成每一次写作练习后，教师应要求以每个学习小组为单位，小组成员彼此对习作进行同伴互评和自我评估，让学习者反复体验和思考观点、文章构思、框架结构以及选择的论据与主题的相关性。学习者在一个学习共同体中，同伴之间应相互批评和鼓励，相互学习，不断激发学生的读者意识，结合读者立场、作者立场和社会语境进行多角度思考，深度反思和挖掘自己的观点，修改自己的习作。这个环节的教学训练了学生的发散思维能力，拓宽了学生的写作思路。

3.3 思辨性读写结合的教学活动设计实例

在上述课程活动的设计思路指导下，笔者将大学英语写作工作坊的教学活动划分为四个教学环节，并且以一个教学单元主题 tableware（餐具）为教学实例，设计教学活动（详见下表）。本单元主题的阅读材料分别是：*Are Chopsticks Superior to the Knife and Fork? Eating with Chopsticks Helps Lose Weight.*

教学环节	教师教学活动	学生学习活动	思辨能力训练
1. 质疑与预测	1. 课前分配任务给每个学习小组，查考有关东西方餐具的文化背景信息。提出口头陈述任务的问题：What do you know about Western and Eastern tableware on the cultural grounds? 2. 让学生做口头陈述，并且点评他们的汇报。 3. 让学生根据两篇文章的标题，推测文章作者的写作视角、立场和可能的内容侧重点。 4. 激发学生的问题意识，把 tableware 作为关键词，让学生进行头脑风暴，提出相关问题。	1. 小组成员围绕主题进行课前资料的收集、查找、整理，并且预备做口头陈述（三分钟以内）。 2. 学生总结调查资料，完成口头陈述。 3. 学生按照两篇文章的标题预测文章的内容、作者观点，猜测文章作者可能的写作立场。 4. 学生提出和罗列有关 tableware 的相关问题。	训练学生构建问题视角、建立问题意识、预测和推理信息、对话题质疑的能力。
2. 理解和分析	1. 在规定时间内，让学生阅读两篇文章，分别设置与文本相关的问题，引导学生寻找并理解文章的主题和中心，以及各个段落之间的衔接和意义。 2. 讲解文本的理解重点、难点，分析作者文本的逻辑结构、遣词造句，通过提问方式启发学生进一步思考作者的写作意图和思路。 3. 以学习小组为单位，对比阅读、讨论两篇文本，组织学生讨论两位作者的写作观点的差别，而观点的不同是基于什么样的论述角度，两位作者运用什么论证方法合理论证自己的观点。	1. 学生在规定时间内自主阅读，回答老师设置的阅读问题，总结和归纳文章的主题、作者观点，并且划分文章的结构框架。 2. 在老师的指导下，学习两篇文章中作者的文本写作结构、论证方法（例证、列举数据、对比与比较）。 3. 各个小组通过讨论分析两位作者的语言特点、修辞方法，讨论他们所持的不同观点以及背后不同的论述视角（环境视角与生理视角）。学生总结并陈述作者对观点的提出、论证的逻辑方式，如何使论证有效、有信服力和真实。	训练学生构建问题视角、总结和分析信息以及对已有信息进行合理地逻辑推理的能力。

（续表）

教学环节	教师教学活动	学生学习活动	思辨能力训练
3. 讨论与写作	1. 提问学生评价两位作者的观点是否有合理性和真实性？是否对作者观点持有不同态度？是否对这个话题还有其他切入的论述角度？ 2. 布置辩论话题：the pros and cons of chopsticks，听取学生讨论并给予反馈和评价。 3. 学生任选写作视角，布置200-300字以内的写作练习：My reflections upon chopsticks；老师引导学生如何将阅读中学习到的语篇结构、论证方式（如引用、列数据、类比、举例等）用于自己的写作练习中。 4. 老师对学生的习作给予语言层面和文章框架层面的反馈。	1. 学生评价两位作者的观点，并且表达自己是否认同作者的观点。如果质疑，提出反驳的理由和论据。针对该话题，学生思考其他论述的角度（比如文化角度）。 2. 学生根据 the pros and cons of chopsticks 的题目分为正反方进行辩论。辩论中，学生使用阅读材料中的语言知识，结合背景知识，渐渐形成自己的个人观点。 3. 学生根据自己选择的切入视角，在老师指导下完成写作练习。 4. 学生总结老师给予的反馈意见，调整和修改习作。	训练学生对问题的假设、推理和对文本的质疑、选择问题视角的能力。
4. 评判和反思	1. 为每个小组在石墨文档上建立共写链接，让学生将习作发到小组共写链接上。 2. 教师提供给学生写作的评价标准。 3. 小组成员在共写链接上彼此评价同伴的习作，并且提出肯定性评价和修改意见。 4. 根据同伴的评估意见，要求学生自己评估自己的习作，反思自己的观点、论证过程是否合理和真实。	1. 每位同学把自己的文章以电子版形式发到小组的共写链接上。 2. 每位同学依据老师给的评价标准进行同伴评价，总结和归纳同伴提出的修改意见，进行修改。 3. 评估自己的习作，归纳和反思，对写作思路进行深度拓展。	训练学生建立读者意识、将读者和作者的立场相互关联、发散思维、建立对信息的评价和反思的能力。

4. “大学英语写作工作坊”学生写作思辨能力表现情况

4.1 写作测试设计

在经过一个学期的大学英语工作坊的教学活动后，为了探索读写结合的教学模式是否对写作中的思辨能力带来提高,在第一学期期末,笔者将工作坊学生(15 人)与自己教授的普通教学班学生(15 人)分别组成两个测试小组,对其写作思辨表现力进行比较评估。为了排除英语读写水平差异、学科背景差异对测试带来的影响,笔者分别从所教授的四个教学班(两个文科班,两个理科班),参考高考入学成绩,选拔 15 名学生参与测试。测试中,要求参与的学生 40 分钟内在批改网平台上完成拟定话题作文(不少于 200 字)。设计写作任务话题的时候,主要考虑两个因素:第一,话题的选择力求激发学生表达和陈述观点的兴趣,尽量选学生熟悉的话题;第二,采用"意见沟"(opinion-gap task)的方式设计写作任务,话题须具有一定争议性,要求学生选择其中一个立场论述自己的看法。题目要求如下:

题目:Some high schools require students to wear uniforms, otherwise, they break school rules. It is believed that the unified dressing code signifies the sense of unity. However, other high schools allow students to choose what to wear for the sake of students' individuality. The school authority believes that the choice of dressing style depends on someone's dressing taste. Which of these two policies do you take side in? Use specific reasons and examples to support your opinion.

4.2　英语写作中思辨能力衡量指标

对于本次英语写作思辨能力的衡量指标参考了陈则航等编著的《英语写作中的思辨能力表现研究》(2018:38)一书中关于英语写作中思辨能力的表征框架,该表征框架能够较为有效和全面地描述出学生在写作输出中思维能力的表现情况,方便教师对学生思辨能力这一抽象概念作具象性的把握。该表征框架具体如表所示:

认知技能					认知标准
分析（analyze）	推理（infer）	论述（explain）	评价（evaluate）	监控（regulate）	**清晰性**（准确、清晰） **相关性**（切题、详略得当、主次分明）
分析话题 比较观点 区分信息 整合信息	阐述理由 替代假设 预测结果 避免谬误	陈述观点 论述过程 论证方法 得出结论	评价权威 评价观点 评价论证 评价论据	自我评估 自我纠正	**逻辑性**（条理清楚，说理有理有据，有说服力） **深刻性**（有广度和深度） **公正性**（客观、不带偏见地看待问题）

本框架的认知技能主要从英语写作活动的特点出发，列出了分析、推理、论述、评价和监控五项一级认知技能，其中，前面四项为核心技能。同时，每项一级认知技能包含相应的二级认知技能。此外，本框架提出了五条认知标准：精确性、相关性、逻辑性、深刻性和公正性。每一项标准也包含了具体的内容。需要指出的是，该框架旨在涵盖学生写作表现出的全部思辨能力，然而每一项具体的写作任务可能只体现框架中的一部分能力，因此需要结合具体英语写作任务来运用该衡量指标。

4.3　写作测试的评分标准

在评判本研究布置的写作任务时，写作坊的老师基于写作中思辨能力衡量标准，制定了针对本次写作任务的评分标准。具体内容如下：

对于分析技能，首先，学生应该正确理解写作要求，明确该项任务是针对“中学生是否应该按照校规要求穿校服”这一问题提出自己的立场和看法。其次，学生应该清楚地阐明自己的观点，通过对比“穿校服”的不同观点和论断，逐渐形成支持自我观点的分论点和分论据。同时，考查学生写作前是否认真分析和阅读写作题目，寻找对方观点的漏洞加以反驳，并找寻有利于自我观点的重要信息，不断挖掘、分解该话题。

对于推理技能，评价方式主要从阐述理由、替代假设、预测结果和避免谬误四项子技能方面进行。在推理环节中，考查学生是否能够有理有据地、有逻辑地提出自我观点。为了使得论据合理，必要时学生需要预测某种举措或行为带来的后果，或者提出某种假设。在评价学生推理技能时，需要判断学生是否因为提出理由不充分、偏颇，由此带来逻辑谬误。

对于论述技能，主要从四项子技能进行衡量。首先，学生是否能够以清晰合理的方式陈述自我观点。其次，论述过程中，学生是否可以运用不同论证方法使得论述过程逻辑清楚、层次分明。再次，评判论证方法是否合理和充分。最后，学生是否能够得出相应的合理、客观的结论，结论是否与论述过程具有关联性。

对于评价技能，主要评价学生对权威人士的看法、如何评价不同的观点、论证过程和论据选用方面的评价能力。

对于反思技能，由于受到写作测试条件和时间的限制，无法请学生在完成后进行相应修改，因此本研究未将这部分内容纳入测评范围。

仿照 Paul and Elder 的著作《国际思辨能力读写测试》（转引自陈则航，2018：45）中对思辨能力的五级制评价标准，本次写作测评也从五个级别评价学生的每一项思辨能力。需要注意的是，在对每一篇学生作文进行评分时，不是将每一项思辨技能中的若干子技能单独进行考评，而是对该技能的若干方面进行综合性评价。如果一篇文章满足某个技能的大部分要求，综合考虑后，可以给予 5-6 分。五个级别从高到低以及对应分值如下表所示：

本写作测评中思辨能力级别

级别名称	对应分数
最高级	9-10
较高级	7-8

中级	5-6
较低级	3-4
最低级	0-2

4.4 数据收集与分析

首先,笔者和写作工作坊另一位老师明确了评分细则,并对所有30篇测试作文进行打分,对两组学生的作文进行了分数统计和综合分析,从整体表现和各项能力表现两方面进行了数据的整理和分析。下表展示了两组学生测试作文总分级别分布情况。数据显示,两组学生英语写作中的思辨能力处于中级水平的占多数,分别占据了53%和40%。这说明学生普遍具备在英语写作中运用思辨能力的意识,但是水平仍然需要提高。另外,两个小组的学生作文总分均没有最高级别的,也表明思辨能力是一项复杂的综合性技能,需要各单项技能的综合运用,学生需要长期训练才能有所提高。从总分级别的分布来看,写作工作坊小组在中级(53%)和较高级(33%)的思辨力比例高于普通班小组的同级别比例;在两个低段级别的比例上,普通班小组高于写作工作坊小组。

写作工作坊小组作文总分级别分布

思辨能力级别	最低级	较低级	中级	较高级	最高级
作文篇数	0	2	8	5	0
百分比	0.00%	13%	53%	33%	0.00%

普通班小组作文总分级别分布

思辨能力级别	最低级	较低级	中级	较高级	最高级
作文篇数	2	5	6	2	0
百分比	13%	33%	40%	13%	0.00%

除了展示两组学生作文的总分级别,下表也显示了两组学生作文各子技能平均分以及总分水平的情况。从平均分来看,两组学生的分数显示了较大差异。写作工作坊小组学生的总分处于思辨能力中级水平,而普通班小组学生处于较低水平。写作工作坊小组学生在分析、推理、评价三项技能方面都处于中级水平,而论述水平处于较高级别。相比之下,普通班学生除了推理技能处于中级水平外,在分析、论述和评价方面都处于较低水平。两组学生的平均分均显示学生的评价能力在所有技能方面表现最弱。

各子技能平均分对比

技能 / 班级平均分	分析	推理	论述	评价	总分
写作坊	6.47	5.83	7.03	6.07	25.4
普通班	4.0	5.0	4.4	3.47	16.87

4.5　结论

测试的分数以及对比数据显示,写作工作坊学生无论在作文的总体表现还是在各子技能的平均分上,都明显高于普通班学生,呈现出较大差异。可以证明,从整体表现情况来看,写作工作坊的学生在写作中能够从课堂中学习到如何思辨性地分解整合话题材料,有理有据地陈述观点,逻辑清晰地运用不同论述方法论证观点以及分论点并且得出合理的结论,因此说明将思辨教学策略与读写相结合的教学模式有利于培养学生写作中的思辨能力。另外,值得注意的是,培养学生的思辨能力不是一朝一夕之功,而是一个长期持续的过程,并且思辨能力的提高也与英语读写的水平紧密联系,是一项综合性技能,不能孤立看待。

五、总结

在一个学期的非英语专业"大学英语写作工作坊"的教学实践活动中,笔者以读写结合的教学方式,融入思辨性的教学策略,搜集整理读写材料,设计相应的教学活动,并且在学期结束后对写作工作坊学生和普通班学生进行写作测试,测评思辨性教学策略对学生写作的教学效果。通过对两组学生分数的数据对比,发现通过融入思辨性的读写结合训练后,写作工作坊学生的思辨能力总体表现以及各项子技能表现都明显优于普通班学生。教学实践和测试结果均显示,写作工作坊学生能以思辨的眼光看待阅读文本,能在一定程度上使用预测、分析、推理、评价等阅读策略,并且学会从阅读文本的组织框架、作者的论证过程和作者视角去思考和评价文本。同时,学生在写作中开始有意识地分析分解话题,清晰陈述观点,层次分明地提出分论点,学习如何逻辑清晰地使用论据论证观点。然而,笔者也意识到学生写作思辨能力的培养不是一朝一夕之功,是需要潜移默化、持续渐进的长期过程。基于非英语专业英语教学现状,如何将写作工作坊的探索经验运用在真实的英语课堂教学中,依然是一个任重道远的工作。

参考文献:

[1] Facione P A. *Critical Thinking: A Statement of Expert Consensus for Purposes and Educational Assessment and Instruction* [M]. California: California Academic Press, 1990.

[2] Krashen S D. *Second Language Acquisition and Second Language Learning* [M]. Oxford: Oxford University Press, 1981.

[3] Paul R & Elder L. *Critical Thinking: Tools for Taking Charge of Your Professional and Personal Life* [M]. New Jersey: Pearson Education, 2014.

[4] Swain M. Three functions of output in second language learning [A]. In Cook G & Seidhofer B (eds.) *Principles and Practice in Applied Linguistics* [C]. Oxford: Oxford University Press, 1995./ Shanghai: Shanghai Foreign Language Education Press, 1999.

[5] Eating with chopsticks helps lose weight. https://www.telegraph.co.uk/news/health/news/4271430/Eating-with-chopsticks-helps-lose-weight.html.

[6] Are chopsticks superior to knife and fork? http://tcfl.tingroom.com/2015/08/9636.html.

[7] 陈则航,邹敏,陈思雨,李晓芳. 英语写作中的思辨能力表现研究[M]. 北京:外语教学与研究出版社,2018.

[8] 刘伟,郭海云. 批判性阅读教学模式实验研究[J]. 外语界,2006,(3):14-18.

[9] 孙有中. 大学思辨英语教程[M]. 北京:外语教学与研究出版社,2015.

[作者简介] 贾婷,西南民族大学外国语言文学学院讲师。研究领域:英美文学与写作。

少数民族大学生英语口语教学与学习方法研究
——以西南民族大学为例

西南民族大学外国语学院　努尤甫提·拉提非克

摘　要：随着社会的不断发展和大学教育的大力改革，社会对新一代大学人才的需求越来越大。为了满足社会对少数民族地区的"一带一路"沿线外语人才发展的需求，大学英语教学中要大力提高少数民族大学生的英语综合能力，尤其是语言交际能力。本文以(西南民族大学)少数民族大学生为例，针对少数民族大学生英语口语问题及策略进行分析，探索和解析如何对少数民族大学生开展更有效的英语口语教学以及培养和提高他们真实的口语交际能力，并对大学英语口语中存在的问题和其教学策略进行探索，最大化地挖掘少数民族学生的语言运用能力，为英语教学的持续性发展和少数民族地区人才培养提供助力。
关键词：少数民族；口语教学；学习方法

一、少数民族口语教学研究背景

少数民族大学生大多数来自少数民族聚居区。每个民族都有自己的民族语言和方言。绝大多数少数民族大学生在小学进校时就要接受和学习国语——汉语，因此，他们除了学习本民族语言以及学习和掌握汉语外，在此基础上还学习了第三种语言——英语。应用语言学家 Corder 认为应把语际迁移看成是一种交际策略，即借用(borrowing)。他强调借用知识是一种语言行为现象,而不是一个学习过程或语言结构特征。这些学生课堂上除了听老师讲解英语难点和与同学互动之外,课后几乎没有太多的英语语言环境来练习英语、提高自己的口语水平。缺乏一定的语言环境大大地制约了少数民族大学生英语口语能力的提高。

从社会经济发展和教学条件等各方面因素来分析,少数民族大学生因其不同文化、特殊地理位置、三种或多种语言环境等各方面因素的影响,在学习英语的过程中不断受到不同的挫折和失败。课堂上大多数学生英语水平停留在课本上的词汇记忆和对话练习上,而离开课文面对面进行对话时出现听不懂和无法互动的情况,对解决问题往往具有挫败感和失落感。少数民族大学生要学好英语不仅取决于学习者的认知水平、思维方式、智商、性格类型等因素,还取决于一些非智力因素。原一川等[1]对少数民族聚居区的少数民族英语学习者学习英语的态度、动机、策略等进行了研究。除了学习动机和态度对三语学习有影响外,其他情感因素如焦虑对三语学习也有重要影响[2]。少数民族大学生除了有元焦虑外,还伴有学习方法、学习习惯、考试、交际、学习动机上的焦虑[3]。面对这些英语学习问题,他们会付出相当多的精力和时间投入到英语学习当中,不断地探索、尝试和发掘新的学习方法。他们受到母语、汉语或第三种语言或是更多语言的思维和表达的影响,而英语口语又是一个不断输入后对其加工和再输出的过程,少数民族学生在这样一个背景下学习英语,从根本上来说自己是很难解决在英语学习上的种种问题的。因此,在英语口语教学过程中,教师应当采取比较特殊的教学方法和策略,合理地利用英语课堂教学和课后的时间,不断地为少数民族大学生营造一个比较真实的英语语言环境,从整体上抓紧他们英语基础的积累,对他们本身已有的语言天赋这一优势加以最大化,针对少数民族大学生英语口语教学与学习方法以及途径总结和积累经验,创新教学理念。

二、少数民族大学生英语口语现状和问题

多种不同语言环境影响少数民族大学生的英语口语能力。少数民族大学生在多种语言环境下长大,其思维方式有很大的差别。大学英语口语要是以全国统一的英语教学方式进行授课,这对来自不同地区、不同文化背景和使用不同语言的少数民族大学生来说是难上加难。少数民族大学生在完成初中、高中学业期间绝大多数时间投入到汉语语言学习和其他科目学习上,而在英语上消耗的时间较少。大多数少数民族大学生都处于比较被动的学习模式中,课后不愿意自己主动地去学习英语,课堂上对老师的依赖性较强。

多种不同文化也是影响少数民族大学生英语口语的一个重要因素。我国少数民族大学生不同于汉族大学生。相对来说少数民族大学生生长的环境是处在一个多元的不同民族的文化当中,他们不仅学习自己民族的文化,还要学习和接纳其他主体民族的文化。而英语作为其第三、第四语言,要他们跨过多种语言和文化去接受英语文化,掌握其文化背后的语言,这对绝大多数少数民族大学生来说都是个艰巨的任务。

少数民族地区缺乏一支强大的师资队伍,这导致少数民族学生在接受大学英语教育时遇到诸多语言上的问题,因此基于少数民族大学生的这一特殊情况,大学英语口语课堂上,教师应当将少数民族大学生语言上的劣势逐渐转化为优势。根据访谈结果了解到,少数民族大学生是在多种民族语言和文化的环境中长大,这实际上为接受和习得一种新的语言打下了一个良好的基础,他们这种习得其他语言的情况不同于学校里老师教汉语或者是英语,而更多是在一种轻松的以听力为主的真实语境和氛围里发生的。有相当一部分学生在平日里与朋友们交往的过程中通过听力和口语互动的环境熟悉彼此语言。这也表明,少数民族学生能够在轻松的口头交流互动中较快地掌握母语之外的其他新语言。比如说哈萨克族学生生活在维吾尔族聚居区

的环境中,受当地主体民族语言环境(维吾尔语)的影响,可能在交流中很好地掌握了维吾尔语的听和说的能力。这也说明,如果要提高少数民族大学生的英语口语交际能力,那么听力练习是前提基础,也是必要的一个条件。在听力练习的基础上不断地加强口语练习,这样才能够有效地提高少数民族大学生的英语口语交际能力。本人在对少数民族大学生的采访中,也发现大多数少数民族学生初次接触和掌握汉语时也是通过不断地做听力和口语表达能力的练习,而很少是直接通过书本上的知识来提高语言交际能力。另外,通过访谈本人也了解到,少数民族大学生的普通话标准程度直接影响他们英语学习的各个方面,包括语音、语调、词汇和短语合理运用表达等方面。汉语普通话作为他们的第二语言,对他们习得第三语言——英语有直接的影响。当二语为三语学习的中介语时,二语的语言水平和使用频率对三语的习得有直接的影响。学习者的第二语言水平越高,语际迁移就越容易并对其三语或多语学习起到积极的影响。因此,在这种多元文化中受洗礼的少数民族大学生在习得英语时对新的语言和文化的接触次数多于汉族同学。研究发现,少数民族大学生在英语词汇学习元认知策略和认知策略的使用频率上均高于汉族大学生,增强英语词汇元认知与认知策略意识有助于提高少数民族大学生的词汇学习效率和词汇记忆技能[4]。但由于绝大多数少数民族大学生的教育背景和教学的客观环境,这些在某种程度上制约着他们学习和掌握英语。

三、少数民族大学生英语口语学习情况调查报告

本人在西南民族大学的英语口语授课中对少数民族大学生口语基本情况做了问卷调查和访谈,搜集的相关数据和信息是根据两个学期(每周两节课的)的跟踪调查,主要以问卷调查研究的形式展开,加之对部分少数民族学生以访谈的形式补充信息。我共发放问卷 130 份,回收的有效问卷为 120 份。从某种

程度上来看,这对西南民族大学少数民族大学生英语口语教学现状、教学效率、存在的问题做了大致的分析和总结。

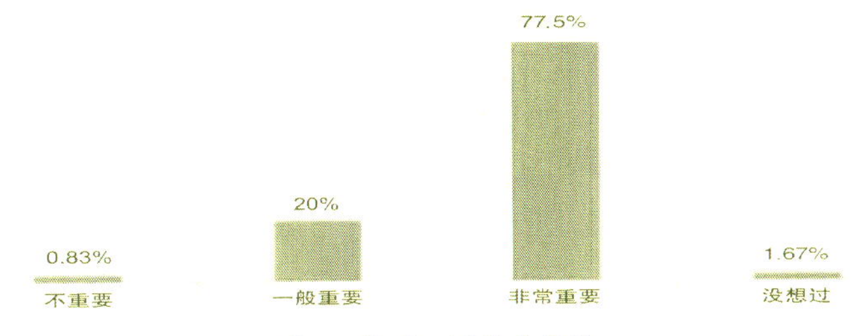

图 1 英语口语的重要性

图 1 显示,少数民族大学生对英语口语的重视度很高,绝大多数学生认为口语交际最直接显现英语输出的能力,也是语言学习者直接表达思想的一种表现。根据问卷调查,图1 的结果显示:学生认为英语口语在英语学习过程中很重要,其中认为非常重要(77.5%)和一般重要(20%)的共占97,5%,而只有2.5%的学生认为口语不重要或者直接忽略口语。因此从这个调查中得出结论:在英语课堂教学过程中教师应当注重学生英语口语表达能力和实际交际能力的提高。

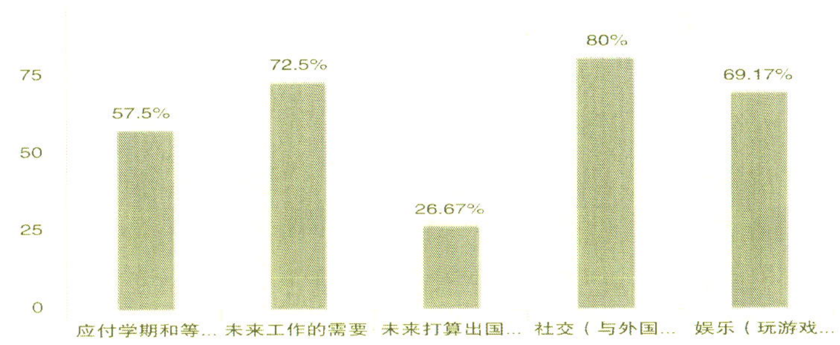

图 2 学习英语口语的主要目的

图 2 说明,少数民族大学生提高英语口语水平主要是为工具性目的,比如以应付学期和等级考试为目的的占 57.5%,为未来就业需求(从事于与英语相关的工作,如翻译、“一带一路”人才需

求）占72.5%，未来打算出国占26.67%，社交80%（与外国人交流或者与本国朋友交往），娱乐69%（玩游戏、看电影、听歌等）。从这组数据很明显可以看出少数民族大学生学习和提高英语水平的首要目的是交际、交流（工作的目的），其次就是为了方便生活（解决生活中的问题）。不难看出学生对英语口语水平的提高还是很渴望的，占最少百分比的是未来打算出国（26.67%），这也说明学生的意愿是毕业后走入社会，投入祖国建设发展当中。

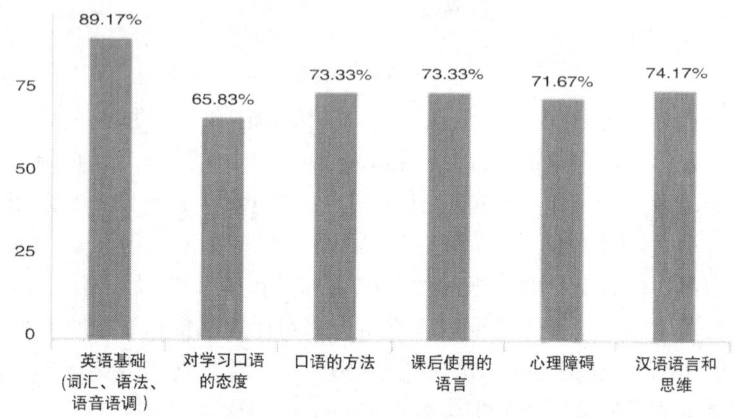

图3 影响英语口语水平的因素

图3显示，影响少数民族大学生口语水平有诸多方面因素。首先，最大的影响因素是英语基础（词汇、语法、语音语调），占89.17%，词汇的基础直接影响其他能力的发展；其次是汉语语言和思维模式的影响因素，约占74.17%。表格中比较明显的一点是英语口语方法和课后使用的语言这两方面都占73.33%，这也说明少数民族大学生使用的英语学习方法和课后接触的英语语言环境占同样的比例，可见课后营造更多语言环境也是提升他们语言水平的一大重要因素。而心理障碍（71.67%）和对学习口语的态度（65.83%）这两个因素反而占的比例较低，这说明少数民族大学生对英语口语学习持有积极热情的态度，在学习了母语、汉语等其他语言之后，积累了语言操练的一些经验和教

训，他们不再会因为说错、不敢说等原因而影响口语能力。

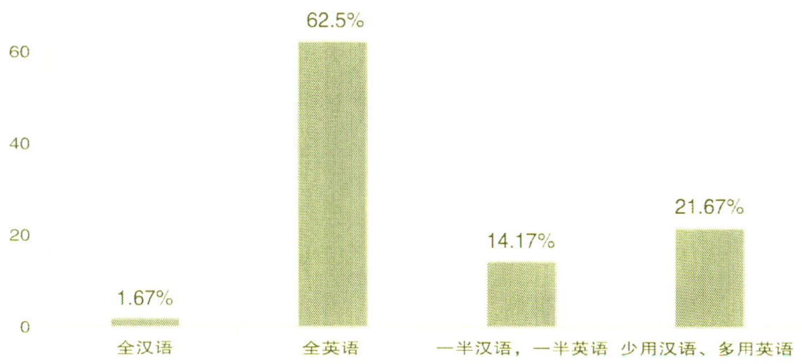

图 4 教师在英语口语课堂上使用的语言

图 4 是教师在课堂上使用的语言，课堂上使用英语教学对学生听力、口语等方面能力的提高有着促进作用。本人两个学期教学英语口语，大多数时间都使用英语进行教学。从图上可以比较明显地看出，英语口语课堂上全英文教学占 62. 5%，而少用汉语多用英语占 21. 67%，一半汉语一半英语占 14. 17%，全汉语只占 1. 67%。从这组数据不难看出，教师应当多在课堂上用全英文教学，对英语词汇、语音语调、表达能力等方面不断地进行输入，学生得到的输入多了，自然就会有更多语言的输出。

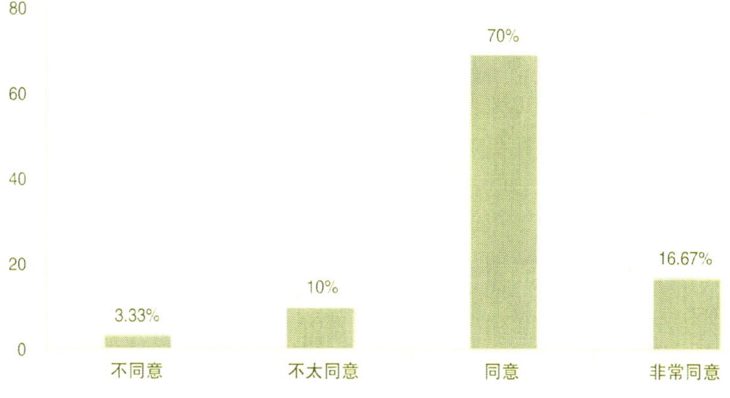

图 5 教师引导和组织学生参与口语交流互动活动

图 5 显示的是教师引导和组织学生参与口语互动交流活动有大约70%的学生赞同,而仅有分别3.33%和10%的学生不同意和不太同意,这说明英语口语课堂上教师应当充当主持者、监督者、引导者,帮助更多学生积极参与课堂活动,认真安排和组织课堂口语教学活动,让更多的学生在有限的时间里从互动交流中学到更多新的语言表达。

四、少数民族大学生英语口语教学

英语课堂上教学方法还普遍采用最传统的方式,主要以阅读、听力练习和写作为主,口语课堂上教师使用的语言也直接影响学生口语能力。在完成教学大纲的前提下,教师应当以学生为中心,口语课堂上引导学生参与互动活动,给予学生更多表达的机会;通过反复的听力训练后,辅助相关的听力输出,并允许学生在彼此间互动中通过自由地使用手机查询词汇表达以及随时向老师咨询问题的方式来提高口语学习的主动性和积极性,这样才能在一个轻松的学习氛围中减轻学生开口的心理负担。

教师在英语口语课堂上提供语言环境。一般情况下少数民族大学生是在一种真实的语言环境中掌握汉语或者其他语言,因此对他们来说在一个熟悉的环境中进行口语练习是提升他们口语能力的一个必要前提。有了频率较高的听力输入,口语交际也会随之而提升。口语交际能力其实是语言输出的能力,它建立在目的语知识不断地输入和积累的基础上。英语口语水平实际上关系到一个语言学习者的综合方面,如文化素养、语音、语调、语言的流利度和准确性,以及学习者交际的心理变化和思维表达方式等。对于语言交际能力,Canale 和 Swain (1980)概括了以下四个方面:一、语言能力(linguistic competence),指掌握有关词汇和词法规则的能力。二、社会语言能力(social-linguistic competence),指的是如何将语言得体地运用到社会真实语言环境中。三、语篇能力(discoursal competence),指掌握连贯的完整的句子表达,而不是孤立的语言。四、会话策略能力(strategic competence),指用语言和非语言的手段进行有效交际的能力。因此,在英语口语教学中始终都要从培养学生英语使用能力方面出发,合理地将语言学理论知识运用到现实课堂当中,让学生能够从教学中感知语言的真实性和实用性。英语口语课堂应当是以学生为中心,教师不再是唯一的角色。教师应当把眼光集中在学生身上,这样才能让学生在课堂上变得更加积极、更加活跃,才能在一定程度上提高学生的学习和创新能力,才能达到学以致用的目的。

4.1 课堂教学活动

课堂教学中教师可以将理论知识和语言交际具体结合起来。教师在英语口语教学过程中,除了不断给少数民族大学生进行听力的输入外,还要更多地培养他们口语表达输出的习惯。首先,针对词汇的记忆方式开展课堂活动。教师在讲解单个词汇时,不妨将不同的词汇放到某一个主题之下,串联成不同的句子或者故事。比如教师可以给出一个主题,针对这一主题罗列一系列的词汇表达,将这些词汇放到不同的句子当中,让学生在句子中掌握其词性和用法,让他们在一个既有挑战又有意义的学习氛围中互相学习。这种学习方法是基于少数民族学生习得语言的习惯,让他们更容易在一个具体的特定的语境中掌握语言,而不是死记词汇的词性和拼写。其次,通过观看短视频的形式开展课堂活动。让学生观看视频前先大致介绍背景知识,播放1—3分钟短视频让他们看两三遍,邀请他们根据自己的理解或者以对话互动的形式对其内容进行阐述,也可以对视频说话者进行模仿、互动交流。视频观看可以让学生比较立体地掌握对话者说话的内容和目的,让学生比较直观地掌握语言核心内容。这种观看视频并进行描述或者是对视频说话者进行模仿的练习在很大程度上能够提高他们的英语口语水平。再次,通过听力练习的形式开展课堂活动。教师可以适当地播放听力,在反复听和讲解之后,让学生在理解的基础上描述其内容。从这点不难看出,要想真正提高少数民族大学生的英语尤其是口语水平,就应在课堂教学中给他们提供以听说为主的课堂互动活动。

课堂活动中教师应当鼓励学生合理利用网络并与实际相结合。教师应当允许学生在课堂上利用手机 APP 软件,比如"FIF 口语训练",学生在经过多次练习操作之后,可以进行挑战并提交成绩。另外,也可以用"听歌学英语"APP,通过唱英语的形式来活跃课堂气氛。大多数少数民族学生都是能歌善舞的,应充分利用他们这一优势,发挥其潜能,多多引导和鼓励少数民族大学生在听英语歌曲中掌握和提高词汇以及短语,通过音乐的形式来增强他们的语法和语感。根据调查,性格比较外向的少数民族学生更喜欢以说唱的形式表达思想,或者以音乐为背景带着音乐的节奏来演讲,这种效果对提高个人英语水平和带动全班语言气氛起到积极作用。

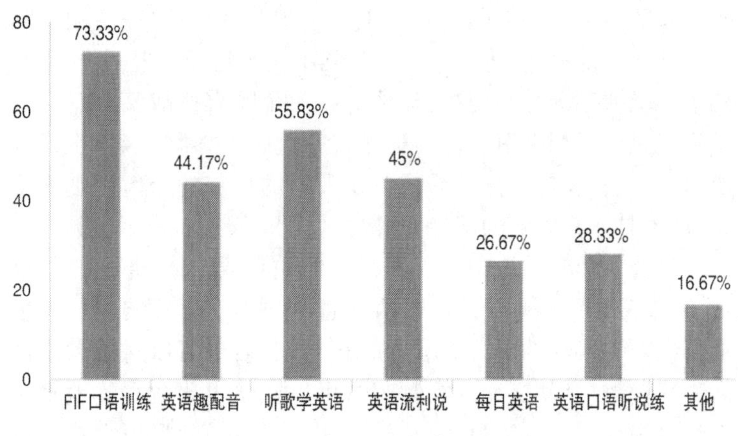

图 6 APP 学习软件提高口语水平

图 6 是利用课后进行英语口语练习的学习软件 APP。在学生当中利用率较高的 APP 是"FIF 口语训练";其次,"听歌学英

语"在年轻的大学生当中也非常受欢迎,可发挥少数民族大学生能歌善舞这一优势和潜质,通过音乐的方式让他们在一个比较轻松愉悦的环境中掌握英语,提高口语表达能力;"英语趣配音"和"英语流利说"学习软件受欢迎程度差不多,分别为44.17%和45%。学生通过这些APP对不同主题视频进行配音,上传到网络,网友可以评论其作品,这样对他们的学习有很大的提升;"每日英语"和"英语口语听说练"也分别占据26.67%和28.33%。除了这些学习软件以外,学生还有其他更多的手机英语学习APP和网站,他们在课后通过这些软件进行打卡,每天通过网络互动不断积累知识,这在一定程度上减轻了教师时刻对学生监督的负担,而网友们成为了他们共同学习的伙伴和监督者。因此,教师利用一些提升英语口语的学习软件和APP适当布置课后任务,让学生在时刻离不开手机的情况下也时刻记得学习和提高英语口语能力。这样的学习方法不仅能够引发少数民族学生对英语的兴趣,而且在很大程度上提高了他们学习英语的主动性。

4.2 课后口语学习任务

兴趣是最好的老师,也是一切学习的动力。教师可以布置有趣而丰富的课后口语任务,让学生利用手机、电脑和平板等各种工具来练习口语,也鼓励学生利用课余时间观看美剧、英文脱口秀,或者观看其他少数民族学生参与的英语演讲比赛等,让他们无意识中进行听力输入。鼓励他们为不同视频配音,通过模仿的方式培养少数民族大学生地道的英语语感,也以分组的形式鼓励他们积极加入英语口语角,在真实的互动环境中认识新的口语搭档,感受口语真实交流中的乐趣。教师根据课后时间安排定期地给学生布置任务,合理利用时间和网络学习资源。比如利用手机APP完成任务,如:①用"听歌学英语"从歌词和语境中掌握、积累单词;②用"英语趣配音"看视频学英语,每天要求观看10分钟的视频片段,并对其内容进行描述和对新的词汇进行总结,最后以模仿的形式为视频配音。当代大学生的生活几乎时刻都离不开手机,因此,教师可以利用这样一个工具,让大学生在课后合理安排自己的时间,学习更多英语知识。

五、总结

大学英语口语教学实际上是一项比较艰难的工程,尤其是对于少数民族学生的英语口语教学。从英语学习的角度来看,英语口语被看作是一个人英语综合能力的表现之一。为了提高少数民族大学生的英语口语能力,教师首先应当做的是深入了解学生语言和文化背景的特殊性,基于他们的实际情况安排和开展相关的口语教学活动,探索新颖有效的口语教学方法,从整体上逐渐地提高学生英语口语的语音、语调、表达能力和语言的流利度,鼓励他们积极参与不同课堂课后英语口语活动。对少数民族口语教学,教师不仅要从综合方面考虑和重视多种文化与语言的融合,而且还要让学生达到文化交流的目的。应关注少数民族学生语言认知加工的异同比较、少数民族文字的加工特点、少数民族学生加工汉字词的特点以及少数民族学生第三语言的加工特点及其影响因素[5]。从微观上来看,少数民族学生英语口语教学的发展还处于比较缓慢的阶段,这就需要我们通过不断地总结经验,不断地探索和发现新的更有效的英语教学模式,争取为培养有文化、有素质的少数民族人才做出个人贡献。

参考文献:

[1] Canale M & Swain M. Theoretical bases of communicative approaches to second language leaching and testing [J]. *Applied Linguistics*, 1980, (1):1-48.

[2] 高德新,于秀金. 网络环境下的大学英语口语教学模式改革探讨[J]. 外语电化教学,2008,(5):57-62.
[3] 季绍斌. 非英语专业学生口语教学调查与研究[J]. 陕西工学院学报,2002,(1):84-86.
[4] 黄大勇. 语言测试中的真实性概念[J]. 语言教学与研究,2004,(2):77-80.
[5] 毛矗,吴春兰. 从口试情况看少数民族大学生英语口语学习存在的问题[J]. 当代教育实践与教学研究(电子版),2016,(9):174.
[6] 徐世昌. 少数民族与汉族大学生英语词汇学习策略对比分析[J]. 外语教学,2011,(4):57-60.
[7] 杨清萍. 现状与对策:大学英语口试引发的思考[J]. 外语与外语教学,2001,5,(145):61-63.
[8] 原一川,尚云,黄炜等. 云南布依族高中学生英语学习动机和策略实证研究[J]. 基础教育外语教学研究,2008,(8):18-23.
[9] 朱效惠,三语习得中语言迁移研究及其对双外语专业教学的启示[J]. 广东外语外贸大学学报,2008.

[作者简介] 努尤甫提·拉提非克:硕士,西南民族大学外国语言文学学院讲师,研究方向:少数民族学生英语教学研究。

语境顺应论下的民族院校公共英语读写教学研究

西南民族大学外国语言文学学院　冯川源

摘　要：本文以 Verschueren 提出的顺应理论为指导，着重从语境关系顺应方面分析其对英语读写教学实践具有的重要指导意义，旨在根据语境顺应论的基本概念，结合民族院校读写教学中的实际问题，探究如何运用语境顺应论，通过分析语篇中的语境顺应，建立合理的英语读写教学模式，在民族院校大学英语读写教学的实践过程中找到相应的解决策略，切实提高学生的读写能力，达到更好的教学效果。

关键词：顺应理论；大学英语；读写教学

1. 引言

1987 年，国际语用学会秘书长 Verschueren 在《语用学：语言顺应理论》一书中首次提出语言顺应理论，并于 1999 年出版了他的新著《语用学新解》，提出了语言综观论（a perspective on language），即从认知的、社会的和文化的综合角度全面考察语言现象及其运用的行为方式。他认为语言的使用是“一个不断地选择语言的过程，不管这种选择是有意识的还是无意识的，也不管它出于语言内部的原因还是出于语言外部的原因。”[1] 语言顺应理论为解决语言使用或语言选择过程中的语用问题提供了有效途径。目前，该理论已广泛应用于日常交际中语言使用与选择研究的各个领域。

2. 语境顺应论的教学价值

随着教学改革的发展，我国大学英语教学从“以英语为工具获取专业所需要的信息”为主要培养目标的理念逐渐转化为“培养学生具有较强的阅读能力、一定的听说读写译能力，使他们能用英语交流信息”[2]。2007年教育部颁布《大学英语课程教学要求》，提出将“培养学生英语综合应用能力，特别是听说能力，使他们在今后的工作和社会交往中能用英语有效地进行口头和书面交流，同时增强其自主学习能力，提高综合文化素养”。[3]作为新时期的教学目标并于2007年正式颁布的《课程要求》对此进行了再一次的确认，其核心意旨即交往应用能力、自主学习能力以及综合文化素养。民族院校也应在不断实践中深化教学改革。

只要有语言交往，就会有语境顺应。语境顺应的有效进行，要求说话者恰当地表达话语含义和听话者能准确地理解话语含义。说话者和听话者使用语言的过程是不断选择语言和运用语言的动态过程，即课堂交际中的主体通过做出符合交际需要的语言选择与语言反馈表现出对交往语境的顺应。课堂中的主体对语言的选择和顺应是基于彼此对物理世界、心理世界的认知，基于彼此自由自主的愿望和行为，而建构起的一种和谐、平等、自然的交往语境。[4]大学英语教学，对于教学主体双方而言，都是以同化和顺应为手段进行自我调节的教学过程，即同化和顺应在认知上达到一种均衡状态，在此状态基础上，通过教学也通过日常生活、游戏和劳动等来实现。其外部高级心理机能活动及知识内化，在内化、吸收、建构语境的同时展现师生对认知对象的情感、态度和意愿，并做出基于异域文化动态语境的表达和顺应。

3. 顺应论在民族院校大学英语阅读教学中的应用

在顺应论的基础上，我们可以看出阅读过程就是语言顺应的过程。在阅读过程中，学生在不同意识程度下，根据文章的背景知识、上下文语境，积极地预测并了解作者的写作意图，最终达到理解文章的目的。

3.1 背景知识及上下文理解

语用意义不仅表现在会话语篇中，也表现在其他语篇中，因为阅读本身也是一种作者与读者之间的相互作用，作者对读者的预期渗透在语篇的语言组织中。通过语言语境顺应分析，读者可以了解作者的意图。因此，语境顺应分析也适用于会话语篇之外的其他语篇。读者可以根据不同的语篇，从不同的层面进行语言顺应分析，从最佳角度、以最佳方式解读语篇的意义。例如，How many winter days have I seen him, standing blue-nosed in the snow and east wind. 该句从形式上来讲，语篇衔接手段所标示的内容是连贯的。但是对于东方人来讲，就有些费解。我们不明白，为什么站在东风中，鼻子会冻得发紫呢？因为在东西方文化中对于“东西风”的理解有所不同，那就是在英国东风是寒冷的，西风是柔和的。因此，要根据不同的语境增加其文化意义才能使其达到逻辑语义连贯。

3.2 阅读速度的提高

一般人认为文章越长，所需要的时间越长。但结构顺应论认为，人们使用语言进行交际，就必须有一个语言的选择过程。话语和语段的选择主要包括言语行为和语篇类型的选择。在分句和句子层面上建构话语，往往是依靠语法规则。随着句子复杂性的提高，语法已不足以维持话语之间的逻辑关系。因此，在超句和语段层面上，主要是意义的连贯和关联词作为话语构建的原则。在超句层面上，一定要保持话语及其相关内容之间关系的系统性和明确性。因此，在阅读教学过程中，影响阅读速度的不是语篇的长度，而是语篇中意群(sense unit)的数量。一篇文章中的意群可以是短语、分句，甚至是段落。如果学生在阅读过程中不是以单词为单位进行阅读,而是以短语或分句为基础,并找出段与段之间的关系,必将大大提高阅读速度[5]。

3.3 阅读中的意识程度

阅读是一个积极的过程,只有学生积极参与而不是被动接受才能更有效地理解文章的内容。因此,在阅读教学过程中,教师应设计不同的活动来激发学生的积极性,提高学生的意识程度。在阅读之前,教师可以利用一些预测性问题,让学生找出与文章内容相关的信息,并预测作者的写作目的以及意图,并让学生学会根据已知信息如文章标题、图片、段落主题句进行预测。[6]

4. 顺应论在民族院校大学英语写作教学中的应用

英语写作,作为语言重要的输出过程,在英语能力中的地位尤为重要。但尤其在英语基础教育相对薄弱的少数民族地区,学生在英语写作中总会出现选错词、用错词、表达不妥、逻辑混乱、衔接不当等各种问题。语言顺应论认为,使用语言的过程就是选择语言的过程(Verschueren 1999)。语言选择要顺应语言语境和交际语境,而语境的动态性决定了语言选择是一种动态顺应过程。英语写作是通过书面的方式使用语言的过程,因此,我们通过以顺应论为框架阐释英语写作,分析目前学生在英语写作过程中出现的问题,并探讨相应对策,以改进教学,提高学生英语写作的能力。

对于语境的顺应,可以从以下几方面进行改变:在顺应交际语境方面,可以从顺应物理世界、社交世界和心理世界来分析。例如:教师在进行文章题目的设定时,应考虑到时间和空间问题,选择一些当下热议的话题,在保证命题时效性的同时,让学生对话题感兴趣;在空间方面,教师可以联系学生的实际情况,从身边的话题入手,引导学生进行英文写作;在顺应社交世界方面,教师在命题时应传递给学生更多的社会背景知识及文化信息，让学生在充分理解话题的基础上进行英文写作，这样也可以避免因母语负迁移而带来的问题；在顺应心理世界方面，教师可以运用语用移情的方法，让学生感同身受地表达自己的观点和看法；同时，注重文章感情色彩的渲染，做到真情流露，打动读者。通过对交际语境的顺应，学生在进行英文写作时不再是被动地去写作，而是主动地表达自己观点和感情的过程。其次，在英语写作教学中，为了顺应语言语境，教师应该引导学生更多地使用衔接手段。比如：多使用连词 and/but/which/despite/since/on the contrary 等，多使用代词 this/that/other/they/it 等，注意使用省略、重复、比较等，这样可以把词、句子和篇章都紧密地连接在一起。[7]

在英语写作教学中，教师应注重英汉文化差异的引导，让学生能够更多地了解英语国家文化，避免母语负迁移带来的问题和中式思维方式对写作造成的影响；同时，加大学生语言的输入量，“读书破万卷，下笔如有神”，让学生阅读更多的英文资料，提高英语语感，积累语言和文化知识；最后，充分利用多媒体教学设施，为学生创设英语语境，让学生在实践中掌握写作知识。英语写作是一种语言使用的过程，也是对语言进行选择的过程，这就要求学生通过不断练习，体会写作过程中对语境的顺应，选择合适的语言结构表达自己的思想，实现其交际意图。

5. 结语

综上所述，Verschueren 提出的语言顺应论从全新的角度解释了人类使用语言的本质，在丰富了语用学理论的同时也开拓了人们的视野，具有重要的现实意义。使用语言、选择语言、做出顺应这一过程中涉及认知心理因素。在外语教学中顺应交际语境，是顺应论在外语教学中的具体应用。英语教师要做到理论联系实际，把语境顺应应用到实际的教学中去，对自己的教学方法、教学内容、教学仪态等做适当调整，增加与学生的互动与交流，活跃课堂气氛，提高学生的学习兴趣，让学生能够在轻松愉快的氛围中学到知识，从而提高学生的英语语言能力和交际能力。这将有利于帮助学生全面提高英语听说水平，真正将语言知识内化为语言能力，从容不迫地应对不同语境，做出正确的语言选择。

参考文献：

[1] Harmer, Jeremy. *How to Teach English* [M]. Beijing: Foreign Language Teaching and Research Press, 2000.

[2] Ur, Penny. *A Course in Language Teaching: Practice and Theory* [M]. Beijng: Foreign Language Teaching and Research Press. 2000: 138-159.

[3] Verschueren J. *Understanding Pragmatics* [M]. Foreign Language Teaching and Research Press. 1999.

[4] 鲍敏. 大学英语教学改革与大学生英语综合应用能力培养的思考[J]. 江苏外语教学研究，2005，(2)：1-5.

[5] 刘信波. 语境顺应论的教学价值[J]. 湖南科技大学学报(社会科学版)，2015：118-120.

[6]《面向21世纪的大学英语课程教学内容与课程体系改革研究与实践》项目组.《大学英语教学大纲》(高等学校本科用)修订说明[J]. 外语界，1999，(4)：15-18.

[7] 冉永平. 言语交际的顺应——关联性的分析[J]. 外语学刊，2004，(2)：28-33.

[作者简介] 冯川源，西南民族大学外国语言文学学院讲师。研究方向：翻译理论与语言教学。

《大学英语教学指南》背景下的大学英语思政教育的思考

西南民族大学 代玮炜

摘 要：大学英语课程，作为各高校覆盖面广、课时量大的通识课程，在《大学英语教学指南》中由原来“大多数非英语专业学生在本科教育阶段必修的公共基础课程”新改为“是大多数非英语专业学生在本科教育阶段必修的公共基础课程和核心通识课程”，涉及大学英语教学定位和课程内涵的改变。本文在新改的背景下对大学英语课程在思政教育中的重要作用予以梳理，并就如何在大学英语课程中进行思政教育改革进行探讨。

关键词：《大学英语教学指南》；大学英语；思政教育

习近平总书记在2021年4月6日致厦门大学建校100周年的贺信中指出，“我国已开启全面建设社会主义现代化国家的新征程。希望……全面贯彻党的教育方针，切实落实立德树人根本任务，为党育人，为国育才……为增强中华民族凝聚力和向心力，为全面建设社会主义现代化国家、实现中华民族伟大复兴的中国梦做出新的更大贡献。”

立德树人的根本任务，早在2014年4月教育部颁布的《关于全面深化课程改革，落实立德树人根本任务的意见》（以下简称《意见》）中就提出了。该《意见》深入回答了“培养什么人、如何培养人”的问题，提出了构建“学生发展核心素养体系”的理念，并以此来推动课程改革和教育发展。正如《意见》所示，“课程是教育思想、教育目标和教育内容的主要载体,集中体现国家意志和社会主义核心价值观,是学校教育教学活动的基本依据,直接影响人才培养质量”。《意见》的出台,为高校人才培养指明了方向,并推动了一系列课程改革,落实立德树人成为课改的核心和根本任务。那么如何基于立德树人来设计和实施课程教学、如何修订课程标准、如何完善学业质量评价标准等问题就成为人才培养不能回避的中心议题。

1. “课程思政”的提出和发展

2016年12月,习近平总书记在全国高校思想政治工作会议上强调课堂教学在高校思想政治工作中的重要性,使各类课程与思想政治教育理论课同向同行,形成协同效应。这就要求高校教师充分发挥各自的积极性、主动性和创新性,必须利用好课堂教学的主渠道,注重非思政课程的课程思政教学改革,积极思考课程思政教育的方式方法,努力将价值引领与知识传授融会贯通,培养新一代政治坚定、品德高尚、知识完备的社会主义接班人和开拓者。

2019年8月,中共中央办公厅印发的《关于深化新时代学校思想政治理论课改革创新的若干意见》中指出,要“深度挖掘高校各学科门类专业课程和中小学语文、历史、地理、体育、艺术等所有课程蕴含的思想政治教育资源,解决好各类课程与思政课相互配合的问题,发挥所有课程育人功能,构建全面覆盖、类型丰富、层次递进、相互支撑的课程体系,使各类课程与思政课同向同行,形成协同效应。”该文件为高校思政课堂的进一步构建指明了方向。

同年10月,教育部进一步印发了《教育部关于深化本科教育教学改革全面提高人才培养质量的意见》,指出要“把课程思政建设作为落实立德树人根本任务的关键环节”“充分发掘各类课程和教学方式中蕴含的思想政治教育资源”“引领带动全员全过程全方位育人。”

2020年5月教育部印发了《高等学校课程思政建设指导纲要》，该文件对高校课程思政建设做出了全面部署和整体规划，强调各类课程立德树人的重要性和通过课程思政战略提高人才培养质量的迫切性，同时阐述了如何将课程思政理念全方位融入日常课堂教学建设中。该文件的颁布为思政进课堂在全国范围内的广泛开展提供了深厚的理论基础。综上可见，课程思政的战略正逐层加深，它彰显了以习近平总书记为核心的党中央对新时代教学理念革新的切实关心和高度重视，同时也为高校全新育人模式的开展指明了方向。

“课程思政”理念的提出与“思政课程”有很大关系，但“课程思政”绝不是“思政课程”语序上的重组，二者内涵上有着本质的区别：

“思政课程”是指思想政治教育类课程，在大学的人才培养体系中主要包括《思想道德修养与法律基础》《中国近现代史纲要》《毛泽东思想和中国特色社会主义理论体系概论》《马克思主义基本原理概论》等课程。

“课程思政”不是一门或一类特定的课程，而是一种教育教学理念。其基本含义是：大学所有课程都具有传授知识、培养能力以及思想政治教育双重功能，承载着培养大学生世界观、人生观、价值观的作用。

“课程思政”也是一种思维方式，教师在教学过程中要有意、有机、有效地对学生进行思想政治教育；体现在教学的顶层设计上要把人的思想政治培养作为课程教学的目标放在首位，并与专业发展教育相结合。“课程思政”理念强化了课程的思想政治功能、意识形态功能，将社会主义核心价值观教育贯穿教学全过程。

“课程思政”概念的提出，可以弥补思政课程的不足。它属于教育理念，能有机地融入立德树人的各种功能，深入挖掘各类课程的思想政治教育元素与功能，既让课程承载思政，又寓思政于课程，真正在课程教学实践中实现知识传授与价值引领的双向互动。这对于外语教育而言，显得尤为重要和迫切。

“课程思政”是贯穿教学各环节的一种教育理念，将高校的思想政治教育与专业课、通识课、实训实践教学结合起来，强调德育教育的重要性，把教书和育人落到实处，实现知识传授与价值引领相结合，引领学生树立正确的价值观、责任感，培养学生的家国情怀和专业素养。其中，“课程”是“课程思政”的基础和载体，充分挖掘各类课程的育人元素是先决条件，将我国的国情教育和社会主义核心价值观教育以及优秀传统文化、革命文化、社会主义先进文化等内容融入各类课程的教学活动中；“思政”即“德育教育”，是“课程思政”的内涵价值和实践意义，旨在于各类课程中坚持知识传授与价值引领相结合，挖掘可以培养大学生理想信念、价值取向、政治信仰、社会责任的思政元素，进一步融入社会主义核心价值观教育，全面提高大学生明辨是非的能力，让学生成为德才兼备、全面发展的人才。“课程思政”就是把立德树人作为高等教育教学的根本任务，在思政课程以外的专业课程、通识课程、实践课程等各类课程中，充分挖掘有助于培养学生思想政治修养的元素，使各类课程与思政课程有机有序融合，构建全员、全程、全方位育人格局，实现同向同行、协同育人的综合教育理念。

习近平总书记（2016）强调“使各类课程与思想政治理论课同向同行，形成协同效应”，是新时代加强高校思想政治工作的需要，是对中国教育要“培养什么人，怎样培养人，为谁培养人”的导向解答。“课程思政”对于落实立德树人，实现全员、全过程、全方位育人具有重要的推动作用，有助于全面提高高校思想政治工作的水平和质量。中国的教育要在知识传授过程中落实立德树人的根本任务，为社会主义中国培养德智体美劳全面发展的接班人。英语专业作为高校的生力军，培养兼具中西文化素养的新时代外语人才，如何才能更好地坚持育人和育才相统一，把立德树人贯穿到中西文化交融与冲突的专业学习之中，也是英语教育工作者应该积极思考和探索的问题。

2.《大学英语教学指南》的发布和大学英语课程定位的变化

外语教学(包括外语专业和大学外语教学)本身具有鲜明的特殊性，需要直接面对国外意识形态和西方主流话语，其文化价值观常常渗透在语言背后。因此，外语教学不能简单地从国外“拿来”或“移植”，而是需要有一个思想意识的过滤过程，有必要进行语言意识形态的甄别与文化价值取向的鉴别。

大学英语作为一门高校普遍开设且课时量大、学生覆盖面广的公共基础课，更应该在培养学生语言运用能力的同时，潜移默化地将思想政治教育融入教学当中。大学英语课程不仅是一门语言基础课程，也是拓宽知识、了解世界文化的素质教育课程，也应是一门中国文化传播课程，兼有工具性和人文性。通过大学英语的学习使大学生获得“文化自信”，是大学英语课程重要的思政功能。大学生在学习教材内容时，除提高自身的英语综合应用能力外，也在有意或无意地进行着制度比较、文化比较、价值比较、道德比较、信仰比较等。引导大学生在这些“比较”中坚持“文化自信”，是大学英语课程的重要功能，正如在全国高校思想政治工作会议上，习近平总书记强调指出的那样：要教育学生“正确认识世界和中国发展大势”“正确认识中国特色和国际比较，全面客观地认识当代中国，看待外部世界”。

为贯彻落实全国教育大会精神，顺应新时代我国高等教育的发展要求，教育部高等学校大学外语教学指导委员会(2018—2022)(以下简称“教指委”)依据《关于加快建设高水平本科教育 全面提高人才培养能力的意见》(以下简称“新时代高教40条”)、《中国教育现代化2035》等文件，开展了《大学英语教学指南》(以下简称《指南》)的修订工作,形成了《指南》(2020 版)。

《指南》(2020 版)明确提出大学英语课程思政的要求。《高等学校课程思政建设指导纲要》指出:全面推进课程思政建设是落实立德树人根本任务的战略举措,是加强人才培养的重要任务。《指南》(2020 版)的大学英语"课程定位与性质"部分明确提出,"大学英语教学应主动融入学校课程思政教学体系,使之在高等学校落实立德树人根本任务中发挥重要作用。"课程设置部分指出,"通用英语课程的目的是……增加学生在社会、文化、科学等领域的知识储备,拓宽国际视野,提升综合文化素养,树立正确的世界观、人生观、价值观",并提出,"课程设置应该以立德树人为根本任务,以提高课程质量为抓手,对标一流课程建设的要求,体现高阶性、创新性和挑战度,合理提升学业挑战度,增加课程难度,拓展课程深度,将课程思政理念和内容有机融入课程"。

全面推进课程思政建设就是要寓价值观引导于知识传授和能力培养之中,帮助学生塑造正确的世界观、人生观、价值观,这是大学英语教育教学的应有之义,也是大学英语教育教学的必备内容。

大学英语作为全国高校本科的通识必修课程,对高校人才培养质量的提升起着举足轻重的作用。《指南》中反复强调英语教育的外延性,旨在使学生通过英语学习能在全球一体化的语域中传播中华文化,提升中国文化软实力。为此学界在大学英语教学改革的实践中融合了思政元素,以期升华新时代大学英语的育人职责,实现高等教育的双重价值。

3. 大学英语教学现状中的一些不足

传统大学英语的教学范式主要为英语语言学知识。教师在常规二语语料的辅助下完成教学内容,但却因此而忽略了人文学科课程的精髓所在。教师对西方语料过分的"填鸭"式教育易使学生盲目崇拜西方文化,从而导致部分学生的价值观发生扭曲,养成拜金主义、享乐主义等思维惯式。

当前课程中课程思政的薄弱环节主要体现在:学生学习具有较强功利性,文化自觉、自信、自强意识不足,批判性解读与思维品质较弱;部分教师的课程思政意识和能力不强,课堂教学与思政教育脱节;教学重点存在偏差,普遍重语言学习,轻文化学习。由此可见,思政教育与专业教育仍然存在“两张皮”现象。思政教师单兵作战;专业教师重智轻德,只顾知识传授,忽略价值引领。这种“教师为主导、教材为重点、成绩即目的”的现状不利于培养德才兼备、全面发展的社会主义合格建设者和接班人。

此外,国内大学英语课程中所采用的教材,中国文化所占的比重确实有点低,有的教材也是勉强在课后翻译练习中引入该部分。另外,在教学中片面强调单向文化输入的现象也是比比皆是。笔者认为大学英语课程既要让学生具有一定的国际视野,了解异域文化,同时也要承担起“讲好中国故事、培养学生本土文化自信”的“课程思政”功能。如何实现这一目标,在大学英语教学中思政元素的“量”的考量就扮演着很重要的角色。

长期以来,培养学生的跨文化交际能力一直是大学英语教学的目标之一。《大学英语教学指南》指出:学生学习和掌握英语这一交流工具,“除了学习、交流先进的科学技术或专业信息之外,还要了解国外的社会与文化,增进对不同文化的理解、对中外文化异同的意识,培养跨文化交际能力”。这里所讲述的跨文化交际应该是双向的,是目的语所蕴含的文化与母语文化之间的互动。然而,在大学英语的教材和课堂教学内容当中,出现中国文化的却寥寥无几;相反,教材当中英语语言文化的内容却比比皆是。这种失衡导致了许多学生可以用英语罗列西方各种节日、习俗和制度,却不能用英语介绍中国的文化和历史,从而形成了“中国文化失语”的现象。

大学英语教材中更为缺乏的是国外对中国传统文化和伦理

道德价值观介绍类的文章。很多教材中基本上没有介绍中国诗词、历史事件、人文景观、琴棋书画类的文章,反而是当代大学英语教材中出现大量关于好莱坞、迪士尼、西方饮食文化与人文景点的文章。这就表明当前大学英语教材的选材更注重英语表达的原汁原味,忽视的反而是选取有中国传统文化色彩以及中国特色思想的政治教育素材。教材或学习素材中的典型人物事例不是爱迪生、爱因斯坦,就是乔丹或者"凌晨四点的洛杉矶",而中国众多的名人事迹却几乎隐形了一般。学生对传统节日如圣诞节、感恩节、万圣节等如数家珍,但用英语介绍中国传统节日时却往往哑口无言;对日常的饮食如热狗、汉堡、火鸡、比萨饼等的来源、特点了如指掌,但对中国的饮食却了解不多,更是无法用英语介绍;对中国取得的新成就如"一带一路""中国制造""中国高速铁路""天眼工程""脱贫致富"和"建设全民小康",更是表达困难。

传统的外语教育过于注重语言技能的教学和西方文化的单向传授,忽略了对学生思辨能力的培养,同时缺少对中国文化的介绍,导致很多外语人才对本土传统文化了解不足,民族意识薄弱,从而在对外交流中缺乏文化自信,甚至成为文化殖民的对象,盲目崇洋,不能在国际对话中为中国争取平等话语权。在中国综合国力、国际影响力飞速上升的今天,人才培养目标应当紧跟时代步伐,学习英语不仅是为了更好地向西方学习,更是为了让国际上听到更多、更真实的中国声音。英语教师应当通过课程教学,拓展学生的国际视野,帮助他们理解人类命运共同体的含义;同时提升学生的文化自信,培养他们用外语讲述中国故事的话语输出能力。

4. 大学英语课程思政改革方向和实施

4.1 助推大学英语教育理念的变革

大学英语肩负着高等教育的重大使命,思政元素的融合体现了语言知识的传授与精神价值引领相结合的根本目标。思政元素的介入可以有效缓解西方文明、文化对中国本土文化的冲击,进而促成求同存异,防止学生全盘接受西方元素而忽略了中国本土文明的养分,最终实现三全育人的格局,这与《指南》中"思想性"和"德育性"的概念不谋而合。

传统大学英语的教学范式主要为英语语言学知识。教师在常规二语语料的辅助下完成教学内容,但却因此而忽略了人文学科课程的精髓所在。教师对西方语料过分的"填鸭"易使学生盲目崇拜西方文化,从而导致部分学生的价值观发生扭曲,养成拜金主义、享乐主义等思维惯式。故针对于此,大学英语的教育理念需调整方向,适时融入思政元素,使大学英语通过知识传授与精神追求引领学生不断前行,助其树立正确的三观,并培养其跨文化意识和爱国情怀,从而使其内外兼修,受益匪浅。

4.2 引领思想价值至教育全过程

大学英语作为综合素质类课程,在课程思政方面肩负着"守好一段渠,种好责任田"的使命。将思政元素加工,并使其贯穿至教育教学的全过程,可使学生通过二语习得回归本土文化,并鞭策教师积极响应新时代教学改革的号召,革新传统教学策略;同时也可引导学生坚定"四个自信",树立正确的世界观、人生观和价值观,厚植爱国主义情怀,养成优良的思想品德和健康心理,把个人情感自觉融入发展中国特色社会主义的事业中。教材的选定、授课理念的制定、授课模式的选定、授课内容的厘定、授课成效的衡量等都是制约课程成败的重要因子,因此任何一环出现问题都将破坏大学英语课程生态的整体性。所以在引入思政元素时,必须使其贯穿教学的全过程,革故鼎新,从而形成新的教育模态,发挥大学英语课堂主渠道的育人功能,并为新时代背景下的大学英语改革提供现实依据。

4.3 增强大学英语教师的思政意识

在全球一体化的背景下,大学英语所承担的重任与日俱增,其受众群体之多和实施范围之广为其他各专业所无法相比，因此教师的教学理念决定了大学英语教学质量的成效性。广大英语教师应“居安思危”，消除传统知识传授的单调性，力促思政课堂的生成，形成线性思政教改方案，助推新时代大学英语的创新性发展。

鉴于广大英语教师对传统语言知识灌输的热衷，家国情怀和传统文化等思政元素较少涉入英语课堂中，其原因在于：教师的思政自觉性弱，思政意识寡淡，从而对课程的思政效果造成影响，使培养方案同国家人才需求脱钩。因此，使英语课程思政固态化和常态化可有效增强教师的思政意识，力促广大教师通过思政元素的合理植入修改传统英语授课模型，从而实现大学英语多模态的育人功能，提升教师的德育意识与德育能力。

4.4 全面贯彻落实立德树人、三全育人的根本要求

各大高校首先有必要对大学英语教师的课堂教学设计和教学目标提出明确的德育要求，使得思政教育目标渗透于英语课程教学目标之中。其次，高校英语教师要主动、有意识地将思政教育的内容和立德树人的责任纳入自己的英语教学计划之中，让传统思政课程教学的内容有目标、分专题、有步骤地渗入英语课程教学的全过程，持续增强大学英语课程思政教学的思想性和亲和力。最后，无论是大学英语教材的编写者，还是教学一线的英语老师，都要真正构建起大学英语课程与思政教育课程相互结合的课程体系，并制定严格有效的英语“课程思政”教学目标，让大学生真正理解英语“课程思政”的内涵与功能，引导学生通过英语课程学习，潜移默化地继承和弘扬中华优秀传统文化，认同和践行社会主义核心价值观，最终推动建成一个以传统思政理论课为核心、以人文专业学科教育课程为辐射的“大思政”课程体系，以此来深化和强化大学英语“课程思政”的教育功能，在实现英语语言知识技能传授的过程中潜移默化地给大学生群体以智慧启迪和精神力量。

4.5 充分利用线上资源

新媒体时代为思政教育带来了改革创新，教师要充分利用新媒体，如音像资料、公众号、各类学习APP等网络资源，多角度全方位地推进大学英语课程思政建设。新媒体的运用能够生动地展现教学内容，丰富互动模式，激发学生主体的学习兴趣，调动其主观能动性，有利于将社会主义核心价值观和习近平新时代中国特色社会主义思想融入学生的日常生活和学习当中，提高思政育人的效果。要为学生介绍英语学习网站、中国特色话语对外翻译标准化术语库等，鼓励学生从中学习各类思政和时事的相关表达，阅读双语时事新闻、政策文件、重要领导人讲话，获得丰富的双语思政素材。要推荐学生下载学习强国APP，关注双语资源，利用课下大量碎片化时间进行线上学习。要为学生推荐微信公众号，拓展英语思政学习第二课堂；同时可以通过QQ群、微信群等方式即时分享与思政有关的英文视频，如鼓舞人心的抗疫视频、TED演讲、CCTV-News等，丰富思政教育形式，关注个人体验和认知需求，将教师的主导性话语转化为引人入胜的引导性活动，实现由单纯的语言技能训练向育人教育的转化。

5. 结语

落后就要挨打，贫穷就要挨饿，失语就要挨骂，所以大学英语课程思政教学能够使学生不忘本来，吸收外来，面向未来，更好地构筑中国精神、中国价值、中国力量。当代青年学子要坚定文化自信，向世界讲好中国故事，传播好中国声音，阐释好中国特色；既要继承中华优秀传统文化，又要弘扬时代精神；既要立足本国，又要面向世界，即把中华传统文化以及现代文化的创新成果继承下来，传播出去，发扬光大。这不是一蹴而就的过程，因此，如何从教师、教材、课程设置、课堂教学活动等路径来实施大学英语“课程思政”，依然是今后值得探讨和深思的问题。

参考文献：

[1] 高德毅，宗爱东. 从思政课程到课程思政：从战略高度构建高校思想政治教育课程体系[J]. 中国高等教育，2017，(1)：43-46.

[2] 韩宪洲. 以“课程思政”推进中国特色社会主义一流大学建设[J]. 中国高等教育，2018，(23)：4-6.

[3] 胡开宝，谢丽欣. 我国大学英语教学的未来发展方向研究[J]. 外语界，2014，(3)：12-19.

[4] 教育部高等学校外国语言文学类专业教学指导委员会、英语专业教学指导分委员会. 普通高等学校本科外国语言文学类专业教学指南(上)——英语类教学指南[M]. 上海：上海外语教育出版社，2020.

[5] 文秋芳. 外语“金课”与“金牌外语教师团队”[J]. 外语教育研究前沿，2019，(04)：3-10.

[6] 习近平. 把思想政治工作贯穿教育教学全过程 开创我国高等教育事业发展新局面——习近平在全国高校思想政治工作会议的讲话(节选)[EB/OL]. (2016-12-30). https://youth.sdut.edu.cn/2019/1219/c7001a363369/page.html.

[7] 习近平. 习近平谈治国理政[M]. 北京：外文出版社，2016.

[8] 习近平. 用新时代中国特色社会主义思想铸魂育人，习近平谈治国理政(第三卷)[M]. 外交出版社，2020：330.

[9] 习近平. 习近平在全国高校思想政治工作会议上强调：把思想政治工作贯穿教育教学全过程[N]. 人民日报，2016：12-9(1).

[10] 习近平. 习近平致厦门大学建校100周年的贺信[EB/OL]. (2021-04-06). https://www.ccps.gov.cn/xtt/202104/t20210406_148298.html.

[11] 向明友. 顺应新形势，推动大学英语课程体系建设——《大学英语教学指南》课程设置评注[J]. 外语界，2020，(4)：28-34.

[12] 中共中央宣传部. 习近平总书记系列重要讲话读本[M]. 北京：学习出版社，2016.

[13] 中共中央办公厅. 国务院办公厅印发《关于深化新时代学校思想政治理论课改革创新的若干意见》[EB/OL]. (2019-08-14). http://www.gov.cn/zhengce/2019-08/14/content_5421252.html.

[14] 中华人民共和国教育部.《高等学校课程思政建设指导纲要》[EB/

OL]. (2020-05-28). http://www. moe. gov. cn/srcsite/A08/s7-056/202006/t20200603_462437. html.

[15] 中华人民共和国教育部. 全面深化课程改革 促进学生全面发展健康成长——教育部印发《关于全面深化课程改革 落实立德树人根本任务的意见》[EB/OL]. (2014-04-24). http://www. moe. gov. cn/jyb_xwfbxw_fbh/moe_2069/s7861/s8010/s8011/2014-04/t20140424_167612. html.

[16] 中华人民共和国教育部 教育部关于深化本科教育教学改革 全面提高人才培养质量的意见[EB/OL]. [EB/OL]. (2019-10-12). http://www. gov. cn/xinwen/2019 - 10/12/content _ 5438706. html.

[作者简介] 代玮炜,西南民族大学外国语言文学学院讲师。研究方向:语言学、英语教学法、文化对比。

整体外语教学中的课程思政实现路径探索

西南民族大学　曾雪婷

摘　要：教育的根本任务是“立德树人”。促进学生全面发展不能仅仅依靠思政课程，其他课程也应承担起育人的重任。应深挖其他课程中的思想政治元素并将其有效结合起来，与思政课程协同发挥作用。而英语作为大学必修通识课程，受众面广，课时长，所以在外语教学中实现课程思政是思政教育的重要环节。本文基于整体外语教学理论，分析外语课程思政的发展现状，阐述其目前存在的问题，从而探究新型外语教学中课程思政的实现路径。

关键词：课程思政；外语教学；路径

1. 引言

时代的车轮滚滚前进，科学技术也不断进步，人文社科也得到了极大的发展，其中作为教育基础的教学理论也随之不断更新。同时，思想政治教育是学校教育的基石，要将学生教育成人，仅仅教授知识是完全不够的，思想政治才是课程改革的重中之重。因此有些学者逐渐将眼光放在了课程思政与其他专业课程的融合上面，试图让学生在学习专业知识时潜移默化地受到思政教育。而英语作为当今大学生必修的核心课程，外语教学和思政教育的有效结合应当是课程创新改革的一个焦点。文章就聚焦于此，一共分为五节。首先讨论课程思政的概念、意义和发展现状；然后根据整体外语教学的方法，讨论如何通过该方法让学生既习得外语普通知识又完成课程思政教育。

2. 外语课程思政的内涵意义

2.1 课程思政

在探索课程思政实现路径之前,应当弄清楚课程思政的内涵。习近平总书记在全国高校思想政治工作会议上发表了重要讲话,清楚地回答了高校教育应该培养什么样的人、如何培养人及为谁培养人等一系列问题,为高等教育事业的发展指明了方向。"讲话中指出,高校思想政治教育不能局限于传统的思政课堂,要将思政元素融入课程体系,要求高校所有课程共同发挥思想政治教育作用,达到全过程、全方位、全员的'三全'育人理念"(霍娜 2021)。所以课程思政就是在课程中添加思想政治教育的元素,做到在教授学生专业知识的同时,以"润物细无声"的方式实现课程的德育功能,帮助学生做到全面发展,让学生确立正确的理想信仰和价值取向,采取融合的方式实现教育的最高层次目标——培养既有文化素养又有"健全人格"的人。但是大多数学生,甚至部分老师,都对课程思政有着误解,他们误以为课程思政就是思政课程,或者认为课程思政的主要目的就是培养学生们的政治理念和爱国情怀等等。其实,这些理解都过于片面。课程思政与思政课程是两个完全不同的概念。传统外语教学下的思政教育便是依靠思政课程,但是这种方式存在许多弊端,比如刻意的教学模式、有限的课堂时间、内容老套等,而课程思政强调的是学科融合、创新、潜移默化。课程思政除了让学生们了解国家党政历史、培养理想信念和爱国主义思想之外,还致力于提高学生的思想道德修养,教学生如何做一个真正的"人"。

2.2 外语课程思政发展现状

课程思政的理念是在 2014 年由上海市委、市政府提出来的，之后 2016 年的上海社会科学第十四届学术研讨会又从广义的视角拓展了高校思政课程建设的范围，正式将其称为高校课程思政教育理念（王明慧 2020）。虽然高德毅（2017）、邱伟光（2018）、解岩（2019）等学者分别从课程思政的功能和范围对其进行了不同的解读，但到目前为止课程思政教育理念的发展时间还是较短，相关的理论研究成果也相对较少。而英语教师们又没有合理且具体的指导、指南，缺少开展思想政治教育的经验，所以英语教师们的教学方法普遍缺乏创新（衡清芝 2021）。又因为一部分教师对课程思政理解有误，观念落后，外语教学课程思政开展并不顺利。现在许多高校也只是在教授语言知识的基础上简单地在课程中穿插中国文化元素，认为这样便可完成大学外语课程思政教育，所以他们将通识英语教育开设的中国文化、跨文化交际等课程全盘“移植”过来，贴上课程思政的标签（蔡基刚 2021）。因此不仅教师队伍的思政教育意识需要纠正和提升，同时也亟需对课堂设计进行改革和创新。

除此之外，外语教学课程思政陷入瓶颈期还有一个不可忽略的因素，那就是教材和资料的单一。如今市面上虽然有许多版本的教材，资料也五花八门，但是对思政教育有着积极作用的却少之又少，大部分是为了追求纯正地道的英语，追求进口教材，囿于“听说读写译”的练习；或者着重于文化交流，大多数都涉及西方文化、西方政治，造成教材中西方元素含有量高而不均衡的局面。所以选择合适的教材资料对课程思政的实施有着很大的助力。

2.3 外语思政课程的重要性

高校的思想政治教育工作是高校育人体系的重要组成部分，对于培养大学生的理想信念、坚定社会主义信仰起到了很重要的作用（衡清芝 2021）。而外语思政课程的必要性主要体现在以下几个方面：一、英语课程是大学教育的核心课程，受众面广，接触时间长，对于学生全面发展有着深远影响，所以英语教学思政课程是思政教育的重要渠道。二、语言是最基本的文化载体,学生在学习一门外语时,不可避免地会接触到大量国外的文化、思想,无形中戴上了"丝绒手套"。针对此种现象,在外语教学过程中开展课程思政十分必要。三、在英语教学过程中添加思政元素,有利于提高学生辨别西方价值观"陷阱"的能力。并且学生们在了解如何用英语表达自己的思想观念、理想信念之后,在与外国人沟通交流时也可以更好地弘扬我们具有中国特色的道德价值观,有助于我们掌握中国舆论"话语权"。

此外,在英语教学中实施课程思政还有一个不可忽略的现实意义。《大学英语教学指南》(2020版)(以下简称《指南》)问世后,高校英语教学改革趋势发生了重要转向。《指南》要求"英语教学从外向性跨文化教育转向结合内省的立德树人教育,从单一的人文教育到人文教育和科学教育并举,从去语境通识教育到专业通识教育,从文化素质培养向批判性思辨和沟通能力培养的范式转移"(蔡基刚 2021)。所以根据《指南》的要求,在外语教学中实现课程思政是十分必要的。

3. 整体外语教学与课程思政

3.1 整体外语教学

整体外语教学是近几年基于"综合感知法"[①]提出的一种外语教学观,认为外语学习始于使用体验,是以意义建构为核心的整合性语言发展过程。该教学观以学生为中心,让学生从多维感知所学语言,最终习得语言(韩宝成 2018a)。这种教学方法的核心理念由三部分构成:学生整体发展的目标观、课程整体设计的课程观、教学整体实施的教学观。即提倡"全人教育",重视学生的个人价值和社会价值;同时倡导围绕意义建构开展整

---

① "综合感知法"是韩宝成2007年获批的全国教育科学"十一五"规划教育部重点课题"中国基础英语素质教育的途径与方法"中提出的。

体教学活动,使学生在语言、思维及综合素质等方面得到发展(韩宝成 2018b)。“每一种教学理论都体现不同的教育哲学观念,整体外语教学就体现了整体教育观,整体教育规则是以整体论(holism)为支撑理论”(韩宝成 2018a)。不同于还原主义的是,整体论主张整体不能被完全分解,强调整体大于部分之和。所以以整体外语教学观为基础,结合语言运用的实质特征,韩宝成、梁海英(2019)设计了整体外语教学流程,提出以特定语类的语篇为基础,依次开展意义理解活动、意义协商活动和意义表达活动(韩宝成 2021)。区别于仅仅注重人的局部发展的传统教育,整体外语教学观树立了全人发展的教育理念,意识到外语教育处于一个整体生态环境中,教育工作者需要从整体出发,统筹发展学生外语学习能力,促进学生的全面发展。

3.2 整体外语教学与课程思政融合创新可行性

首先,整体外语教学方法和外语课程思政的目标基本一致,明确教育的根本目标是实现学生的整体发展,本质上都是要坚持外语课程工具性和人文性的统一。其次,整体外语教学方法从语言的本质出发,要求教会学生结合特定语境并通过正确使用语言完成意义构建,即开展意义理解活动、意义协商活动和意义表达活动,实现语言的功能(韩宝成,梁海英 2019)。这三种活动都需要师生互动,而课程思政最特别的一点就是要求教学浸入式,通过师生互动让学生不知不觉完成思政教育,这一点上两者又不谋而合。然后,整体外语教学理念提出的整体输入、整体互动和整体输出的语言学习进程也同样适用于课程思政学习。两者对比之后,可以看出两者存在一定的相似性和互通性,所以在使用整体外语教学方法时也可以很好地实现课程思政教育,是有可行性的。

4. 课程思政路径探索

4.1 新式教师队伍观念的改变

教师作为教学的主导人,其个体的观念与课堂设计和教学效果有着直接关联。英语教师不应该依照传统外语教学方法，将目光聚焦于语言教学上，局限于教授普通语言知识，培养学生"听、说、读、写、译"的能力，而应该改变教学观念，努力提升自我的思想政治意识，为学生做榜样。学习外语整体教学观念，不要刻意将思想教育作为一个独立个体放进课程里，而要将思政"揉碎"，再"搅拌"进英语语言知识当中。部分教师虽然有着课程思政的意识，但他们对课程思政存在误解，将其简单地理解为英语课堂里应该讲解一些和中国文化相关的知识，或者将课件做成中国风格，使用中国红作为课件背景色等。实质上这样的理解是十分表面的，只关注到了跨文化交流或者思想政治教育的任务性，一定程度上可以说十分"形式主义"，会激起学生一定程度的逆反心理。从思政教育的必要性和整体外语教学理念出发，教师应改变观念，明白外语课程的人文性主要体现的是教育的主体——"人"的本质属性，全面彻底地理解语言教育的根本特征是通过外语学习理解并践行人类共同的、最基本的、最优美的价值观念，发展学生的人文思想，培育人文精神和提升人文素养（韩宝成，刘润清 2008；但武刚 2016）。

4.2 合理教学资料的选择

正如前文所说，现在的英语教材良莠不齐，高校英语教材选取上大多忽略中国元素。即使有，其中的中国元素也基本上不贴合学生的实际生活经历，显得突兀，让学生产生"假大空"的感受。另外，包含有效思想政治教育的英语教材更是寥寥无几，与西方文化含有量相比，课程思想政治功能较弱，造成中国文化"失语"的现状。在整体外语教学理念的指导下，教材编撰和文章资料的选取首先选择互动性强、内容全面的教材。教材中的语句、对话、文章、故事情节以及语境的选择要既能完成学生思想道德修养构建，又能培养学生爱国情怀和社会责任感，让学生实现个人价值与社会价值的统一，切身理解课程思政的重要性，从而积极主动地了解思政教育的延伸内容。比如在编撰教材时采取共时的视角,除了外语所负载的西方的历史文化背景和思想观念外,还可以添加同时空下中国相应的历史背景和文化现象,以整体的眼光看待世界,让学生自行对比,为增加学生文化自信提供素材支撑。为了实现教师与学生的整体互动和学生观点的整体输出,促进学生的世界观、价值观的建立,教材内容应该更加贴近学生的生活和工作需求,以达到英语成为通识课程的目的。另外,教材的编撰应该专业化、细致化,不能"一刀切",让所有专业完全使用相同的教材。教材课文应该根据各个专业的特点选择不同领域的文章,但它们应有一个共同作用——宣扬优良道德品质,让学生在学习专业领域相关的地道英语表达和语言知识的同时,也能受到心灵、道德的洗涤。这要求教师从专业性和实用性出发,贯彻学海无涯的思想,根据学生的需求,简单地学习相应的专业知识,了解该专业的热点。教师不应该固步自封,十几年如一日地教授同样的、脱离同学生活实际的语言和文化知识。

4.3 多元化的教学手段及模式

教学环节的设计、手段和模式是教师教学的灵魂所在,所以正确、适合的教学手段和模式非常有助于学生的学习,思政教育亦然。整体外语教学方法认为,开展语言教学应该依据具有特定语类特征的语篇,依托意义理解活动、意义协商活动和意义表达活动,通过师生和生生互动进行意义建构,让学生理解所学语篇的内容,掌握抽象的语言知识,创作富有新意的语篇(韩宝成2019)。结合此方法,思政教育的展开也可以通过师生互动和以上三种活动完成学生思政意义的构建。如今随着教学理念转变,强调以学生为中心的课堂,但是师生互动依旧不能摈弃。思政"意义的理解"就是输入,所以教师在教授学生第一次接触的内容时,应格外注重学生的体验,遵循真实的原则,让学生在学习某篇文章之后,先提炼出其中所包含的思想美德,然后鼓励学生从自己身边或者新闻热点中找出拥有这些品德的人并简单地用英语口述相关事件。真实的"体验"有助于学生理解什么是优秀的思想道德观念,完成第一个环节的"思政意义理解活动"。学生提炼文章内涵时,基本上都会有理解不够全面或者理解错误的问题,此刻就可以通过"协商"的方式,师生之间、学生之间采取讨论、辩论的方式,相互纠正对方的观点,最终建立自己认可的价值观。这种思想建立模式是让学生在接触某些思想政治观念,确定其真实性、合理性后,再内化为自我思想的模式。相比传统的只输入的思政教育,这种自我认同、自我建立起来的理想信念和道德规范更加牢靠。最后的环节是"意义表达",在学生通过之前的学习有了自己的理解后,需要让学生学会表达,输出自己的价值观。除了书面写作、口头演讲等方式,还可以增加一些实践活动。例如,在母亲节时让学生做一件事表达自己对母亲的爱,或者给学生设计一个行为选择情景,让学生做出选择并说明自己选择这样行动的原因。设计前面三种教学活动时可以创新教学手段,使用多媒体,选择多种模态的思政载体,比如视频、音乐、图片等等。以上都是教学设计上的改变,主要从教学活动内部优化课程思政。同时也可以搭上信息技术发展的顺风车,加强教师之间的联系,从外部优化教师的课程思政教育。例如建立一个交流平台,教师可以提出自己在课程思政教育中遇到的问题以及典型案例,通过教师之间的交流学习,找出最合理、最有效的解决方式。

5. 结语

英语教学中的课程思政是开展大学生思想政治教育的有效途径,所以应更加重视英语教育中的思政教育,将语言知识与思政完美结合,培育学生社会主义核心价值观,回答好"为谁培育人?培育怎样的人?"的问题,真正实现教育"立德树人"的目标。本文通过分析现阶段英语教学课程思政存在的问题,结合整体外语教学理念,创新课程设计,改革教材和资料的编撰,有利于解决现今思政教育低效、生硬等问题。但我国幅员辽阔，如今仍存在教育资源不均衡和教育质量参差不齐等问题，整体外语教学观念的普及和具体措施的实施存在一定难度，所以本文基于整体外语教学观所提出的思政教育实现路径更多的是一种探索性的尝试，还需要通过大量具体教学实例进一步修正。

参考文献：

[1] 蔡基刚．课程思政视角下的大学英语通识教育四个转向：《大学英语教学指南》(2020 版)内涵探索[J]．外语电化教学，2021，(01)：27-31.

[2] 但武刚．英语课程人文性内涵的探析[J]．教育研究与实验，2016，(03)：48-51.

[3] 高德毅，宗爱东．课程思政：有效发挥课堂育人主渠道作用的必然选择[J]．思想理论教育导刊，2017，(1)：31-34.

[4] 韩宝成．整体外语教学的理念[J]．外语教学与研究，2018a，(04)：584-595.

[5] 韩宝成．整体外语教育及其核心理念 [J]．外语教学，2018b，(2)：52-56.

[6] 韩宝成，梁海英．整体外语教学的实施路径 [J]．外语教学与研究，2019，(4)：583-595.

[7] 韩宝成，梁海英．整体外语教学中的意义协商活动[J]．外语教学与研究，2021，(1)：102-112.

[8] 韩宝成，刘润清．我国基础教育阶段英语教育回眸与思考(一)——政策与目的[J]．外语教学与研究，2008，(02)：150-155+161.

[9] 衡清芝．课程思政融入高校英语教学的路径分析[J]．高教学刊，2021，(06)：193-196.

[10] 霍娜．新时代下基于 OBE 理念的大学英语课程思政研究[J]．太原城市职业技术学院学报，2021，(03)：86-88.

[11] 邱伟光．论课程思政的内在规定与实施重点[J]．思想理论教育，2018，(08)：62-65.

[12] 解岩. 理工类专业课程开展课程思政内涵及路径探析[J]. 才智, 2019,(01):68.
[13] 王明慧. 高校课程思政建设的现状及对策研究[D]. 曲阜师范大学,2020.

[作者简介]　曾雪婷,西南民族大学外国语言文学学院在读硕士研究生。研究方向:应用语言学。

民族院校外语教学中的中华民族共同体意识教育*

西南民族大学　班华娜

摘　要：民族院校作为我国高等教育的重要组成部分，在培育各民族大学生的中华民族共同体意识中发挥着重要的作用。铸牢中华民族共同体意识、维护民族团结是民族院校全体师生的使命与责任。由于外语学科的特殊性，外语专业学生更容易受到多样文化、多元价值、多种媒介的影响。因此，在民族院校外语教学过程中融入中华民族共同体意识教育，有利于培养既有国际视野又有家国情怀的跨文化交际人才，有利于讲好中国故事、传播好中国声音。

关键词：民族院校；外语教学；中华民族共同体意识

1. 引言

习近平总书记在党的十九大报告中指出，要“全面贯彻党的民族政策，深化民族团结进步教育，铸牢中华民族共同体意识，加强各民族交往交流交融，促进各民族像石榴籽一样紧紧抱在一起，共同团结奋斗，共同繁荣发展”（习近平 2017）。由此可见，中华民族共同体意识作为深化民族团结教育的重要内容，对促进各民族团结、各民族共同繁荣有着重要的意义，也是新时代实现中华民族伟大复兴的重要精神力量。民族院校容纳了各个民族的学生，是多姿多彩的五十六个民族文化交流交融的主要

*　本论文得到西南民族大学 2021 年研究生创新型科研项目（CX2021SP94）的资助。

场所，这些优势和特点为民族院校在外语教学中加强中华民族共同体意识提供了重要保障。然而，民族院校外语教学在中华民族共同体意识教育实施中还存在一些亟待解决的问题。

2. 民族院校外语教学中民族共同体意识教育的必要性

2.1 中华民族共同体意识教育是新时代的要求

铸牢中华民族共同体意识是促进民族团结和维护国家稳定的内在要求。习近平总书记指出："实现中华民族伟大复兴的中国梦，就要以铸牢中华民族共同体意识为主线，把民族团结进步事业作为基础性事业抓紧抓好"（习近平 2019）。民族院校作为宣传贯彻国家民族政策和教育方针的重要阵地，担负着促进少数民族地区经济社会繁荣发展和培养符合新时代发展要求的高素质人才的重大使命。然而，在全球经济文化密切交流的今天，依然存在着影响民族团结、社会和谐稳定的各类隐患。因此，民族院校更要将铸牢中华民族共同体意识作为教学中的重要组成部分，以培养出高素质的少数民族人才，从而更好地为促进民族地区经济、社会、文化的发展，促进各民族共同繁荣和维护国家稳定做出贡献。

2.2 中华民族共同体意识教育符合民族院校自身发展的需求

"创办民族院校是中国共产党为了培养民族干部、发展民族地区高等教育、解决民族问题的创举，是马克思主义民族理论与政策中国化的特色和亮点"（罗利玉 2020）。牢牢抓住中华民族共同体意识教育符合民族院校办学的初心、使命和自身发展需求，并有利于充分发挥民族院校自身优势。一方面，民族院校大多位于民族地区，肩负着为解决民族问题建言献策、为民族地区经济发展服务、为民族地区培养高层次人才的重任。因此，相较于其他高等院校而言,民族院校应更加重视对大学生维护民族团结、促进各民族共同繁荣、传承和发展民族文化等方面的教育和培养。另一方面,民族院校少数民族学生生源覆盖面广,来自全国各地的少数民族学生在生活方式、风俗习惯、宗教信仰等方面存在着较大差异。若不能引导学生正确看待和处理这种差异,则容易引起各民族学生之间的矛盾和冲突。因而,民族院校必须重视对大学生中华民族共同体意识的培育,增强大学生民族平等、民族团结、各民族共同发展的意识,增进各族学生对文化差异的理解,让他们感受到 56 个民族是休戚相关的共同体。

2.3 中华民族共同体意识教育符合外语人才培养的要求

学习一门外语不仅要学习语言知识和语言技能,更要学习该语言背后的社会文化、风俗习惯、价值观念、宗教信仰等。由于外语学科的特殊性,外语专业学生在学习外语的过程中不可避免地受到语言所负载的文化观念和价值观念的影响。加之大学期间正是大学生确立世界观、价值观和人生观的关键时期,如不能加以正确的引导,大学生容易在多元文化、多元价值、多种传播媒介的环境中和网络信息化的时代中迷失自我。在中国文化“走出去”的战略背景下,外语专业学生应成为对外传播中国文化、讲好中国故事、传递中国声音的使者,民族院校的外语专业学生更要承担起传承少数民族文化、讲好少数民族故事的重任。这就要求外语专业学生不仅要具备过硬的语言专业素养,也要具备高度的国家意识、民族意识以及崇高的爱国情怀。因此,在外语教学中融入中华民族共同体意识教育,有助于引导大学生树立正确的人生价值观,有利于民族院校培养具有家国情怀和国际视野的高层次外语人才。

3. 民族院校外语教学中民族共同体意识教育的现状

3.1 外语教师中华民族共同体意识教育不强

外语教师是外语教学过程中的重要组成部分,教师的道德观、文化观、民族观等观念会潜移默化地影响着学生的理想信念和价值取向。相较于高等院校其他专业教师而言,外语专业教师中有很多人具有海外生活和学习的经历,加上在国内长期从事外语语言研究和相关外语国家的社会文化、风俗习惯、价值观念的研究,使得他们在日常教学中集中于对相关西方国家的政治、经济、文化等方面的介绍,忽视了对学生关注国内经济、社会、文化的发展的引导。其次,外语教师在授课过程中过多强调语言知识和相关文化的讲授,更注重学生外语技能的提升和语言知识的掌握。这使得教师对教学内容中政策性导向的知识传授不足,从而在外语教学过程中对铸牢中华民族共同体意识的教育重视不够。

3.2 外语教材中缺少中华民族文化元素

增强文化认同是铸牢中华民族共同体意识的重点,牢固的民族共同体需要根深蒂固的文化认同作保障。2014 年习近平总书记提出的"中华民族共同体意识"为高校课程改革指明了方向,各大高等院校积极展开对铸牢大学生中华民族共同体意识的教学活动,并取得了一定的成效。但是任何课程改革都不是一蹴而就的。外语教材编撰和使用的时效性问题也是将中华民族共同体意识教育融入外语教学过程中所面临的一大挑战。长期以来,民族院校的外语教材,无论是公共基础课的大学英语教材,还是外语专业的相关教材,在编写或取材过程中大多选用英语国家地道纯正的文章。尽管选取的素材主题多样,内容涵盖不同领域,但是介绍的也都是西方国家的政治制度、经济体制、社会文化和人文历史等,外语教材中涉及中国优秀传统文化的内容少之又少,甚至是完全没有。"巧妇难为无米之炊",外语教材中中国优秀传统文化的缺失,使得外语教师更难以将中华民族共同体意识教育与外语专业知识结合起来。因此,在民族院校外语教学实践中,教师缺乏对传统文化蕴含的民族精神、道德情操以及人文涵养进行深入挖掘和宣讲的材料,中华优秀传统文化得不到有效传承和弘扬,从而使得中华民族共同体意识教育难以融入外语教学实践中。

3.3 外语课堂中缺少"课程思政"意识

外语课堂中"课程思政"意识的不足也是中华民族共同体意识教育难以融入外语教学中的原因之一。"课程思政"的不足首先体现在课程内容上,外语课堂教学内容偏重于语言知识的传授和外语应用能力的培养,从而忽视了课堂教学在培育学生思想道德品质中发挥的重要作用。其次,在课堂形式上,以"老师讲授,学生接受"的形式为主,即使有学生参与到课堂中的听、说、读、写、译等教学活动,更多关注的也只是学生能否正确地理解外语语篇,是否具备用外语表达情感的能力,是否熟练掌握外语知识点。这在很大程度上阻碍了大学生思想政治教育工作的发展。

4. 民族院校外语教学中民族共同体意识教育的实施路径

4.1 增强外语教师共同体意识

教书育人是教师的基本使命和主要工作职责。外语教师在传授外语专业知识的同时,更要言传身教,以自身的道德行为和人格魅力引导学生树立正确的社会主义核心价值观。在外语教学实施过程中,教师所体现出来的思想观念和价值观念会潜移默化地影响着学生的价值取向和追求。因此,外语专业教师不仅要熟练掌握外语知识及其文化,也要具有厚实的民族文化底蕴,主动承担起传承优秀民族文化的伟大使命。外语教师只有不断完善知识结构,提高民族文化素养,增强自身的中华民族共同体意识,才能在外语教学过程中注重对学生家国情怀、民族精神、社会主义核心价值观的培养教育,从而增强大学生的民族共同体意识。

4.2　丰富外语教材中的中华民族文化元素

中华民族优秀传统文化形成于中华民族五千多年文明历史的发展中,是各族人民共同的文化瑰宝,是培育中华民族共同体意识的重要精神力量。外语教材是学生学习外语知识、了解相关国家文化的主要载体。一直以来,外语语言类教材内容的选材突出强调语言素材的地道纯正和对相关文化介绍的正确性,力图让语言学习者得到"原汁原味"的语言输入。这种高强度的语言输入确实有利于语言学习者掌握地道纯正的语言表达。但是,语言习得并不是一朝一夕的事情,而是长期学习的过程。因此,外语教材内容的选材应将中华优秀传统文化考虑在内。如"英语国家社会与文化"和"英美文学"这两门必修课主要介绍的是英语国家的政治制度、经济体制、历史文化、风俗习惯和文学发展等,在教材中可以适当增加一些有关中国政治、经济、文化等相关的内容作为辅助材料,这样可以让学生在语言学习过程中对西方先进文化与中华优秀传统文化进行对比,从而在掌握语言知识和技能的同时,了解两国文化差异。此外,将中华优秀传统文化编入外语教材,有利于学生掌握中华文化的正确翻译和传播,以达到西方先进文化输入和本民族优秀文化输出的双向文化导向的目的。

4.3　重视外语课堂中的课程思政

课程思政有利于铸牢中华民族共同体意识,落实立德树人的根本任务。外语教学课程思政的建设强调将外语知识的传授、外语应用能力的培育与思想道德培育相结合。外语教师应将教学中的课程思政视为铸牢中华民族共同体意识教育的重要手段。首先,在课堂内容上,深入挖掘教材中所蕴含的符合社会主义价值观、符合时代发展潮流的思想政治教育内容,并有意识地将其融入语言专业知识的传授中,以对学生进行正确的价值引领。同时,还要丰富课程内容,有机地融入中国当代政治、经济、社会、文化等方面的知识和内容,增加学生对祖国的了解,从而激发学生的国家认同感和民族自豪感。其次,在课堂形式上,充分发挥学生的主体作用,让学生积极参与到听、说、读、写、译等各个教学环节中。在这些教学环节所涉及的练习材料中,既要有纯正地道的外语素材,也要选取有关我国优秀传统文化、时政新闻、社会热点等方面的素材,注重中外文化和价值观念的对比,注重对学生理想信念和价值观念的引领和道德修养的培养。这样既可以有效锻炼和提高学生的听、说、读、写、译等语言技能,又能让学生在学习外语专业知识和外国文化的过程中提高思想政治觉悟,培育中华民族共同体意识和人类命运共同体意识。此外,为了更好地将课程思政有机融入外语课堂中,教师要加强课程思政方法论研究,努力提高课程思政的能力。

4.4 设立中华民族传统文化课程

为了在外语教学过程中融入中华民族共同体意识教育,民族院校在外语专业人才培养方案改革和外语专业课程设置时要充分利用其自身的特点。在日常的学习生活和丰富多彩的校园文化活动中,民族院校的外语专业学生或多或少可以了解到各个少数民族的传统节日、神话故事、风俗习惯、民族服饰等方面的知识。然而,由于没有设置相关课程,外语专业学生不能系统地学习少数民族传统文化及其蕴含的民族精神、人文内涵、传统美德等宝贵财富。缺乏对中华各民族优秀传统文化的了解,就难以形成对各民族的认同感和归属感。因此,在课程设置方面,可以增加汉语言文学、中国少数民族语言文学等专业的相关课程模块,如中国文化概论、古诗文赏析、少数民族小说选读等课程。这可以让学生在学习西方文化和价值观念的同时,学习中华民族优秀传统文化,以丰富语言积累,增强民族文化底蕴,从而坚定中华文化自信、民族自信,增强民族共同体意识。

5. 结语

铸牢中华民族共同体意识为新时代民族院校开展教育教学活动指明了新的发展方向和改革方向,同时也对广大外语教师实施外语课程教学提出了新的挑战。民族院校的自身发展需求和外语学科的特殊性都要求在实施教学活动的过程中融入中华民族共同体意识教育,以实现知识传授和价值引领的有机统一,拓宽开展思想政治教育的渠道。民族院校拥有丰富的民族文化教育资源,这为铸牢大学生的中华民族共同体意识提供了资源保障,奠定了良好的基础。因此,在外语教学过程中,外语教师要充分利用民族院校的优势,加强外语课程思政意识,从而培养出既有国际视野又有家国情怀的高层次外语人才和优秀少数民族人才。

参考文献:

[1] 邓光玉. 民族院校铸牢中华民族共同体意识的实践逻辑——以西北民族大学为例[J]. 西北民族研究,2020,(04):5-9.

[2] 哈正利,杨胜才. 中华民族共同体意识基本内涵探析[N]. 中国民族报,2017-02-24.

[3] 罗利玉. 民族院校铸牢中华民族共同意识的逻辑遵循和路径探析[J]. 广西民族大学学报,2020,(4):192-197.

[4] 司显柱. 翻译教学的课程思政理念与实践[J]. 中国外语,2021,18(02).

[5] 王艳. 高校外语教育中社会主义意识形态建设研究[J]. 江汉大学学报,2017,(6).

[6] 习近平. 决胜全面建成小康社会 夺取新时代中国特色社会主义伟大胜利——在中国共产党第十九次全国代表大会上的报告[N]. 人民日报,2017-10-28.
[7] 习近平. 在全国民族团结进步表彰大会上的讲话[N]. 人民日报,2019-09-28.
[8] 杨蔚. 外语专业教育中的课程思政研究[J]. 当代教育理论与实践,2020,(03).
[9] 朱蔚,周文豪. 中华民族共同体意识的内涵阐释和理论拓展[J]. 中南民族大学学报,2021,41(03).

[作者简介] 班华娜,西南民族大学外国语言文学学院在读硕士研究生。研究方向:应用语言学。

“そうだ”“ようだ”“みたいだ”“らしい”的用法辨析

西南民族大学 马永平 修 硕

摘 要：日语是黏着语，与孤立语汉语不同的是，黏着语有发达的虚词体系。日语助动词是各项日语考试的重点、难点，因其数量多、用法庞杂、活用形式繁多、接续易混等特点，困扰着广大考生。笔者在本论文中总结了“そうだ”“ようだ”“みたいだ”“らしい”四个易混助动词的接续、活用规则以及用法，希望能为广大学生梳理知识脉络，提供解题思路。

关键词：样态助动词；推量助动词；比况助动词

日语助动词种类繁多，接续多种多样，活用虽相对简单，但是也有许多容易出错的、需要引起注意的地方。日语助动词的学习主要分三个部分，即接续方法、活用规则、适应语境。本文按以上三个部分展开，探讨日语中比较容易混淆的样态、推量、比况助动词的用法。

1. 接续规则

标题中的四个助动词(接尾词)的接续既有相同也有区别，需要仔细辨别，现将接续方法与活用规则总结如下：笼统地讲，表传闻的助动词“そうだ”，表样态、比况的助动词“ようだ”和“みたいだ”，表推量的助动词“らしい”都跟在“だ体”后面。表样态的助动词“そうだ”和作接尾词使用的“らしい”不跟在“だ体"后面。具体接续规则如下。

1.1 传闻助动词"そうだ"

"そうだ"作传闻助动词使用时,跟在"だ体"后面,前面的"だ体"不需要做任何变动。如:

例(1):天気予報によると、明日は雪が降るそうです。(据天气预报说,明天会下雪。)

例(2):先生の話では、今度の試験は難しくないそうです。(据老师说,这次的考试不难。)

例(3):高橋さんから聞いたんだけど、彼の奥さんはアメリカ人だそうです。(据高桥先生说,他的夫人是美国人。)

1.2 样态助动词"そうだ"

"そうだ"作样态助动词使用时,只能跟在形容词和形容动词的词干、一部分动词的连用形后面。如:

例(4):このケーキは美味しそうです。(这种蛋糕看起来很好吃。)

例(5):この問題は複雑そうですね。(这个问题看上去好像比较复杂。)

例(6):台風で木が倒れそうです。(眼看着树就要被台风刮倒了。)

注意事项:

A. "よい""ない"这两个形容词的词干只有一拍,需要在形容词词干后加接尾词"さ"。

例(7):彼女はスポーツに興味がなさそうです。(她对运动好像没什么兴趣。)

例(8):(試験が終わった後)今度の試験は難しくなさそうです。(这次的考试似乎并不难。)

例(9)：田中さんのうちの子は頭がよさそうです。(田中家的孩子看上去挺聪明的。)

B. 体言不能后接样态助动词“そうだ”，但是体言的否定形式“体言ではない”可以后接样态助动词“そうだ”。

例(10)：これは本物のダイヤモンドではなさそうです。(这看上去好像不是真的钻石。)

例(11)：これは私が注文したものではなさそうですね。(这看上去好像不是我下单的东西。)

1.3 样态、比况助动词“ようだ”

“ようだ”有样态助动词和比况助动词两种用法，两种用法的接续规则都是一样的，都是跟在“だ体”后面，只是跟在“体言+だ”和“形容动词词干+だ”的这两类句子后时有些特殊，体言后面的“だ”要改成“の”，形容动词词干后面的“だ”要改成“な”，其他类型的“だ体”句子不需要任何的改变。如：

例(12)：地面がじくじくして、昨夜雨が降ったようです。(看到地面湿漉漉的，昨晚好像下雨了。样态)

例(13)：もう十二時になったから、鈴木さんは今日は来ないようです。(已经12点了，铃木先生今天好像不来了。样态)

例(14)：声が聞こえるので、隣の部屋に誰かがいるようです。(听到声音，隔壁房间里好像有人。样态)

例(15)：このホテルに入ると自分の国にいるようです。(进入这个宾馆，感觉就像在自己国家一样。比况)

例(16)：彼に会えるなんて、まるで夢のようです。(能见到他，简直就像做梦一样。比况)(だ→の)

例(17)：あそこの店の定休日は毎月の第一月曜日のようです。(那家店好像每个月的第一个星期一不营

业。样态)(だ→の)

例(18):あの人は釣りが好きなようです。(他好像喜欢钓鱼。样态)(だ→な)

1.4 样态、比况助动词"みたいだ"

"みたいだ"是"ようだ"的口头化的表达形式,与助动词"ようだ"一样,有样态助动词和比况助动词两种用法。且这两种用法的接续也相同,与助动词"ようだ"一样,也是跟在"だ体"后面。而且跟在"体言+だ"和"形容动词词干+だ"的这两类句子后面时,接续也有所变化,但是二者有所区别。跟"みたいだ"时,需要把体言后面的"だ"和形容动词词干后面的"だ"去掉,其他类型的句子不需要做任何的改变。如:

例(19):渡辺さんの席は誰も座っていないが、仕事を辞めたみたいです。(渡边先生的座位空着,好像是辞职了。样态)

例(20):電気が消えているから、もう寝たみたいです。(灯关了,看样子已经睡下了。样态)

例(21):難しい試験に合格して、夢を見ているみたいです。(通过了那么难的考试,感觉像做梦一样。比况)

例(22):小林さんは元気がなくて、病気みたいです。(小林先生没什么精神,似乎是生病了。样态)

例(23):彼はまるで日本人みたいに日本語をぺらぺら話しています。(他就像一个日本人一样流利地说着日语。比况)

例(24):彼女の顔はりんごみたいに赤くなりました。(她的脸像苹果一样红了起来。比况)

1.5 推量助动词、接尾词"らしい"

"らしい"有作推量助动词和接尾词使用的两种用法,其

中,作推量助动词使用时的接续和“みたいだ”的接续方法相同。如:

例(25):さっきすれ違った人は趙先生ではないらしいです。(刚才擦肩而过的那个人好像不是赵老师。)

例(26):彼の鞄があるから、まだ学校にいるらしいです。(他的书包还在,看来他还在学校。)

例(27):佐藤さんの様子を見ると、本当に何も知らないらしいです。(看佐藤先生的样子,好像真的一无所知。)

例(28):天気予報を見たお母さんの話では、明日は雨が降るらしいです。(据天气预报说,明天可能会下雨。)

例(29):医者に言われて、田中さんはタバコをやめたらしいですよ。(听说田中接受医生劝告,戒烟了。)

“らしい”作接尾词使用时,跟在体言后面,如:

例(30):高校生は高校生らしくしなさい。(高中生就该有高中生的样子。)

例(31):彼は日本人らしくない考え方をする。(他的思考方式不像日本人。)

例(32):知っていて誰にも言わないなんて毛利さんらしい。(明明知道却对谁也不说,真的是毛利先生的风格啊。)

2. 活用规则

助动词活用规则大多遵从用言的活用规则,按照形容词活用规则变化的叫“形容词性助动词”,如表示否定的助动词“ない”;按照形容动词活用规则变化的叫“形容动词性助动词”,如表样态的助动词"ようだ"。按照动词活用规则变化的叫"动词性助动词",如表被动语态的助动词"られる"。另有变化比较特殊一点的助动词叫"特殊活用助动词",如表判断的助动词"だ"。因此助动词按照活用规则不同,大致可以分为以上四大类。本文探讨的四个助动词中,"らしい"属于形容词性质的助动词,其他的三个均属于形容动词性质的助动词。也就是说"らしい"活用时按形容词活用规则变化,其他的三个活用时按形容动词活用规则变化。具体活用规则如下表:

活用规则表

终止形	连用形	连体形	未然形	已然形	命令形
そうだ	そうに・そうで・そうだっ	そうな	そうで(は) そうなら	そうなら そうであれ	そうであれ そうなれ
ようだ	ように・ようで・ようだっ	ような	ようで(は) ようなら	ようなら ようであれ	ようであれ ようなれ
みたいだ	みたいに・みたいで・みたいだっ	みたいな	みたいで(は) みたいなら	みたいなら みたいであれ	みたいであれ みたいなれ
らしい	らしく・らしかっ	らしい	らしく・らしから	らしけれ	らしかれ

关于上表有以下几点说明:

A. 本文中的"终止形"是专业术语,根据教材的不同有的地方也叫"辞书形""基本形""原形"或者"字典形",都是指用言的原形,即一般现在时态的肯定形式。

B. "连用形"即后续用言的形式,一般可以认为是后续接续助词"て",表过去的助动词"た"的形式。如"らしい"后续接续助词“て”时,为“らしくて”;后续表示过去的助动词“た”时,为“らしかった”,那么“らしく”和“らしかっ”都是“らしい”的连用形。

C. “连体形”即后续体言的形式,实际上是用言充当定语时的形式,动词和形容词的连体形跟终止形一致,形容动词的连体形需要把词尾“だ”变成“な”,如“雨のようだ天気”→“雨のような天気”。

D. “未然形”是专业术语,出自不同编者,各种教材可能分别称之为“否定形”“ない形”,一般可以认为是后续表示否定的助动词“ない”“ず”等的形式,但是并不是说未然形后面就只能跟表示否定的助动词,表使役的助动词“(さ)せる”、表被动的助动词“(ら)れる”等等也都是跟在用言未然形后面的。

E. “已然形”是专业术语,其他教材也称“ば形”“假定形”。一般可以认为是后续接续助词“ば”的形式,但是并不意味着已然形后面只能接接续助词“ば”,也可以接其他成分。

F. 上表中,助动词“そうだ”表传闻时,一般只有一般现在时的肯定形式,即终止形,没有连用形、连体形、已然形、未然形、命令形。也就是说,以上四个助动词(接尾词)都有六种活用规则,但是并不一定都会被使用到。

G. 下面以比况助动词“ようだ”为例,例举其各种活用实例。

例(33):人が死ぬことは火が消えるようです。(人死就像火熄灭一样。终止形)

例(34):人が死ぬ瞬間は火が消えるような瞬間です。(人死的一瞬间就像火熄灭的一瞬间一样。连体形)

例(35):火が消えるように人が死ぬのです。(就像火熄灭一样,人会死去。连用形)

例(36):人が死ぬことは、火が消えるようで、あっという

間になくなります。（人死就像火熄灭一样，一瞬间就没有了。中顿、连用形）

例(37)：人が死ぬことは火が消えるようではなく、魂が残るとこちらの人々は信じます。（这里的人们相信，人死并不像火熄灭那样，还会剩下灵魂。未然形）

例(38)：人が死ぬことは火が消えるようであれば、魂が残るはずがありません。（人死如果像火熄灭一样的话，不可能剩下什么灵魂。已然形）

例(39)：人が死ぬことは火が消えるようなら、魂が残るはずがありません。（同上）

例(40)：人が死ぬことは、火が消えるようであれ、水が蒸発するようであれ、何も残らないという意味です。（人死，不论是像火熄灭，还是像水蒸发，都是一个意思，就是什么都不会剩下。命令形）

以上仅列举了与比况助动词“ようだ”相关的句式，其他助动词（接尾词）的相关用法可以依葫芦画瓢。

3. 用法辨析及注意事项

3.1 传闻助动词“そうだ”

“そうだ”作表传闻的助动词时，表示前面“だ体”的内容是听来的，说话人只是做一个转述。消息的来源用“…によると”“…話では”“聞くところによると”等来表示。如：

例(41)：天気予報によると、明日は晴れだそうです。（据天气预报报道，明天是晴天。）

例(42)：総理大臣の話では、首脳会談は来年になるそうです。（据总理说，首脑会谈将在明年举行。）

例(43)：聞くところによると、ウィルスは空気を通じて移るそうです。(据传病毒会通过空气传染。)

值得注意的是,这种情况下,助动词“そうだ”一般只有终止形,没有其他形式。

3.2 样态助动词“そうだ”

“そうだ”接在形容词、形容动词、可能动词、表状态的动词后,表示虽然不是实际确认过的,但从外观判断的话,会被认为有这样的性质和状态(笔者译,小川芳男 1982:379)。如:

例(44):いまにも雨が降りそうな天気模様です。(天空看上去好像马上就会下雨。)

例(45):作り方は難しそうに見えます。(做法看上去好像很难。)

这个句式是仅凭视觉搜集到的信息进行的主观描述,可信度比较低。至于实际情况如何,并不能确定。如:

例(46):このケーキは美味しそうです。(这种蛋糕看起来很好吃。)

上面的例子只是表达从视觉搜集到的信息来看,那块蛋糕好像很好吃,而实际情况是,有可能那个看似美味的蛋糕只不过是一个食物模型,根本就不是真正的蛋糕;或者只是一张照片,根本就没办法品尝。

样态助动词“そうだ”另一种用法是跟在动词连用形后面,指把重点放在事情发生的可能性上,表示能够很充分预见(笔者译,小川芳男 1982:379)。

例(47):仕事に疲れて、死にそうです。(工作辛苦,快要累死了。)

例(48):こんなひどいやり方で魚を捕ると、数年後、川の魚がなくなりそうです。(以这么恶劣的方法捕鱼的话,可能几年后,河鱼就销声匿迹了。)

注意事项：

A. 样态助动词"そうだ"的否定形式分两种情况，一是形容词、形容动词后续"そうだ"的否定。这时的否定形式有两种，一种是"…なさそうだ"，另一种是"…そうではない"。前者表示"看上去不会……"，后者表示"完全看不出来会……"，后者是语气比较强烈的反驳，一般比较少见。另一种是动词连用形后续"そうだ"的否定，既不是"…なさそうだ"，也不是"…そうではない"，而是"…そうにない"或"…そうもない""…そうにもない"。

例(49)：この雨は止みそうもありませんね。(这场雨完全没有要停的意思。)

例(50)：会議はえんえんと長引いて、終わりそうにありません。(会议繁冗拖沓，看样子一时半会儿完不了。)

B. 动词连用形后续样态助动词"そうだ"都表示趋势，只是有时感觉是下一秒就会产生的趋势，有时则表示不久的将来会产生的趋势，具体情况应该视语境进行分析。如：

例(51)：今にも雨が降りそうです。(有可能下一秒就会下雨。)

例(52)：仕事に疲れて、死にそうです。(长此以往有死的可能，但不会下一秒就出现。)

C. 表示下一秒的趋势时常和副词"今にも(立刻、马上)"连用。表示事物的样态的时候常和"見た目では(看外表的话)""いかにも(非常像、很像)"等呼应使用。

3.3 样态助动词"ようだ"

样态助动词"ようだ"跟在"だ体"后面表示推测。这种推测是基于味觉、听觉、视觉、触觉、嗅觉等收集的信息经过大脑处理后，结合说话人的经验做出的一种比较接近实际的推断，一般是可信度比较高的判断。“ようだ”直接表现说话人主体的判断，重点放在陈述对象处于哪种状态。作为判断依据的事情不论是很客观的东西，还是很主观的东西，都可以（笔者译，小川芳男 1982：377）。如：

例（53）：田中さんは今の仕事が嫌なようです。（田中好像有点讨厌现在的工作。）

以上判断可能是说话人看到了田中不高兴的样子，听到了田中说不喜欢这个工作的话，或是通过感觉感受到了田中的讨厌情绪等等，结合说话人本身的经历、经验，基本上比较肯定地判断田中讨厌现在的工作。

注意事项：

A. 样态助动词“ようだ”表示推测时，有时也和“どうやら（似乎、好像）”这样的加强模糊语气的副词一起使用。

B. 要注意“…ように見える”“…ように聞こえる”“…ように感じられる”“…ように思える”“…ような気がする”“…ような感じがする”“…ような思いがする”等句式。

3.4 比况助动词“ようだ”

“比”是“打比方、打比喻”的意思，“况”是“明显的、清楚的”的意思，所谓比况助动词就是通过打比方将难懂的意思变得清楚、明白，将复杂、抽象、难懂的东西简单化的成分。比况助动词“ようだ”有两种用法，一种是本体喻体比较明显的比喻，另一种是本体喻体不明显的示例，如：

例（54）：彼は猿のように速く木に登ることができます。（他能像猴子一样迅速地爬树。比喻）

例（55）：私は王さんのような人が苦手です。（我和老王那样的人相处不来。示例）

注意事项：

A. 比况助动词"ようだ"用作比喻的用法的时候，常和"まるで(完全就像)""いかにも(很像、就像)""あたかも(仿佛、好像、就像)"等副词一起使用。

B. 比况助动词"ようだ"除了以上两种用法外，还可以表示目的、愿望和变化。如：

例(56)：僕は飛行機に遅れないように早く起きました。(为了不延误飞机，我起得很早。表目的)

例(57)：幸せになりますように。(祝你幸福。表愿望)

例(58)：英語が上手に話せるようになりました。(英语说得越来越棒了。表变化)

3.5 样态、比况助动词"みたいだ"

"~みたいだ"作为"~ようだ"的口语体使用，意思和用法跟"~ようだ"相同，但是在正式场合用"~みたいだ"给人一种随意的印象，需要注意。书面语不能用"~みたいだ"(笔者译，市川保子 2005：134)。另外，二者还有两点需要注意：

A. 接续上的细微差别。

B. 助动词"ようだ"表比况的时候，其连用形"ように"可以表示目的、希望和变化，而"みたいだ"的连用形"みたいに"则没有这样的用法。

3.6 推量助动词"らしい"

"推"是"推测"，"量"是"揣测、掂量"的意思。"推量"就是"推测、揣测"的意思，推量助动词"らしい"跟在"だ体"后面表示前面"だ体"的内容是说话人的一种推量、猜测。

例(59)：噂では、今度の休みは休まないらしいよ。(听人说，这次的休假好像不放假。)

例(60)：体がだるくて、頭痛が少しして、鼻水が出て、私、どうやら風邪を引いたらしいね。(身体乏力，头有点痛，流鼻涕，我好像是感冒了。)

例(61)：携帯がどうやら故障したらしい。(手机好像是出问题了。)

注意事项：

这种猜测、推测与样态助动词“ようだ”的不同之处在于：

A. “らしい”主要是基于听到的一些不尽详细的内容，对某事做出的一种比较主观的推测、揣测，字里行间透露了说话人对前面“だ体”的内容的一种漠不关心、很不确定的语气，因此可信度并不高。而“ようだ”是基于说话人的经验对多种感官信息进行处理后做出的对某种事物的样态的一种比较客观的判断，是比较负责任的一种判断，没有一种漠不关心的语气，可信度比较高。

B. “らしい”之所以比较主观，有一种漠不关心的语气，可信度不高，是因为说话人依据的消息来源比较单一，信息量不够，多半是基于听到的比较片面的消息而做出的一种比较无奈(因为信息量不够)的推测。如果信息来源是自己亲眼看到或者切身感受到的比较准确的内容的话，应该是可信度比较高的，信息量应该是比较足的，说话人也无法置身事外，就不能使用“らしい”来表示推测。之所以能使用“らしい”来表示推测，那是因为信息的来源应该是不太可靠的。而听觉收集到的信息相对而言是不太可靠的，所以这个句式很多情况下都是基于听到的不全面的信息做出的很模糊的推测。所以很多人把“らしい”理解成传闻助动词，可以从这里面找到原因。但是这种理解是错误的，因为有时有“らしい”的句子中，信息来源并不是基于听觉，还有可能来源于比较抽象的、无法确定的感觉。如：

例(62)：体がだるくて、頭痛が少しして、鼻水が出て、私、どうやら風邪を引いたらしいね。(身体乏力，头有点痛，流鼻涕，我好像是感冒了。)

这明显不是基于听觉的一种推测，而是基于自身的一些感冒症状做出的一种不太确定的推测，因为有这些症状并不能肯定一定就是感冒，只有医生诊断后才能知晓。所以"らしい"的句式的信息来源于听觉的情况比较多，但并不都是来源于听觉。可以肯定地说，"らしい"的句式的信息来源是可信度比较低的，信息的量是不足的，常和"どうやら（感觉好像、总觉得似乎）"这样的表示不确定的副词一起使用。

3.7 接尾词"らしい"

"らしい"还可以用作接尾词，接在名词后面构成形容词，表示主体充分具备了"らしい"前面的名词所具有的特点、性质或风格，意思是"像……似的""有……的样子""地道的……"，常与"いかにも""まさしく""全く"呼应使用。

例(63)：高校生は高校生らしくしなさい。（高中生就该有高中生的样子。）

例(64)：彼は日本人らしくない考え方をする。（他的思考方式不像日本人。）

例(65)：知っていて誰にも言わないなんて毛利さんらしい。（明明知道却对谁也不说，真的是毛利先生的风格啊。）

此外，还需要注意"体言+らしい+体言"的说法，表示"像样的……"，如：

例(66)：あの人は仕事らしい仕事をしたことがありません。（他没有做过一件像样的工作。）

例(67)：家には家具らしい家具がひとつもありません。（家里没有一件像样的家具。）

综上所述，四个助动词（接尾词）中，既有模糊语义的功能，即将明确的话语意思模糊化的不确定化的比较难懂的用法，也有诸如表传闻、表目的、表希望、表命令等比较易懂的用法，但是四个词的接续方法、适应语境的区别还是比较明显的。

4. 结语

日语表样态、推量、比况的助动词用法是日语学习的重点，同时也是难点。如何学好助动词、用好助动词，关键在于理解不同助动词的不同接续、各自适应的话语环境。在理解的基础上，对于每种助动词的每种用法需要背2—3个样板例句；在熟练掌握样板例句后，要学会自己模仿例句进行造句练习。当然，关于以上几个易混的助动词的用法，还需要细致地掌握其特殊之处，如接续的例外情况、否定的例外情况，以及表意的例外情况等。

参考文献：

[1] 市川保子．初級日本語文法と教え方のポイント[M]．東京：スリーエーネットワーク，2005.

[2] 小川芳男．日本語教育事典[M]．東京：大修館書店，1982.

[作者简介] 马永平，西南民族大学教授，硕士生导师。研究方向：日本文学。修硕，西南民族大学日语笔译专业硕士。

异文化教学背景下的思政教育思考

西南民族大学外国语言文学学院　李　彬

摘　要：大学阶段的专业课教学不单是专业知识的传授，还应当肩负起塑造学生正确世界观、价值观和人生观的责任，也即为“传道”。在异文化教学背景下，这种“传道”凸显出其自身的必要性和特殊性，也对教师提出了更高的要求，不仅要能够将异文化的专业知识同本国文化相结合，更是要对异文化进行深度的掌握和剖析，在提升学生吸收异文化优秀文明成果能力的同时，辨别和思考异文化同中国文化的异同和关系，在此过程中培养学生对民族道路和制度、民族文化和民族使命的自豪感，健全爱祖国、爱党和爱社会主义的正确世界观、价值观和人生观。

关键词：异文化背景；专业课教学；思政教育

基金项目：2020年度西南民族大学校级“思政课程”“课程思政”示范课程建设项目，名称：《基础日语（一）/（二）》，项目编号：2020KCSZ12

一、专业课教学领域思政教育的共性思考

（一）大学阶段思政教育应充分地同专业教学领域相融合

在大学的教育阶段，由于分专业教学的特色较之于中小学迥然不同，教师的教学似乎给人以需侧重对学生专业知识和能力培养的感觉。但仔细思考则不难发现，这不够全面，如若如此甚至是误入歧途。早在1200余年前，唐代大文学家韩愈在其耳熟能详的《师说》中就已经阐明：“师者，所以传道受业解惑也”。大学教育阶段的教师，在教学过程中除了进行专业知识、专业技

能的教授之外，更为重要的环节在于传道。这也是韩愈在《师说》中将传道置于受业、解惑之前的道理所在。那么，大学教育传的是什么道呢？

笔者认为，在当前中国的发展阶段，大学需要传的自然是国之道、党之道、社会主义之道，帮助学生建立爱国、爱党、爱社会主义的正确世界观、价值观和人生观。从小学到大学，我们的课程体系中一直贯穿着思政课程，在其中起到了重要的传道作用，大学的思政课程在传道的深度和广度上更是中小学无法比拟的。但是，这种就思政而思政的专业课程教学，虽是大学传道极重要的部分，但不是全部，甚至可以说不是重点。它同大学所侧重的受业和解惑也即专业学习连接不紧密，是其长臂莫及、力有未逮的领域，而《师说》所言的"传道"绝不是单独的、孤立于受业解惑的传道；相反，它所言的传道恰恰是同后两者紧密结合在一起的，这样的传道也才更有生命力和感染力，也更能与学生产生共鸣，引起学生的注意，并且这样的专业领域也正是未来学生可能贯穿其一生的生活背景。学生需要在未来的专业领域中践行自己的世界观、价值观和人生观。

由此可见，单就大学教育阶段而言，这一阶段的思政教育不同于中小学教育，重要区别恰恰是在于如何于专业教学领域中传道，即如何帮助学生在专业学习领域构建爱国、爱党、爱社会主义的正确世界观、价值观和人生观，这才是大学应传之道。

2019 年 3 月 18 日，习近平总书记在学校思想政治理论课教师座谈会上，首次创新性地提出思政育人、隐性教育的理念，将其纳入思想政治理论课改革创新要坚持的"八个相统一"中，即"显性教育和隐性教育相统一""要挖掘其他课程和教学方式中蕴含的思想政治教育资源，实现全员全程全方位育人"。这一理念的实质精髓，准确地把握了大学思政教育的命脉，也反映出中央、国家层面注重大学阶段思政教育与专业领域的融合。

（二）专业教学领域思政教育特色分析

1. 专业教学领域中的思政教育是专门思政课程的有力补充

政治理论课固然扮演着最主要的角色，但它的教学时数毕竟是有限的，且单纯的理论教学也存在一定的局限性；专门思政课程专攻思政环节，更侧重于思政教学的完整性、系统性和理论性，虽有同实践的结合，但也受限于自身，更多的是普适的、一般的、为学生所熟知的社会实践素材。而专业教学所涉及的思政内容，更多的是贯穿于专业知识能力中，呈现出依附性、碎片性的特征。教师往往在案例中结合专业实践内容阐释思政，学生会有知识应用的新鲜感。此外，专业思政教师往往不会就思政内容长篇累牍，而是一两句话就将需要教给学生的道理阐释清楚，甚至于都不需要言语的力量而只是以教学时的行为都能够传递给学生思政的力量，往往能够在更深层次上引起学生的思考。这种思考对于学习了思政课程的学生而言，是很好的实践和验证所学思政内容的机会，能够有力地形成对专门思政课程教学的补充。

2. 专业教学领域中思政教育的润物细无声

学生出于对未来的憧憬和对知识技能的渴望，往往较为重视专业课程的学习；同时，出于对大学教师的尊崇，对专业教师的言行较为信服。在这样的心理背景下，由专业教师在专业课教学中言传身教，学生对于思政内容不易产生隔阂感，更易转化为其内在的精神品质。并且在专业教学环节出现的思政内容往往呈现出同实践联系紧密、更易理解的特点。同时，这种教育是隐性的，其对学生心灵的影响如春雨一样润进灵魂，潜移默化，可谓润物细无声。

3. 专业课程中的思政教育对教师提出了更高的要求

要想在专业课程的教学中能够有意识地进行思政教育，对专业教师有着较高的要求，主要体现在这几个方面：

(1) 专业教师自身需要有较为强烈的思政意识,具有较高的思政素养。作为人民的高校教师,本身的世界观、价值观和人生观自然应该符合我国的教育要求,这点不言而喻。如果教师自身在爱国、爱党、爱社会主义的基本素质领域有所欠缺的话,很难想象会在教学环节给予学生正确的思政教育。这虽然看起来好像应该不成问题,但实际的情况是高校教师的道德素质也呈现出良莠不齐的现象。我国高校在招聘教师时,主要是对其专业技能进行考核,虽然将道德品质作为最重要的考核标准之一,甚至将其置于一票否决的地位,但实际执行时则很难对其思想品质进行准确定性,更多的是通过其过往履历来简单判断。因此,如想在专业教学领域达到思政教育的目的,对高校的老师就需要由国家和学校进行严格的师德培养和考核。

(2) 专业教师对专业教学内容需要有更为"思政"的认知和把握。专业教师在专业教学中除了需要对专业知识具有深刻的理解之外,更重要的是能够将专业知识同学生的世界观、价值观和人生观教育相结合,能够敏锐地把握住专业知识领域中的思政点,将自己的专业知识同实际工作环节相结合,凸显在实际工作中,通过具体的知识应用环节里隐藏的思政教育素材顺势引导。比如在经济学科教学中,讲授国际贸易纠纷时顺势引导学生思考经济贸易纠纷背后的国家利益博弈,增强学生的民族自豪感和民族意识,培养学生的爱国情操,阐述或引导学生了解在纠纷过程中我国党和政府进行的不懈斗争和为我国争取民族利益的巨大努力,培养学生的爱党情怀。当然,不一样的学科思政点的显隐程度不同。比如"机械应用原理"这样的所谓纯技术或理论的"硬核课",其思政点会隐藏得很深,需要教师多花心思。专业教师能否敏感地抓住专业知识中的思政点,这体现在两个方面:一是教师对自己专业课的熟练掌握程度,能否对自己所授课程的每一个环节都了如指掌;剩下的就是思政内容的融合,一般而言这个不成问题。二是对大学教学中所学的思政点的熟练掌握。这是一个需要解决的难点，教师需要对大学思政的教学内容进行系统的梳理，掌握大学思政的内容要点。只有做到心中有数，才能敏锐地意识到哪些专业课知识能够结合哪些思政课题，也即所谓的发现专业课程的思政点。这样才能做到游刃有余、有目的性的融合，呈现出来的思政教学才是有的放矢的，不是随意的、粗糙的，而是设计的、精致的、有效的。

二、异文化背景专业课思政教育的个性思考

在大学的教学系统中，有一部分的教学是较为特殊的，它存在着学习的异文化背景，本文将之称为异文化背景教学。所谓的异文化背景教学是指这一类的教学是对我们的学生教授国外优秀的文化知识和技能，让其吸收异文化的文明成果，从而不可避免地存在着非中华民族文化的教学氛围。比如所有的外语类教学、比较文学中的外国文学教学部分、西方经济学、哲学等，当然也不局限于这些人文学科，在讲授诸如计算机技术、生物工程科学等国外领先学科的教学时也可归入异文化教学背景的范畴，甚至从某种意义上而言，这些理科专业的异文化背景对学生的影响可能更为深刻，更需引起我们的重视。

（一）异文化背景思政教育的必要性解读

国际意识形态领域斗争形势严峻，马克思主义指导思想面临拜金主义、历史虚无主义、功利主义等不良社会思潮的挑战，社会主义核心价值观面临市场逐利性、物质性、功利性的挑战，传统教育引导方式面临互联网等挑战。在此形势下，异文化背景专业的学生更有接受专业课领域思政教育的必要性。异文化教学背景下的专业教学，由于其无时无刻不在对学生进行着潜移默化的异文化教育输出，因此这些专业的学生很容易在不知不觉中产生对异文化的憧憬和向往，甚至沉迷于异文化，对自己本国的中华民族文化产生质疑和否定，从而进一步地形成歪曲

的世界观、价值观和人生观，就更谈不上爱国、爱党和爱社会主义。不可否认，在最近的一个多世纪中，世界的文明重心落在了西欧和美日等发达国家和地区，在文化领域表现为其强势的全球性的文化输出，这种输出是全方位的，从基本的文化作品如电影、小说、动漫、游戏到高大上的环保理念、民主理念、人权理念，再加上互联网的普及和别有用心人士的推动，作为青少年的大学生很容易获取西方的思政观点，加上异文化教学背景，如果教师在讲授专业知识的同时不能将西方不正确的世界观、价值观和人生观让学生加以辨识、剥离，那么学生很可能在偏离正确三观的道路上愈行愈远。毫不夸张地说，异文化背景的专业课教学课堂就是争夺学生世界观、价值观和人生观的东西方较量的阵地。这些学生将来从事的专业领域和层次都是我国文化和技术的重要组成部分，甚至还可能影响到其下一代子女的三观养成，形成对中华民族文化传承的持续冲击。

（二）异文化背景专业教学思政教育对教师提出更为苛刻的要求

相较于本国文化背景专业教学的思政教育，异文化背景则对教师有着更为苛刻的要求。在异文化背景下，教师传授的是异国的语言、异国的文化。异国的语言部分，自然是异国味道十足。在学习语法、练习口语、听力和笔译的过程中，学生脑海中充斥着语言背后异国的生活场景。一般而言，语言类教科书的编排（尤其是初中级）都是目标国较为正式的语言体系，充满着正能量，很容易使学生产生好感和向往感。异国文化的课程更是多以目标国优秀的文学、艺术、哲学作品等作为学生学习的内容，学生很容易对目标国产生其是优秀文明的固有认知而无法意识到目标国糟粕文化的存在；或者即使从理性角度出发，承认异文化目标国的优秀和糟粕文化共存，但也难以在第一印象中改变其正面形象的认知，从而心生向往之情。

在这样的情况下，专业教师在完成专业教育的前提下，需要明确地在专业知识背景中寻找异文化产生的历史背景，掌握异文化国家过去、现在和将来的社会现状，能够将其提炼为思政内容并同专业内容进行有机的结合，既向学生传递优秀的人类文明，也向学生介绍真实的目标国状态及结合我国发展状态后形成的社会、政治认知，“引导学生在探究中学习，在探究中发现，最终实现对知识的充分理解、举一反三、融会贯通，实现深度学习①。”这殊为不易，要求教师除了专业领域造诣精深外，额外还要进行史实、事实、时事的信息采集、分类、分析和融合，无论是从时间、精力还是能力上而言，都普遍地高于本国文化背景专业教学的要求。

三、异文化背景专业教学思政教育的个例分析

前面是一般意义上的理论思考和分析，在这一部分本文将以“日语基础”课程的教学为例，分析异文化背景专业教学思政教育的特质。

（一）《日语基础》课程思政教育的必要性和适用性

《日语基础》课程存在着很好的思政教育研究意义。一是该课程是一门异文化背景的专业课程，尤其是它的异文化还是对我国有着特殊意义的日本文化。文化上的纠缠、牵绊，地域上的比邻接近，历史上的恩怨纠葛和经济上的竞争互利等都使学生对日本文明充满着好奇。二是该课程是日语专业的入门级课程，学习它的是刚刚入学的大一新生，对世界充满着好奇和憧憬，这时的世界观、价值观和人生观处于形成的关键期，同时有专门的思政课程也在对其讲授，这在道理的认知上有一个相互印证的便利。三是该课程是一门纯语言课程的专业教学，属于硬核专业课程的范畴，对思政教育有普遍的挑战性范例作用。

---

① 《会计电算化》课程思政实践探索党爱商业文化，2021.01，NO.491132页。

(二)《日语基础》课程思政教育对教师的挑战

日本文化背景的思政教育对该专业教师有着和对其他专业教师殊为不同的要求,这同日本文化的特殊性有着不可分割的关系。日本文化存在着严重的矛盾性,菊与刀并存。其同中国的关系也是颇为复杂,经历了蛮夷边寇、学生、殖民分子、侵略者、邻近的发达国家等诸多角色的演化。教师需要对日本的文化有着深刻的理解,并时刻关注日本社会的发展变化和这种发展变化对中国的影响等。

比如当下,日本首相菅直人对美国国务卿访日的接待、其后发表的联合声明,对中国意味着什么?日本如此处理背后的政治经济逻辑如何?教师能不能清楚地分析和总结?更难的是如何在课堂上同专业知识相结合?我们以此为例。首先,教师要了解日美之间同盟关系的内容、这种同盟关系形成的历史背景及日本在这种同盟关系中的地位和作用。教师还要清楚美国同中国当前的政治关系,分析当下美国国务卿访日的目的和意义以及日本在其中能够扮演的角色。这是第一个难点,毕竟日语老师不是专业的国际关系专家,需要教师付出相当多的精力去搜集相关的知识。再次,教师还需要设计教学环节,同我们要给学生讲授的语言知识相结合。这非常考验教师的教学准备能力。在这个案例中,教师可以敏锐地从日本首相对美国国务卿的不对等接待礼节入手,在给学生讲解日语涉及鞠躬、敬语使用等文化用语时巧妙地引入该话题,设计思政教育,在教育的深度、时长等环节都需要有度的把握,这又是一个难点。

四、结语

在异文化背景下进行思政教育既是对国家的隐形思政教育要求的贯彻,也是提升当代大学生的人才素质培养的必要环节。通过几个学期的《基础日语》教学,作者体会到异文化背景的思政教育同本文化背景专业教育的深刻区别,更深层次地理解了异文化思政教育的难度和意义。那不是简单地同中国文化相结合，阐释中国的文化、中国的道路，而是更多地了解和剖析异文化，加强对异文化的深层次解析，再结合中国的情况进行对比分析，这样才是更加客观、准确、更有说服力的思政教育，学生更容易形成对民族道路、制度的自豪感，对民族文化的自豪感和对民族使命的自豪感，从而健全爱祖国、爱党和爱社会主义的正确的世界观、价值观和人生观。

参考文献：
[1] 陈荣强. 高校思政工作的育人路径探索[J]. 职业，2021，(1)：44.
[2] 陈荣强. 高校思政工作的育人路径探索[J]. 职业，2021，(1)：44.
[3] 党爱.《会计电算化》课程思政实践探索[J]. 商业文化，2021，(1)：132.
[4] 于向东. 围绕立德树人根本任务，探索思政课程与课程思政有机结合[N]. 光明日报，2019-03-27.
[5] 围绕立德树人根本任务探索思政课程与课程思政有机结合[N]. 光明日报，2019-03-27.
[6] 赵明. 计量经济学课程思政建设探讨[J]. 时代经贸，2021，(1)：118.

[作者简介] 李彬，西南民族大学外国语言文学学院副教授，硕士生导师，博士。研究方向：中日关系。

日语专业培养方案课程设置的改革历程与启示
——以西南民族大学为例

西南民族大学　崔筱玉　申　亮

摘　要：如今高校日语专业毕业生就业形势日趋严峻，社会上对于日语专业人才的要求也日益增高。为培养更多符合当代社会需求之人才，使毕业生在就业中具有更强竞争力和适应能力，提高日语专业教学质量及优化人才培养模式势在必行。本校日语专业培养方案自2005年起已历经五次修改，本文拟以这五次培养方案的教学改革为研究对象，对历年培养方案中的课程设置进行分析与反思，总结培养方案中课程设置的变化，分析改革的合理之处以及不足之处，继而探究新“国标”下日语专业培养方案的发展方向。

关键词：日语专业；培养方案；课程设置

基金项目：本文系西南民族大学2019年度校级教学改革项目“民族高校日语专业高年级课程教学改革与创新”的研究成果，第一作者系该项目主持人。

1. 日语教学改革的必要性

近年来我国经济快速发展，社会对于日语专业人才的要求也日益增高，日语专业面临着较为严峻的就业形势。根据教育部统计数据，2020年开设日语专业的大学已达到473所，全国日语专业毕业生人数众多，日语逐渐向“大语种”方向发展，呈现饱和的趋势。在此形势下，就业市场对于日语专业人才的需求也向多元化方向发展。相较于单纯的语言型人才，“日语+”的复合型人才更有竞争优势。根据西南民族大学就业处的统计，2019 年日语本科就业率达 87.63%，就业的学生中从事日语类相关工作的学生仅占三成左右。如今部分学校日语专业的课程结构设置单一，没有很好地进行跨学科、跨专业的改进，使得日语专业的毕业生缺乏对新技术的适应力。在日语专业就业形势逐渐严峻的背景下，如何培养具有综合素质、适应新时代的日语专业人才成为高校日语教学研究的重要课题。

西南民族大学日语专业从 2003 年正式成立以来，“秉承‘为少数民族和民族地区服务、为国家发展战略服务’的办学宗旨，培养专业基本功扎实，具有人文情怀、创新精神、国际视野、跨文化交际能力，能够在相关单位胜任外事、外贸、翻译、教学、科研、管理等工作的高素质日语人才。”[i] 外国语言文学学院有来自全国各省、市、自治区的在校研究生、本科学生近 1700 人。近年来，日语专业学生也取得了一些不错的成绩，还多次参加日语演讲比赛、论文比赛，取得了良好的比赛成绩。历年来毕业生就业率达到 80%以上。西南民族大学《日语专业培养方案》历经 2015、2016、2017、2018、2019 五次修改，如今使用的培养方案修订于 2019 年。培养方案对于课程设置进行了多次的完善，力求培养综合型人才，但亦有部分不足。笔者拟对各版培养方案中课程设置的改革进行分析与反思，探索新“国标”下本科日语专业培养方案的发展方向。

2.《日语专业培养方案》中课程设置的变化

西南民族大学日语专业现行的 2019 年《日语专业培养方案》中把课程性质划分为通识必修、通识选修、文理基础、专业

i 《2016 年西南民族大学外国语学院培养方案》，p34.

必修、专业选修以及实践必修六个类别。其中通识必修包括大学语文与应用文写作、大学生心理健康教育等18门；通识选修包括人文科学模块等七个模块；文理基础包括基础日语（一）、日语会话（1—3）、经典原著导读（一）等11门；专业必修包括基础日语（2—4）、日语会话（四）、日语笔译等14门；专业选修包括日语语音测试、商贸日语等38门；实践必修包括创新创业成果、专业课程实习等6个类别，学生毕业需最低修满154个学分。日语相关课程的变化主要如下：

2.1　文理基础课

日语专业培养方案中的文理基础课在2015年版本基础上，自2016年开始做出重大调整，从2015年文理基础课总学时22学分转变为20学分。其中将2015年培养方案中的专业必修课基础日语（一）、日语听力（1—4）、日语会话（1—3）、日语写作（一）、经典原著导读（一）转换为文理基础课，每门课课时没有改变，但都提升了学分，使学生更加重视日语基础课程，打好听、说、读、写各方面的基础。除改变性质的课程外，各版培养方案在课程设置的学期上，主要做出了以下的调整：

课程名称／年份	经典原著导读	日本名著演习	日本自然科学	日本概况	日语泛读	日语学科概论
2015	1-6	1-5	2	2	3、4	0
2016	1	0	0	0	0	1
2017	1	0	0	0	0	1
2018	1	0	0	0	0	1
2019	1	0	0	0	0	1

各大高校日语专业学生大一基本上是零基础，需要学生在大一学年培养兴趣，打好基础，并且重视学生的兴趣差异。我校2015年的培养方案中，经典原著导读作为文理基础课开设6个

学期,日本名著演习开设了5个学期,这导致学生在课时多的同时,花费在基础日语等入门课上的时间减少,不利于学生的基础学习。为进一步打好学生的基础,自2016年培养方案制定以来,第一,取消日语名著演习课程,只在第一学期开设经典原著导读(一);经典原著导读(2—6)变为专业选修课,并将第二学期的日本自然科学、日本概况、日语泛读(1—2)变为专业选修课,学生根据兴趣自由选择。第二,增设日语学科概论课程。通过这些调整,一是学时减少,减小了学生的负担;二是通过学习日语学科概论等课程,学生感受到日语的重要性,减少了日语专业学生的转专业率。但与此同时,因为取消了第一学期所有的日本文化类课程,并且在第一学期没有开设选修课,导致学生在学习基础课的同时对文化方面了解较少,感觉较为枯燥。

2.2 专业必修课

专业必修课是让学生在打好日语基础的前提下进行更加深入的学习,同时也对高年级学生的发展方向进行引导。我校培养方案中专业必修课的课程设置种类的变化不大,主要有三个方面。第一,将2015年的培养方案中第三和第四学期开设的日语视听(1—2)拆分成日语会话(3—4)、日语听力(3—4),将日语听力课与会话课分离,课时加倍,更加注重学生的听力与会话能力。在第五和第六学期中将其合并为日语视听说(1—2),让学生大三学年在有一定基础的前提下进行综合练习。第二,取消2015年版本第六学期的日语口译(二),将其变为专业选修课。第三,在第五学期增设日本文学史课程,将其从专业选修课变为专业必修课。

专业必修课的课时方面,现行培养方案相较于最初版本进行了大幅度的削减,具体调整如下:

课程名称 年份	基础日语（2-3）	高级日语（一）	高级日语（三）	论文写作指导
2015	170	136	102	20
2016	136	102	72	18
2017	136	102	72	18
2018	136	102	72	18
2019	136	102	72	18

自2016版培养方案出台以来,多数专业必修课压缩总学分学时,其中基础日语(2—3)从170学时缩减为136学时,高级日语(一)从136学时缩减为102学时,高级日语(三)从102学时缩减为72学时,论文写作指导从20学时缩减为18学时。通过减少课时,减轻了学生压力,增强了学生自主学习能力。但与此同时,基础日语和高级日语课程压缩,使教学任务和课时设置产生了矛盾点,大量内容在课堂上难以呈现,出现了教学进度跟不上教材的现象。

2.3　专业选修课

我校专业选修课从第二学期开始开设,主要是为了让学生在打好日语基础的前提下对学生开展个性化的课程教学,让学生按照自身兴趣自主选择发展方向。专业选修课程相较于最初的培养方案的差异是:第一,将第二外语课程整体上从第四学期开始提前到第二学期,增强学生对于第二外语的掌握。第二,取消了日语语法(一)课程,增加了日语词汇学、日本语言学概论、中日文化对比概况、日语商务写作等多种课程。新开设的课程使学生的知识体系更加完善,其中日语语音测试课程在日语学习入门阶段培养了学生的良好语音习惯;新闻时事听解的引入在听力训练的基础上培养了学生适应日本文化与社会动态,在一定程度上缓解了听力教材落后的问题;日本历史文化、日本自然科学、日本概况、中日文化对比等课程成为开拓视野的核心课程，从大一调整至大二大三，使学生在掌握语言的基础上进一步了解日本文化，了解国际形势。文化类课程对学生更有吸引力，在入门阶段的兴趣培养也是比较重要的一环，但将其调整至高年级，让学生在繁重的课业要求及考级压力下花费大量时间学习文化类专业选修课是否合理，有待进一步讨论。

专业选修课内容多，种类杂，在满足学生的个性化学习的同时，培养方案中如何开设、如何创新课程也至关重要。比如我校增设专业四级读解演练、日语能力考试一级语法演练等以等级考试为目标的课程，有效提高了学生的专业水平和过级率。但专业选修课的种类自 2016 年的培养方案后基本没有改变，随着近两年社会对于日语专业毕业生的要求提高，增加“日语+”类型的专业选修课程是十分必要的。我校彝日专业中，专业选修课程有申论、教育学、语言软件应用等语言之外的专业课程，可培养彝族学生向多领域发展，但我校日语专业培养方案中缺少此类课程，有待进一步改善。

2.4 实践必修课

自 2015 年国家提出“大众创业，万众创新”的口号后，各企业也更加注重应届生的创新创业能力，因此高校中培养人才的创新创业意识的课程显得尤为重要，我校培养方案也相应进行了修改。首先，2016 年培养方案加大了专业课程中实践（实验）类课时的比例，实践性教学环节学分（学时）所占比例不低于 15%，同时增设了创业基础课程。其次，2017 年培养方案中增设创新创业成果必修板块，创新创业成果也成为评价体系的重要组成部分。学生毕业前必须通过参加学生讲座、等级考试、学科竞赛等活动修满 3 分才可以毕业。通过这种举措，根据数据统计，我校外国语学院 2016 年报名参加大学生创新创业项目的学生人数为 90 人，修改培养方案后 2019 年参与人数为 134 人，参加创新项目的学生比例明显增高。随着培养方案的实践必修课的改革,参加创新创业的学生比例虽呈现上升趋势,但占全年级比例仍较低。对此,学校应继续加强创新创业意识培养,例如增设创新创业类的讲座、选修课,严格审查学生创新创业成果学分等,通过这些举措进一步培养学生创新精神,提高学生的科学研究能力。

3. 新"国标"下日语专业培养方案的探索

新"国标"下如何优化日语专业培养,使培养方案适应时代发展,为当下重要的议题。接下来拟针对西南民族大学培养方案的改革历程进行总结、启发与反思,希望对新时代高校日语专业人才的培养发展具有推动作用。

3.1 课程设置与教学内容相协调

2018 年新"国标"中提出,"要因材施教,根据教学目标和内容选择合适的教学方法,重视启发式、讨论式和参与式教学方法的使用,促进学生的全面发展和个性发展。"[ii] 高校在教学方式方面创新的同时,课程设置的合理与否也会直接影响着培养质量。课程课时、开课学期要与教学内容相协调,尤其是基础日语、高级日语、日语听力等专业必修课。

我校大一大二基础日语使用教材为《新编日语》(1—4),第一学年每周 10 课时,第二学年每周 8 课时。按照培养计划,第一、第二学年应讲解完《新编日语》一至四册,但是由于大一学年开学时间晚、部分同学入门时间耗费较长、教材难度大等原因,导致进度跟不上教材,第四学期才能讲解完《新编日语》第三册,第四册没有时间精讲,从而导致大二下的日语专四考试学生过级率不甚理想。因此,想要提高教学质量,一方面要改善课程设置,另一方面要推进教学内容。

---

ii 《2018 年外语教学新国标》

第一、改善课程设置，首先要解决教材问题。民族院校学生接受语言的敏感度不高，若教材难度与教学内容不符，则会使教学进度滞后。其次，《新编日语》教材中课文的素材较为陈旧，例如第三册第三课"3G 携帯電話"、第三册第十二课"カード時代"等与如今的学生生活不贴合，导致学生没有兴趣，课堂上也缺少互动性。因此教材问题对于课程设置的有效性具有很大影响。

第二、想要推进教学内容就要突破以往的"老师唱独角戏"般的教学方式。应按照新"国标"中所提到的重视启发式、讨论式教学的要求，对于同样的单词、语法，通过互动式的方法进行教学。应信任学生，在课上有限的讲解时间之后，增加课下启发式问题。要拉开日语专业学生与非专业学生的距离。

3.2　突出学校专业特色

2018 年新"国标"中提出，各高等学校外语类专业可根据自己的培养目标和培养规格自己设置培养方向及课程。如今各大高校都接连开设日语专业，但笼统的日语教学不能使学生增加就业竞争力。因此高校如何适应新"国标"、如何突出自身学校的专业特色、如何使学生成为有特色的复合型人才，是当下最重要的课题。外国语类高校、电子科技类高校、中医药类高校、民族类高校、地方类高校等等应发挥自身优势，制定具有特色的培养方案。

我校作为民族高校，开设了相对应的特色课程。例如，我校彝日专业培养方案中明确写出培养目标："本专业秉承学校'为少数民族和民族地区服务，为国家发展战略服务'的办学宗旨，根据民族地区对彝、汉、日等多语人才的实际需求，培养具备彝汉、彝日双语语言文学专业知识和其他相关学科知识的高层次复合型人才。"[iii] 应当利用民族院校的优势为国家培养复合型应

---

iii 《2016 中国少数民族语言文学专业(彝日双语)培养方案》，第 30 页.

用型的人才。例如彝日专业培养方案中设有彝族尔比克智、彝文信息处理、少数民族裔文学、民俗学等等具有学校专业特色的课程。应利用学生会彝语的特色,开设相应的民族类课程,使学生在民族地区的就业竞争力增强。

3.3 “语言+应用型技术”新形势

随着日语专业毕业生人数的大幅度增长,日语专业就业难度亦逐渐增大,如今很大一部分学生在毕业后不从事日语相关工作。这要求高校培养的毕业生不仅需要具有良好的日语交流能力,也需要拥有利用日语工作的综合应用能力。新“国标”中提出,外语类专业可与其他相关专业结合,形成复合型专业或方向,以适应社会发展的需要。也就是说,如今的培养方案不仅需要使学生具备较高的日语语言应用能力,同时也要注重培养学生其他方面的能力,从而使其成为复合型人才。单纯的语言型人才培养方式不再适应社会发展,高校的人才培养应当重视“语言+应用型技术”的形式。高校应发挥自身的优势,在日语能力培养之外,增强计算机、对外贸易、新闻、教育、会计类等应用型技术的培养,从而培养复合应用型人才。

我校彝日专业在培养综合型人才中做了很多的改革。在通识必修课程以及培养日语能力的课程之外在第三学期设有专业选修课程:新闻采编基础;第四学期设有专业选修课程:教育学、形式逻辑、民俗学、美学;第五学期设有专业选修课程:教育心理学、语言软件应用、教育心理学;第六学期设有专业选修课程:现代秘书学、申论等,为应用技术型课程。在培养语言专业人才的同时,学生可以自主选择适合自己的应用型技术课程,使自己在能力发展更广,增加就业率。但与此同时,学校的日语专业学生应如何培养成应用技术型人才、培养方案应如何创新这一问题有待于进一步解决。

3.4 重视就业为导向的实践课程,注重创新实践能力

我校自 2017 级学生起开始设立创新学分,学生需在毕业前

修满学分才可毕业，旨在培养出符合新时代需要的具有创新创业能力的全面型人才。日语作为一门语言，目的在于运用。在人才竞争日益激烈的如今，在专业培养之外注重培养学生创新能力是新时代教学发展的趋势。

但如何使创新能力培养不拘泥于形式化、表面化，这就需要学校方面在培养方案中提高就业实践课程的比例。实践是使学生真正运用日语相关知识技能的重要途径，学生必须在其中得到充分的锻炼才能拥有更强的就业竞争力。

4. 结语

本文通过总结西南民族大学日语专业近几年的培养方案中课程设置的变化，进行分析与反思，继而探究新“国标”下日语专业培养方案的发展方向。我校培养方案自 2016 年将课程设置中的开设学科、开设学期和学时大幅度改变后，后三版仅对细节做出改动，整体上与最初的培养方案相比主要有以下变化：第一，将文理基础课和专业必修课的课程种类减少，将减少的课程转变为专业选修课；将课时缩减，增强学生的自主学习能力。第二，增加专业选修课种类，但其中日语专业缺少特色性课程。第三，增加实践必修课的种类。各版培养方案都有自身的欠缺。为了进一步提高教学质量，笔者认为接下来应注重以下几点：第一，课程设置与教学内容相协调；第二，突出学校专业特色；第三，“语言+应用型技术”的新形式。

日语专业就业竞争压力逐渐增加，如何使学生具有更强的就业竞争力，如何特色性发展，如何培养新时代复合型、应用型技术人才，高校的培养方案至关重要。通过对于历年培养方案的研究分析，可以更好地了解当今日语教育形势，促进日语专业的良性发展，从而推进高校日语教育。

参考文献：

[1] 蔡凤林. 关于中央民族大学日语专业课程设置的研究[J]. 民族教育研究,2012,(1).

[2] 李雪英. 日语本科专业商贸日语课程设置的探索[J]. 集美大学学报,2013,(4).

[3] 宛金章. 日语专业课程设置改革研究[J]. 日语学习与研究,2003,(1).

[4] 王玉芬. 新国标下"高级日语"课程教学改革初探[J]. 高等教育.北京,2019,(2).

[作者简介] 崔筱玉,女,辽宁大连人,西南民族大学外国语言文学学院日语专业在读。

申亮,男,重庆人,西南民族大学外国语言文学学院日语教师。

文本·语言·文心
——高等院校法语专业文学课程本源性问题探讨

西南民族大学　朱姝颖

摘　要：文学教学重在通过启发式教育培养学生认识文本、领会文意并同作者的文心融合，法国文学课的意义也是如此。本文通过对文学本体论特征的探讨，厘清了高校法国文学课程建设中文学审美和文学阐释的关系，希望法国文学课程的最终目的是能担负起文化沟通、文明互鉴的时代重任。

关键词：文学本质；文心；语言；法国文学课程

1. 引言

"文学已死"这一无数文人骚客的自嘲，是文学在网络时代大众文化冲击下无法退避的多舛命运。日前，中国当代作家余华的高中文学课引发热议，讨论热烈程度远远超过了对其新书出版的关注。众人皆以为作家走下圣坛也要靠"兜售"学问来养家糊口时，殊不知余华之举正是以"文学不死"为目标。"文学"如何"复活"，既需要作家创作的艰辛付出，也需要读者的阐释和理解。对于大学人文精神、民族意识的培养，我们需要这种"复活"的"文学"。天文斯观，民胥以效。优秀的大学文学课程正是发挥着这样的孕育人文精神的作用。凡作传世之文者，必先有可以传世之心。文学课程的关键是文本的阐释，而意义的解读又需要道德审美判断，这样才能使传世文心引领时代，引领莘莘学子理解文学的本质。

2. 文学本体问题

大学生是否阅读？他们阅读什么？据《2019中国网络文学发展报告》显示，中国网络文学用户已经超过4.5亿。如果说“文学已死”，那么“野蛮生长”的网络文学逐渐成为中国文学生力军的态势告诉我们，需要界定“已死的文学”到底是什么，是传统的经典文学？是经受历史时代考验的文学？是为人类福利和威望奠基的文学？当代大学生阅读经典文学的时间非常有限，他们只是被动地受制于信息时代大数据推送给他们的碎片文本，完整的书籍阅读得很少，更遑论自主地选择经典书籍、做好阅读计划、使用良好而有效的读书方法了。无论是高等院校文学类的博雅课程，还是外国语言文学学科或中国语言文学学科体系中的文学课程，学生对经典文本的倦怠和退却是我们文学课程的最大障碍。四川大学曹顺庆教授(2000)就高校中文学科课程设置中出现的课程设置重复、课程负担过重提出见解：“我们给学生开了那么多课，灌了许多东西，为什么没有培育出像钱锺书、季羡林这样的学者？这并不意味着这一代人不努力，而应当从教育机制上进行反思”(曹顺庆2000)。中文系的学生不懂《十三经》，外语系的学生不能读懂外文原著，那我们还怎么做好专业学科建设？

法语专业的本科生会读原著吗？笔者作为一名法语专业教师，从事法国文学课程的教学多年，对法语专业学生阅读量和阅读偏好等都有过调查。我们发现，学生并不是完全抗拒经典文学，而只是时间的缺乏、网络信息爆炸、碎片化的阅读让他们无法进入经典；法国文学课程内容空洞，文学流派概念、文学通论太多，文本导读太少，以致本科阶段零基础开始学习法语的专业同学只读“法国文学史”应付考试，很少阅读法国经典文学作品中译本，更不用说读原文版本，法国文学课程都无可避免地成为文学史的讲授。克服原文导读过程中法语语言基础的障碍占据了课堂主要时间，教师依托文学史教程程式化的审美批评无法将学生同文本、作者连成一体,从而让他们产生共鸣。我们无论是"教授"法国文学还是"学习"法国文学,都没有对文学从本体论的角度进行过思考,文学同我们之间的距离使我们仿佛仰望星空,慨叹不已。

我们在文学理论和文学批评的研究之始都不可避免地会探讨文学本质的问题。伊格尔顿、卡勒和热奈特都在进入文学理论研究前专辟一章讨论"文学是什么?"。韦勒克的《文学理论》便是对文学本体论讨论最全面的著作,他的基本立场是将文学视为具有独特审美性质和价值的艺术品。文学的本质在于它的"想象性""虚构性"与"创造性"。伊格尔顿就这些维度又进行了"价值判断"的探讨,因为随着价值的高低变化,时代便会改变我们对文学的判断。如果没有价值的引导,那马拉美对我们吟唱"海鸟的陶醉"时,我们便无法同他一般"没入不相识的烟波又飞上天!",如此一来便会同"文学"错过。卡勒和热奈特对文学的本质阐释都具有解构主义的特色,关注文学背后语言的问题。他们都从"文学是语言的艺术"出发,而我们不妨以热奈特为例,来探讨文学的本体特征。他从文学身上集中的一系列相似性特征中提出将焦点聚焦在"审美"方面,同时认为文学作为一种艺术,它的特殊材料是语言(Genette 1991: 7-8)。他沿用了罗曼·雅格布森的不把文学这一天然现象或经验现象作为诗学的对象而把"文学性"确定为诗学的对象的方法,主张考察是什么使文本中"言语信息"(message verbal)转化为"艺术作品"(œuvre d'art)。

我们需从文学文本中去抓住"文学性"的语言艺术特征,把握文学改变和强化普通语言、偏离日常言语的特性。有学者认为文学同语言的关系是来自康德对艺术分类的结果,其划分的根据是观念(美)在形式(质料)中的不同显现,或者也可以说按照形式(质料)的不同而划分的,这种形式在某种程度上就是"媒介",可以说他是按照其在不同"媒介"中的显现来划分的

(赵臻 2018)。康德从狭义语言角度将其简化为形式、质料的媒介作用。而谈论文学时,笔者认为应该从语言的本源性角度,即语言与人、语言与思维的角度来思考这一问题;从语言与人、语言与思维这样的本源性角度去开启法国文学的学习和引导,让学生从语言和文学的存在关系来思考文学的本质,所以并不能简单地将语言当作表达文学思想的工具。对于语言和世界的关系,伽达默尔认为绝不是单纯的符号和其所指称或代表的事物的关系,而是摹本与原型的关系。正如摹本具有使原型得以表现和继续存在的功能一样,语言也具有使世界得以表现和继续存在的作用(洪汉鼎 1999: 5)。法国作家勒克莱齐奥认为语言的创造成就了他生命的意义:“别的什么也没有,对我而言,只有话语。这是唯一的问题,或更确切地说,是唯一的现实。一切都在话语中,一切都赋予话语。我在我的语言中生存,是我的语言构造了我。我在散乱、多变和机械的领域探求。我过的是社会性的生活。我拥有了言语,但是一旦词成了我的专有、专属,成了怀疑的对象、争论的对象、词典的描述,在这一刻,我便进入了我真正的躯体之中。犹如一切幻象,由言语维持的幻象自我超越;它生成我逃逸的本性,生成为我升华的力量抑或我修行的力量。”在这个意义上,勒克莱齐奥的语言之道就是他栖居世界的方式,其诗意的表达就在于将自己的生命伸展到语言的原生处(许钧 2016)。我们在探寻文学本质时,也需要使我们的学生知道,阅读法国文学作品,也是在走出法国作家所设置的语言城墙,获得自由的思想。语言与人的生命存在、世界建构息息相关,语言赋予我们生存的力量。

3. 审美与文本阐释

如果说文学是语言的艺术、审美的艺术,那我们的法国文学课程的经典阅读需要考虑的是审美同文本阐释之间的矛盾关系。康德在《判断力批判》中认为鉴赏判断是审美的:“为了区分某种东西是不是美的,我们不是通过知性把表象与客体相联系以达成知识,而是通过想象力(也许与知性相合)把表象与主体及其愉快或者不快的情感相联系"(康德 2010:33)。驱动我们的想象来欣赏法国文学之美是法国文学课程亟需的,却也是最难做到的。法国文学课程通常开设在本科高年级阶段,基础阶段的语言能力使学生还不具备直接阅读文学作品的能力,所以阅读往往始于阐释(翻译即阐释)。言语产生的意义在符号的转化中已经产生延异,我们在这种差异中丧失了对美的向往:教师在解析文本句意的过程中被字词表达消耗掉了课堂时间,学生在教师的句读过程中得到了文本意义,"文心"却消解了。

同样,文学阐释也遭遇了阐释学意义上的困境:阐释者的视域问题。阐释不断附加文本的无限意义,"同一主体可以对文本做无限理解,不同的阐释主体可以对同一文本做出无限不同以至完全相互对立的阐释"(张江 2019)。阐释使意义的扩张与推衍完全由阐释者决定,与对象文本及生产者无关,必定会使文学意义被稀释,各种同文本距离甚远的阐释都可以强行话语入侵。这种文学研究和批评上的困境对现实的文学教学怎样回归文学本身具有启示性。文学教学以文本分析为主;文学阐释不仅是对文学文本的理性认知过程,更是对文本自身乃至文本意蕴美的反思和价值重构过程。教师对文本的阐释、学生自己对文本的阐释都有自己的视域,要在理解的过程中同作者达成视域的融合,从文学文本出发寻找作品意蕴,才能不脱离"文心",也才能从文学作品的语言中汲取力量。

根据 2020 年出版的《普通高等学校本科外国语言文学类专业教学指南》对法语专业人才培养的指导,法国文学分为专业核心课程中的"法国文学概论"和专业方向课程中的"法国文学选读""法语国家文学""法国文学史""中法文学比较"等。随着开设的类型多样化,课时数量也有提升,但要解决上述提到的审美启发和文本阐释的矛盾,我们就需要以"文学鉴赏"和"文学阐释”为导向来设置课程类型,或者在现有的课程类型下做好课程建设,整合优化课程内容。语言分析阐释是外语文学教学的基础,而“审美”价值判断是引导学生从优秀的法国文学中发现自然的美,发现人文的美,这势必需要教师做价值引导,对经典文学作品中法兰西优秀的民族精神、共建人类命运共同体的人文精神进行关照:从雨果的《巴黎圣母院》、马尔罗的《人类的命运》、加缪的《鼠疫》到莫迪亚诺的《暗店街》、勒克莱齐奥的《饥饿间奏曲》,盛大的时代乐章同哀婉的个人赞歌一同谱写出人类命运的交响曲。教师的人文素养、对作品的价值判断,决定了他与学生在法国文学上的道路。“文学是社会的反映,没有文章只为自己而存在”(方维规 2010)。文章合为时而著,歌诗合为事而作。我们传统的文学导读课程也总是以作家、作品所处的时代为导向,让学生认识到文学同社会的关系,弥合时代距离产生的误解和迷茫。文学的社会意义阐释、道德价值判断是新时期法国文学课程的核心。

4. 文心——建立法国文学课程的价值导向

文学作为一种活动,正如艾布拉姆斯所指出的,是由世界、作品、作者、读者等四个要素组成,并构成了文学理论研究应该把握的四个维度,即社会历史维度、文学文本维度、作者维度与读者维度。法国文学课程的教学活动也是读者(教师和学生)、作者、作品和世界之间的活动,以这样的本体论视野去考察法国文学课程,才能追求更高的价值取向。

法兰西民族崇尚自由、平等、博爱的天性,造就了源远流长、风格新颖的法国文学。绚丽多彩、浩如烟海的文学特色,从中世纪末开始就出现此起彼伏、形态各异的流派风格。蒙田、卢梭、雨果、大仲马、加缪、莫迪亚诺等优秀的法国作家以其匠心书写了丰富多彩的法国历史、社会和人民,是法国文明中灿烂的成果。法国文学课程在审美价值判断、文本意义理解的基础上,肩负着文明互鉴的使命。在日益深入的全球化进程中,坚守中华文化立场、增强文化自信与民族认同、积极参与国际文明交流史的书写是中国学者在新时代背景下的重要任务(曹顺庆 2019),也是我们中国外语教师的使命。刘正光(2020)教授在外语课程"立德树人"的思政研究中指出,我们需要以中华优秀传统为根基,传承世界优秀文化,通过文化交流和文明互鉴构建人类命运共同体。我们外语教师要充分利用外语的优势,以开放的胸怀和眼界,了解、理解、欣赏、学习、吸纳世界文化中的德育精髓和优秀品质,使外语文学课程参与到文化交流和文明互鉴的过程中,承担起应有的历史责任与担当。我们引用法国优秀经典文学和文化的例证,方可举隅见烦费;而对法国历史发展、社会变迁经验的借鉴,方可引古惜兴亡。

这样的使命和重任,需要从最基本的文学观和阅读观的培养开始。文思贵在虚静,而阅读也需要进入刘勰所提的这种澡雪精神的境界,摒除杂念,体悟作家同世界的对话,这样才能真正体会文学艺术作品的精神。所以法国文学课程需以启发式导读为引入,定时定量涉及阅读任务。这一阅读任务并不是查字典扫除语法问题或是研读作家生平事迹这样的准备工作,而是希望学生以读者的身份与作品、作家进行对话。陈丹青的老师木心在文学课上就时时刻刻在平视历史上的文学巨匠,似乎曾经和他们多次对话和交流。正如要读懂康德,你就需要与康德做同样的思考,如同走入他面临的哲学困境一般。要读懂雨果,你也必须同雨果一样,感受他在泽西岛上所承受的流放之苦和遭受的诽谤、嘲讽。这些便是教师在课上启发学生时应该要做的。我们应该像木心一样,赋予文学史和文学作品以自己的温度,以包容的时代眼光去创造性地感知,才能带给学生文学的温度。这种温度是我们通过文学课程来培养学生博大宽广的人文情怀和社会责任的起点,也体现出教师以"文心"为价值导向培养学生欣赏、热爱文学之"文心"的态度。

5. 结语

党的十八大以来,习近平总书记高度关怀文艺事业,在多个场合对文艺工作作出重要指示,十九大时更提出了引领中国文艺事业走向新时代的使命和要求,从文艺创作方法要扎根人民生活到讲好中国故事,从文艺创作的目的是引导人民找到思想的源泉、力量的源泉、快乐的源泉到书写中华民族新史诗,文学成为铸造灵魂的工程。“他山之石,可以攻玉”,如果在学习法国文学的过程中对我们中国的传统文学思想精华进行观照,对树立正确的世界观、人生观、价值观很有益处。习近平总书记指出:“每个时代都有每个时代的精神,每个时代都有每个时代的价值观。”习近平总书记 2014 年在文艺工作座谈会上说:“好的文艺作品就应该像天上的阳光、春季里的清风一样,能够启迪思想、温润心灵、陶冶人生,能够扫除颓废萎靡之风。”“广大文艺工作者要高扬社会主义核心价值观的旗帜,充分认识肩上的责任,把社会主义核心价值观生动活泼、活灵活现地体现在文艺创作之中,用栩栩如生的作品形象告诉人们什么是应该肯定和赞扬的,什么是必须反对和否定的,做到春风化雨、润物无声”(习近平,2015)。

法国文学课程无论是文学史还是文体分类的文本导读课程,都需要抓住文学同语言的关系以及读者同文本的关系,先以培养学生的审美为前提,掌握文本与意义;进而以经典文学作品产生的文学力量去引导学生,让学生融入文学世界的构建中去。我们惟愿以法国文学课程抛砖引玉,以“文本”为体去探寻“文心”,将中华民族人文关怀和立德树人的思政精神同文学教学结合,以文艺工作者春风化雨、温润心灵的精神去引导法语专业学生,使他们也能如文学创作者那般登山则情满于山,观海则意溢于海。文果心载,余心有寄!

参考文献：

[1] Cao, Shunqing [曹顺庆]. My opinions on the curriculum of Chinese in colleges and universities [J]. *China Higher Education*, 2000, (21): 42-43. [高校中文学科课程设置之我见,《中国高等教育》,2020,21].

[2] Cao, Shunqing [曹顺庆]. Civilization conflicts and changes under the consciousness of building a community of shared future for mankind [J]. ACADEMICS, 2019, (12):46-53. [构建人类命运共同体意识下的文明冲突与变,《学术界》,2019,12].

[3] Eagleton, Terry [伊格尔顿]. *Literary Theory: An Introduction. 2nd Edn* [M]. Xiaoming Wu (trans.). Beijing: Peking University Press, 2007. [《二十世纪西方文学理论》,伍晓明译。北京:北京大学出版社].

[4] Fang, Weigui [方维规]. The history, theory and method on the sociology of literature [J]. *Tribune of Social Sciences* 2010, (13): 78-103. [“文学社会学”的历史、理论和方法,《社会科学论坛》,2010,13].

[5] Genette, Gérard. *Fiction et Diction* [M]. Paris: Éditions du Seuil, 1991, 2009.

[6] Hong, Handing [洪汉鼎]. Preface of the translator [A]. *Gadamer, Hans-Georg. Truth and Method* [M]. Handing Hong (trans.). Shanghai: Shanghai Translation Publishing House, 1999. [洪汉鼎《译者序言》,《真理与方法》,洪汉鼎译。上海:上海译文出版社,1999.].

[7] Kant, Immanuel [康德]. *Critique of Pure Reason* [M]. Qiulin Li (trans.). Beijing: China Renmin University Press, 2010. [《判断力批判》,李秋零译。北京:中国人民大学出版社,2010.].

[8] Liu, Zhengguang, Sun, Yuhui & Li, Xi [刘正光、孙玉慧、李曦]. Connotations of De and approaches to their implementation in foreign language course instruction [J]. *Foreign Languages in China*, 2020, 17(5): 4-8. [外语课程思政的“德”与“术”,《中国外语》,2020,17,(5)].

[9] Welleck, René & Warren, Austin [韦勒克、沃伦]. *Theory of Liter-*

ature [M]. Xiangyu Liu, Peiming Xing, Shengsheng Chen et al. (trans.). Hangzhou: Zhejiang People's Publishing House, 2017. [《文学理论》,刘象愚、邢培明、陈圣生等译。杭州:浙江人民出版社].

[10] Xi, Jinping [习近平]. 2014. Xi Jinping's speech at the Symposium on literary and artistic work [Z]. http://www.xinhuanet.com/politics/2015-10/14/c_1116825558.html [习近平在文艺工作座谈会上的讲话, 新华网,2015,10,14].

[11] Xu, Jun [许钧]. Poetic temptation and generation: The poetic adventure of Le Clézio [J]. *Journal of Zhejiang University (Humanities and Social Sciences)*. 2016, 46(5): 13-25. [诗意诱惑与诗意生成——试论勒克莱齐奥的诗学历险,《浙江大学学报(人文社会科学版)》,2016,46,(5)].

[12] Zhang, Jiang [张江]. On the limitation and infinity of interpretation —— From π to normal distribution [J]. *Exploration and Free Views*, 2019, (10): 22-29. [论阐释的有限与无限——从 π 到正态分布的说明,《探索与争鸣》,2019,10].

[13] Zhao, Zhen [赵臻]. Language and literature from the originalist perspective [J]. *Southeast Academic Research*, 2018, (3): 228-232. [本源性视域下的语言与文学,《东南学术》,2018,3].

[作者简介] 朱姝颖,西南民族大学外国语言文学学院讲师。研究方向:法国文学与文化。

浅谈外语教育与德育的相互渗透

西南民族大学 刘一双

摘 要：语言是传递思想的工具，外语教学不仅要教书还要育人。外语教师要将德育教育贯穿整个教学过程中。在外语教学过程中，要注重培养学习者的交际能力、跨文化思维能力，提高学习者的心理素质，加强对学习者的爱国主义思想教育。

关键词：外语教育；德育；跨文化；爱国主义；心理健康

外语是一种交际工具，是学习文化、科学技术和国际交流的重要工具。为了实现四个现代化，更好地提高中华民族的科学文化水平，我们必须掌握这种交流工具。我们社会主义教育的任务是培养学生成为德、智、体、美等方面全面发展的外语人才。思维是人脑对客观事物的一般的、间接的反映。语言是思维的工具，也是思维的物质外壳。创造性思维能力是发展智力的核心。培养学生思维能力的关键是教给学生学习和思考的方法、自主学习能力和分析问题、解决问题的能力。这将非常有利于学生智力和智慧的发展，使其终生受益。

《中国教育改革和发展纲要》指出："教师应当把德育贯穿和渗透到教育和教学的全过程中，并以自己的楷模作用，促进学生的全面发展。"外语教育作为学校教育的重要组成部分，对学习者交际能力、跨文化思维意识、爱国主义思想、健康心理素质等方面的培养有重要的作用。

一、外语教育与学习者交际能力的培养

语言与文化和交际之间有非常紧密的联系。任何一种语言的产生和发展都植根于这个语言群体的社会文化之中;语言与文化的关系已经被大家广泛认可。语言、文化与交际行为的关系也在人类各种交际活动中体现得淋漓尽致。语言是交际行为的载体,文化提供交际行为的环境,交际行为又促成语言和文化的传播。语言、文化和交际行为的这种关系对外语教学者和学习者有重要的指导作用。

交际能力是衡量一个人能否适应现代社会需求的标准之一。它包括在各种场合的礼仪、礼节、待人接物以及处理各种复杂的人际关系的能力。外语是一门教授语言、教人理解文化、培养交际能力的学科。交际能力是一个涉及语言学、修辞学、社会学、文化学、心理学等的复杂概念。这就要求语言教学者和学习者通过学习能具备一定的交际能力。

外语教学者在教学过程中要更加注重学生口语的表达、书面语的写作以及笔译口译的输出能力,这些都将促进学生交际能力的提高。在具体教学过程中可以运用交际教学法、小组讨论法、主题对话等形式来组织。

外语学习者在学习过程中不仅要学习语言、词汇、语法、句型和文化背景等方面的内容,更要注重提高自己用所学外语听、说、读、写的能力,也就是运用这些知识在具体的交际场合中去灵活运用语言的能力。学生是课堂社交活动的中心。一方面,教师应该给学生展示他们个性的机会;另一方面,教师要努力让每个学生都参与到课堂交流活动中;同时,教师应该创造条件让他们参与到课堂交流活动中。课堂交流活动应该以多种方式组织,包括老师和同学之间,再到同学和同学之间。为了让更多的学生有机会在有限的时间和空间内参加活动,教师应该推进更多学生之间的互动,争取形式多样、方式灵活。

二、外语教育与学习者跨文化思维意识的培养

文化是一个群体的生活方式,它包括人自出生后所学到的一切,如语言、言行方式、信仰以及物质和精神基础。这是迄今为止最普遍和被广泛接受的文化观点之一。美国著名翻译理论家尤金·A.奈达将文化分为五大类:“生态文化(ecology culture)、物质文化(material culture)、社会文化(social culture)、宗教文化(religious culture)与语言文化(linguistic culture)。这是把文化分成三个层次,第一个层次是物质文化,它是经过人的主观意志加工改造过的。第二个层次是制度文化,主要包括政治及经济制度、法律、文艺作品、人际关系、习惯行为等。第三个层次是心理层次,或称观念文化,包括人的价值观念、思维方式、审美情趣、道德情操、宗教感情和民族心理等”(Nida, 2001)。作为文化要素之一的语言,因为承载了上述各种文化内容而与文化具有千丝万缕的联系。语言是一种符号系统,但语言又不只是一种符号,更是一种社会现象,具有社会性,是在人们的日常交际中被抽象概括出来的,蕴涵着复杂的社会因素和深刻的文化内涵。随着社会语言学、文化人类学、社会学、民俗学等现代学科的发展,人们进一步认识到语言并非孤立存在,它深深扎根于其所属的民族文化的土壤之中。一方面,文化是语言的基础,两种文化的差异决定了其语言(包括词法、句法、表达方式等)的差异;另一方面,语言又是文化的载体,是文化的一部分,它映射一个民族的特征,不仅包含着该民族的社会文化背景,而且蕴藏着该民族的人生观、价值观、生活方式和思维方式。因此可以说,学习一种语言实际上就是理解一种文化。反过来,越深刻细致地了解所学语言国家的历史、文化、传统、风俗习惯、生活方式以至生活细节,就越能正确理解和准确使用这一语言。语言与文化有着十分密切的关系。早在上世纪20年代,美国著名语言学家萨丕尔在他的《语言论》(*Language*)(1921)一书中就指出:

"文化可以解释为社会所做的和所想的,而语言则是思想的具体表达方式"(萨丕尔,2007)。由于语言是一种民族文化的表现与承载形式,不了解这个民族的文化,也就无法真正学好该民族的语言。由此我们可以看出:语言与文化关系密切,两者相互依存,相互作用。语言承载文化,文化制约语言。清楚认识语言与文化二者的关系,有助于培养学生的文化意识,加深对语言的理解,提高运用该语言的能力。

相对于其他学科,外语的学习者能更加直接、深刻地体会到跨文化思维意识的重要性。跨文化思维能力的形成不仅仅是一个简单的知识学习过程,它还要求学习者在这个过程中能实现深刻的心理调整,最终帮助学生形成对世界文化的正确态度和信念。没有经历过第二语言学习的人,就不可能通过与异族文化的人进行交际来获取深刻的认识和体验。只说自己母语的人,即使对他国文化有很多了解,如果没有经过很多亲身体验,那么他们对这些语言知识就只限于认知层面。外语教师在教学中要自始至终注意结合文化因素,将语言形式纳入社会语言使用背景下,让学生掌握所学语言,逐步提高语言使用能力。外语教育是跨文化教育的主要形式,教师除了应具备一定的语言水平和教学能力外,还应具有丰富的目标语国家的民族、文化、历史以及政治、经济和社会背景知识,成为一名文化的传播者,帮助学生从容面对不同文化的文化冲击。要积极引导学生用开放、宽容、理性和客观的态度欣赏和对待不同文化和价值观之间的碰撞甚至冲突,客观地对待不同文化之间的差异,既避免崇洋媚外思想的产生和蔓延,又要避免出现狭隘的民族主义。

跨文化思维意识的培养,不仅帮助学生们学习到一门新的语言、一个新的表达思想的工具,更重要的是通过学习一门外语,学习者可以开拓视野,学会从不同角度立体地去感知和理解这个世界的现象和事物,并能客观地看待自己国家的文化和别国文化。同时,跨文化思维意识的培养能够帮助学习者调整自己的语言和行为,做到更加和谐恰当的交际。这对于外语学习者日后在各种场合进行各种交流、合作都有非常重要的指导意义。

三、外语教育与爱国主义思想的培养

爱国主义教育是一个永恒的主题,是一种文化、一种思想、一种精神。在外语教学中,德育教育也是重要组成部分。通过爱国主义教育,培养学生对自己国家优良传统、文化、艺术成果、建设成就的自豪感以及对祖国生存、发展、繁荣的责任感,是培养学生具有爱国之心、报国之志、效国之行的必不可少的有效途径。作为教育工作者,必须充分利用外语教育这块阵地进行德育教育。因此外语教育也应是情感艺术,它给人们带来美的享受,使人们在外语教育的过程中,情感得到升华,心灵得到净化,产生一种潜移默化的精神力量。

在知识经济迅速走向国际化和全球化的21世纪,中国处于以市场经济为龙头的整体社会转型期,越来越多的人学习外语。在学习者学习外语的过程中,他们有更多的机会面对外来文化,进行国际交往。学习者是盲目地崇洋媚外还是故步自封主要取决于他们在民族价值观方面的立场,这就给教育工作者提出德育教育的要求,即通过加强国际视野的新爱国主义教育,帮助学生了解世界和中外文化的差异,拓宽视野,培养爱国主义精神,形成健康的人生观。

爱国主义教育是一个国家教育的基础和永恒主题,爱国主义教育也是一项伟大的事业,需要从娃娃抓起。在外语教学领域,外语教师就可以在课堂上开展爱国主义教育。外语教师需要整合本国爱国主义教育素材,把外语教材中的内容与课外内容相结合,在课堂上不仅给学生讲授外语专业知识,同时通过爱国主义教育的引导帮助学生树立正确的人生观。教师在教授外语和外国文化时,也要引导学生重视本国文化,特别是要好好了解本国历史。教师可以积极探索各种途径和方法，把语言学习与爱国主义教育结合起来。教师可以运用比较研究的方法，让学生去比较中外文化的差异，在比较的过程中学生也会对中国的传统文化有更清醒的认识。学生也能在学习外语的同时继承中华民族的优良传统，树立强大的民族自信心和自豪感。爱国主义不是简单的口号，要落实到具体的实践中去。对外语专业学生的爱国主义教育可以从对家乡、对家庭、对乡土的热爱入手。热爱母语也是一个人爱国心的基本表现之一，所以学生在学习两种语言的过程中，要正确对待自己的母语。目前很多外语专业学生对汉语学习并不重视，因此外语教师要引导学生加强对汉语的重视和学习。这一点在中外互译中显得尤为重要。要翻译好目标语和母语，既要学好目标外语，又要精通母语。

在教学过程中，外语教师要认识到爱国主义教育与专业知识教育是有机统一的整体，二者是实现教育培养目标的重要条件。教师要积极探索切实可行的方法去实施具体的爱国主义教育，实现教书与育人的统一。

四、外语教育与健康的心理素质培养

健康不仅包括身体健康，也包括心理健康。课堂仍然是心理健康教育的主要阵地。教师在外语教学中要不断增强学生学习外语的自信心和恒心，逐步培养学生良好的心理素质，同时要建立良好的师生关系，营造宽松、快乐、合作的学习氛围。

随着社会发展的加快以及激烈竞争的加剧，学生的心理素质也出现了各种各样的问题。有的学生在与同学交往时以自我为中心或骄傲自满；有的学生因为自卑或恐惧而不能在课堂上参与互动，有的同学紧张、害羞、不敢说话，害怕面对挑战时出现失误。

外语是一种语言，是学生当众表达自己的交流手段。只有提高学生的心理素质，他们才能克服自卑心理，增强学习外语的自信心。教师在外语教育中要同时坚持心理素质教育,帮助学生充分认识自己,不卑不亢,树立正确的学习观和成败观,增强学生应对挫折的心理素质。

俗话说,“兴趣是最好的老师。”兴趣也是学习的动力与源泉,是掌握知识、开发智能的重要条件。兴趣在外语学习中尤为重要,因为兴趣越高,动机越强,效果越好。如果学生对学习外语感兴趣,就会养成自觉主动学习外语的习惯。因此,教师可以通过活跃课堂气氛、丰富教学方法、合理利用多媒体激发学生的学习兴趣。

同时,学习任何科目都要持之以恒,学习外语亦是如此。学习一门新的语言和一种新的文化,就要不断积累词汇、语法、口语、翻译等知识。积累的过程也是一个沉淀心态的过程。通过不断积累,不仅可以打下坚实的知识基础,还可以养成踏实沉静的学习品质。

教师在教学过程中应多使用称赞和鼓励话语,因为学生外语学习取得进步只有受到表扬才能获得成就感。同时,还要注意保护学生的自尊心和维持其外语学习的欲望,消除其因为害怕犯错误而不敢开口的心理。学生们在外语学习过程中难免会犯错误,不断纠正改进即可。研究表明,培养学生良好的心理素质有利于提高其学习能力,形成更好的心理素质,所以这是良性循环。教师应该认识到这一点,并继续应用于外语教学,这对学生今后的工作和生活也将产生重要影响。

在新的历史条件下,学校外语教学和道德教育工作面临新情况、新问题。外语教师必须深入调查研究,探索新方法,并不断改进。新方法要体现时代性,还要把握教育的规律性,同时富于创新性,更有效地强化外语教育的道德教育功能,使外语教育在辅助学生道德教育、促进学生智力、发展学生个性方面发挥重要作用,达到全面培养的目的。

参考文献：

[1] 冯凌云. 浅谈高职高专非英语专业学生英语学习与心理素质的关系[J]. 读书文摘,2015,(14):44-45.

[2] 葛兰. 加强英语专业大学生爱国主义教育的探索和实践[J]. 教育探索,2008,(02):113-114.

[3] 李丽华. 英语教学与德育的有效融合探研[J]. 成才之路,2020,(01):20-21.

[4] 马春兰. 英美文学教学与大学生爱国主义情感[J]. 飞天,2012,(02):139-140.

[5] 尤金·奈达. 语言与文化:翻译中的语境[M]. 上海:上海外语教育出版社, 2001.

[6] 爱德华·萨丕尔 著,陆卓元 译. 语言论-言语研究导论[M]. 北京:商务印书馆, 2007.

[7] 陶东风等译. 文化研究导论[M]. 北京:高等教育出版社, 2004.

[8] 周大鸣. 文化人类学概论[M]. 广州:中山大学出版社, 2009.

[9] 朱旭东,胡艳. 中国教育改革 30 年:教师教育卷[M]. 北京:北京师范大学出版社,2009.

[作者简介] 刘一双,西南民族大学外国语言文学学院讲师。研究方向：亚非语言文学——朝汉对比。

近三十年国内翻译诗学研究的脉络与趋势：基于 CiteSpace 和 VOSviewer 的可视化分析

西南民族大学 张 岚 李 野

摘 要：文学作品翻译不光是翻译者在语言层面上的转换，也是译者对原作进行的文化层面的重塑。文学作品中的诗学翻译质量直接关系到译作是否可以保留原文的诗学功能，再现原文的诗学效果。如果译者对文学性没有系统的认识，对诗学知识欠缺，那么翻译出来的文学作品势必会出现“失真”和“扭曲”“误读”的结果，原文中大量具有文学性的表达方式也会消失殆尽。近年来，随着国家大力提倡优秀中华文化“走出去”，文学翻译已成为提升文化软实力必不可少的组成部分，翻译诗学研究也日益成为学界关注热点。为了厘清翻译诗学研究现状，研究热点与趋势，本文通过 CiteSpace 与 VOSviewer 两个主流计量可视化分析软件对国内近三十年翻译诗学的研究成果进行较为详尽的分析，为翻译诗学研究学者展示直观的可视化分析结果，并指出目前的研究热点及未来的趋势，为进一步推动翻译诗学的创新研究奠定基础。

关键词：CiteSpace；VOSviewer；计量可视化分析；翻译诗学

一、研究背景及意义

随着经济全球化的深入发展、文化多元化的持续推进，世界各国之间呈现出相互联系、相互依存的共存状态。任何一个文明都置身于“人类命运共同体”之中，各国之间的联系愈发紧密，全球命运与共，休戚相关。在这样的时代背景下，“中国形象”应该如何在国际大舞台上展示，如何让优秀的中华文化“走出去”，从而提升中华文化的影响力，成为近些年来学术界关注的热点话题。2018年，在全国宣传思想工作会议上，习近平总书记提出了“展形象”的重要使命、任务，明确了提升中华文化影响力的工作要求。一个大国要发展兴盛，必然要求文化影响力大幅提升，实现软实力和硬实力相得益彰。而翻译是中外交流的桥梁，在推动中华文化“走出去”和吸收借鉴全人类文化文明成果等方面发挥着不可替代的作用。对于翻译界学者来说，如何译好中国文学作品，讲好中国故事，传播好中国声音，向世界展现真实、立体、全面的中国，成为广大译介工作者责无旁贷的使命。

从1949年至今，翻译研究经历了不同的发展阶段。配合国家建设需要和受到西方理论的影响，中国的翻译理论研究近三十年经历了两次重要的转向：文化转向与社会学转向。翻译研究的文化转向与社会学转向使得现有的翻译研究范式发生了转变，中国翻译研究的对象和内容逐渐扩大，翻译研究的视阈开始从文本内走向文本外。翻译研究者不再局限于原作和译文文本内的翻译方法和技巧的探讨和比较，而是将研究目光关照到文本之外，将翻译活动置于不同文明间文化交流的大背景下，为国家的文化建设和对外交流发挥着积极的作用。英国著名翻译理论家苏珊·巴斯内特（Susan Bassnett）指出：“翻译研究犹如文化研究，需要一种多元的声音”（Bassnett, 1988）。进入21世纪，随着全球化趋势的日趋加强，孤立存在的“翻译学”研究已经举步维艰，各学科知识的相互关联和借鉴使“翻译学”不再被限制在单纯的“语言学”范围之内，文化学、比较文学、文体学、叙事学、心理学等相关学科的通力合作成为新世纪翻译研究的新方向。

翻译是两种语言间的符码转换，但涉及文学作品翻译时，单纯靠语言学理论是不能很好地传递出原文的韵律和诗性美的。文学作品中的诗学翻译质量直接关系到译作是否可以保留原文诗学功能,再现原文的诗学效果。如果译者对文学性没有系统的认识,对诗学知识欠缺,那么翻译出来的文学作品势必会出现"失真"和"扭曲""误读"的结果,原文中大量具有文学性的表达方式也会消失殆尽。而要研究文学翻译的本质特征,离不开以文学作品和写作活动的价值和特殊性为主要研究对象的学科——诗学。因此,翻译诗学的研究在业界越来越受到重视。

"文学作品翻译的根本任务是要实现诗性价值在译语环境中的再生"(曹丹红 2015:333),"既要有《翻译学归结论》的理论深度,又要有《翻译诗学散论》的文化广度"(赵彦春 2007:3)。然而目前学界未对文学翻译活动的诗性内涵及翻译作品最终实现形式转换、语义再生和价值重构方面引起足够重视。同时,教育界也未对翻译诗学引起足够重视,纵观国内大学的翻译类专业,没有开设类似诗学课程的。

为了引起更多人对翻译诗学的关注,本文通过 CiteSpace 和 VOSviewer 对国内近三十年来的翻译诗学研究进行了详细的梳理,以期为更多希望进入翻译诗学领域教学和研究的学者了解本领域已有研究提供帮助。

二、研究方法与数据来源

2.1 研究方法

CiteSpace 是由美籍华人陈超美博士开发的文献可视化软件。本文所用版本为 CiteSpace 5.7.R3,发布于 2021 年。VOSviewer 是荷兰莱顿大学科技研究中心(The Centre for Science and Technology Studies, CWTS)开发的,主要面向文献数据,即通过"网络数据"(主要是文献知识单元)的关系构建和可视化分析,实现科学知识图谱的绘制,展现知识领域的结构、进化、合作等关系,其突出特点是图形展示能力强,适合大规模数据。本文所用的 VOSviewer 1. 6. 16 是目前最新版本,该版本于 2020 年 10 月 25 日更新,可以直接分析 CNKI 的 Refworks 数据,不需要再转换,使用更加便捷。这两个软件都可以对中国知网等中文数据库的文献进行可视化和计量分析,但 CiteSpace 功能更强大。

2.2　数据来源

本文检索主题词为“翻译诗学”。为了确保数据的权威性,本文所有数据均来源于中文社会科学引文索引(CSSCI)、中国知网博士硕士数据库、北大中文核心期刊,所有成果的时间段为 1993 年 1 月到 2020 年 12 月,文献语言为中文,检索时间为 2021 年 1 月 18 日,文献信息包括作者姓名、单位、摘要、关键词、出版刊物。通过数据筛选,剔除非学术期刊的文献,最终得到了 500 条与翻译诗学相关的记录,其中期刊论文 142 条,硕士博士论文合计 358 条。

三、近三十年翻译诗学研究的宏观动态

发文量年际变化能够反映本领域的宏观动态。本文通过 CNKI 数据中的文献分析功能对翻译诗学研究成果梳理,结果如图 1 所示。

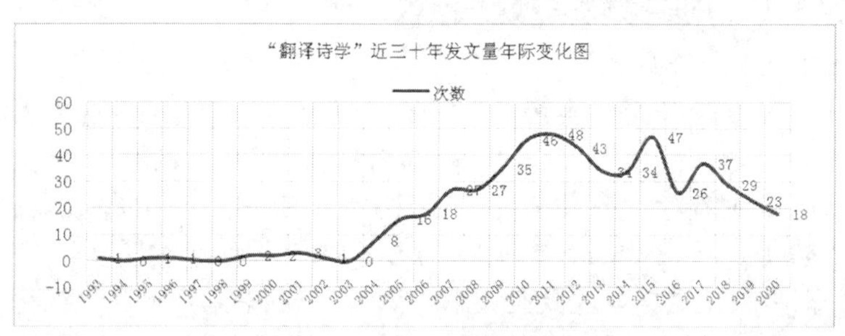

图 1　翻译诗学研究年际发文量变化图

从图 1 可以看出 1993—2020 年学界对翻译诗学研究呈现三个发展阶段。第一,波澜不惊阶段(1993—2003 年),这一阶段特别是 1993—2003 年关于翻译诗学的研究每年都保持在 1—2 篇以内,整体趋势较为平缓。第二,激增阶段(2004—2011 年),这一阶段较前一阶段发文数量明显增加,总体呈现上升趋势,2011 年全年发文量达到 48 篇之多。第三,波动阶段,这一阶段每年发文量时多时少,但总体都维持在 30 篇左右。

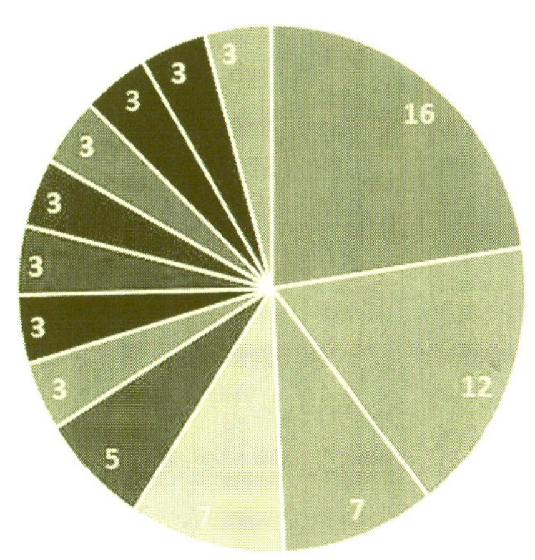

图 2　翻译诗学研究成果主要发表的期刊

142 篇核心论文主要发文期刊如图 2 所示。翻译诗学研究成果主要发表在《中国翻译》,总计达 16 篇;然后是《外语研究》

达到12篇;《外国语文》和《外语教学》达到7篇;《外国语》(上海外国语大学学报)发文数也有5篇;其他核心期刊诸如《北京师范大学学报(社会科学版)》《解放军外国语学院学报》《上海翻译》等等发文量也有3篇左右。

四、近三十年翻译诗学研究主体分析

4.1 核心作者呈现与合作网络分析

厘清翻译诗学研究的核心作者及其之间的合作关系,对新的研究者了解翻译诗学领域的权威学者、追踪热点和快速进入该领域都有积极作用。本文通过 CiteSpace 分析软件,以"Author"为节点类型,将年份选定为1993年1月—2020年12月,时间切片选为1,设置 Top N=50, 运行结果显示 Nodes=384, Links=22,说明从事翻译诗学研究的共有384位作者,其中22组有合作关系。图3反映了部分作者之间的联系紧密程度与合作关系,可以看出作者之间联系非常少,以团队形成翻译诗学研究成果的更是鲜见。图4和图5反映了翻译诗学研究的核心作者,代表作者有中山大学的王东风、南京大学外国语学院的曹丹红、南京大学的杨柳、中南大学外国语学院的张旭、南开大学外国语学院的王宏印等,他们发表的关于翻译诗学的论文(包括期刊论文或博士论文)数位列所有作者的前四,其中南开大学外国语学院的王宏印的团队、江南大学外国语学院的包通法、教育部人文社科重点研究基地四川大学南亚研究所的尹锡南形成的团队较为显著,他们以团队形式的发文量都超过3篇。

图 3　作者分布及合作关系图谱

图 4　主要作者分布及合作关系图谱(VOSviewer)

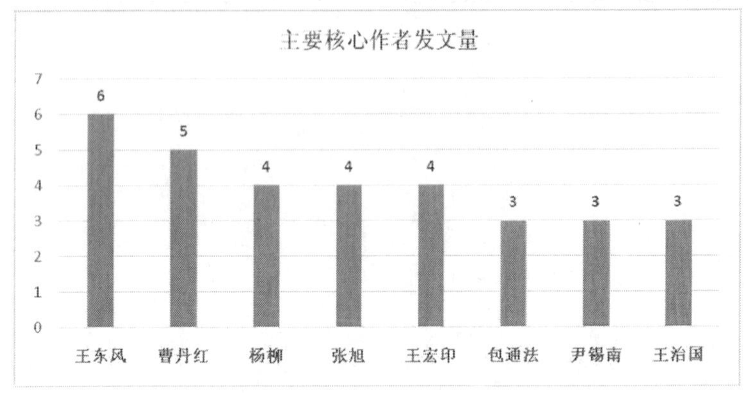

图 5 主要核心作者发文量

4.2 研究机构分布及合作图谱

对论文发表机构的分析可以揭示该领域作者群体的地域分布状况,便于深入了解该领域的发展情况进一步识别该领域有影响力的机构及机构间的合作关系。机构分布及合作图谱如图 6 所示,靠得较近的两个单位表明单位之间合作紧密。由于涉及单位众多,本文只截取部分。通过 CiteSpace 软件分析,以"Institution"为节点类型,将时间选定为 1993 年 1 月至 2020 年 12 月,时间切片为 1,设置 Top N=50,得到 Nodes=137, Links=32,说明有 137 家单位,其中 32 家有合作关系。从图 6 中可以看出各大机构的合作紧密程度,其中的连线表示是否存在合作关系,连线的多少表示合作关系的强度。从图 6 中可以看出翻译诗学研究在国内还未形成一个强有力的研究团队,这有待加强。

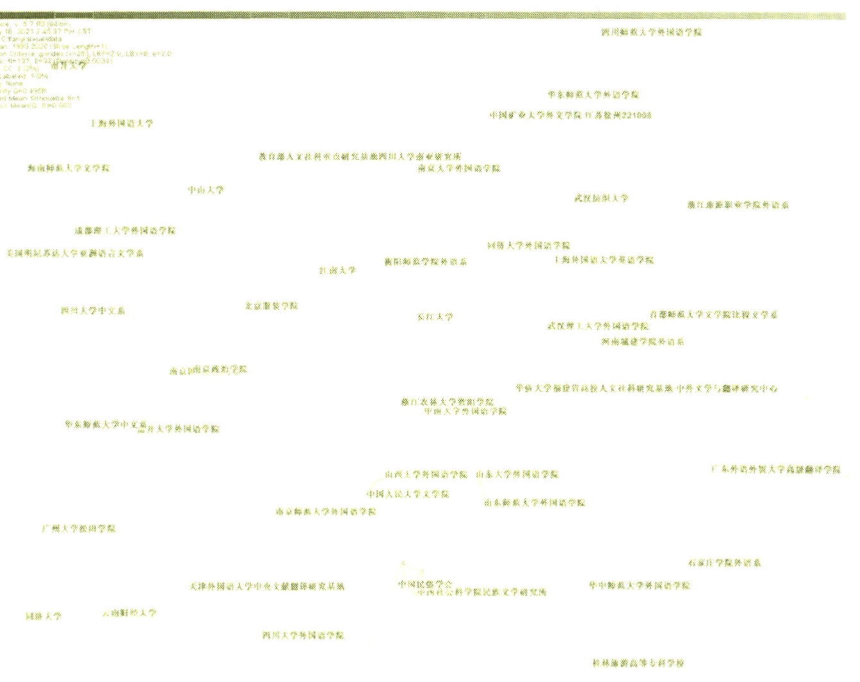

图 6　机构分布及合作关系图谱

五、近三十年翻译诗学研究的热点分析

5.1　近三十年翻译诗学研究热点主题分析

关键词反映文章的主题，是文章的核心。对关键词的分析有助于了解该领域的研究脉络、研究热点与趋势。通过 VOSviewer 软件，Type of analysis 选择 Co-occurrence，Unity of analysis 选择 Keywords，得到如图 7 的知识图谱，每一个中心圆点就是一个研究聚类，中心圆点越大表示研究频次越高，颜色越浅表示研究成果离当前时间越近。具体高频关键词统计结果如图 9 所示，频次在 6 以上的关键词共有 20 个。从图 9 可以看出，翻译诗学研究涉及范围较广。从字体大小可以区分出研究的频

次。从图 8 可以看出,目前翻译诗学研究主要集中在改写理论、操纵理论、文学翻译、翻译策略、诗歌翻译、操控理论、诗学观、主体性、葛浩文、文化诗学、对比分析、创造性叛逆、勒菲弗尔、操纵论、庞德、主流诗学、认知诗学等多个方面,出现次数排在第一位的是“改写理论”,一共出现了 38 次;然后是“改写”,出现了 33 次;操纵理论出现了 30 次。考虑到操纵理论、操控理论、操纵论、操纵都是指同一种理论,只是称呼不同,因此操纵理论出现次数达到 77 次,是翻译诗学研究的重点。

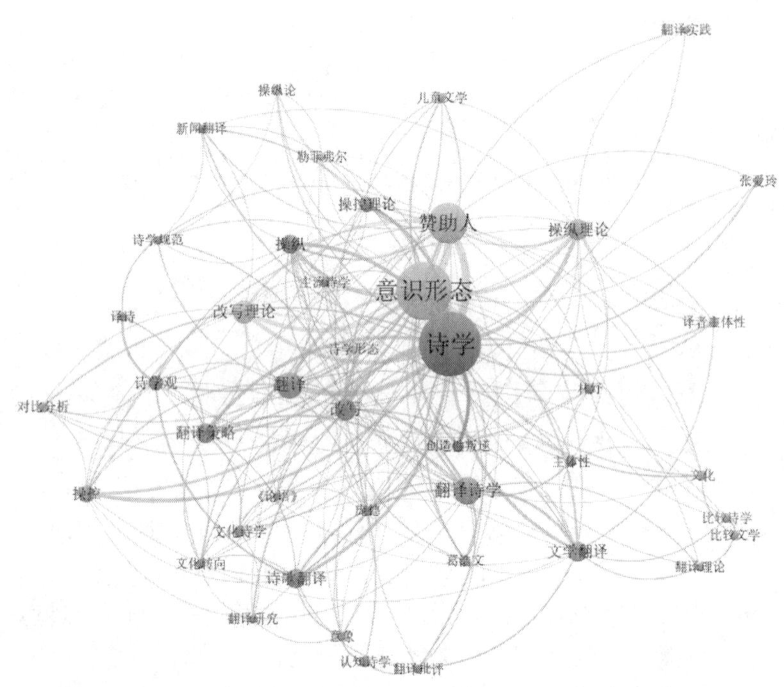

图 7 关键词共现分析

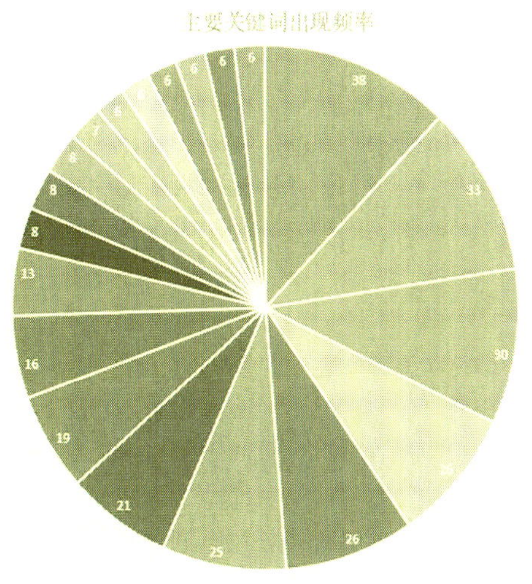

图 8 “翻译诗学”高频关键词统计

聚类分析可以按一定的特征对研究对象进行分类，得到下面的分类结果。首先选择“label cluster with indexing terms”，然后选择“show cluster label in the format of SI/LLR”，再选择“Toggle：Nodes colored by cluster membership”。具体分类如图 9 所示，例如意识形态下可以细分为操纵、赞助人、诗学观、意象、翻译等六类。

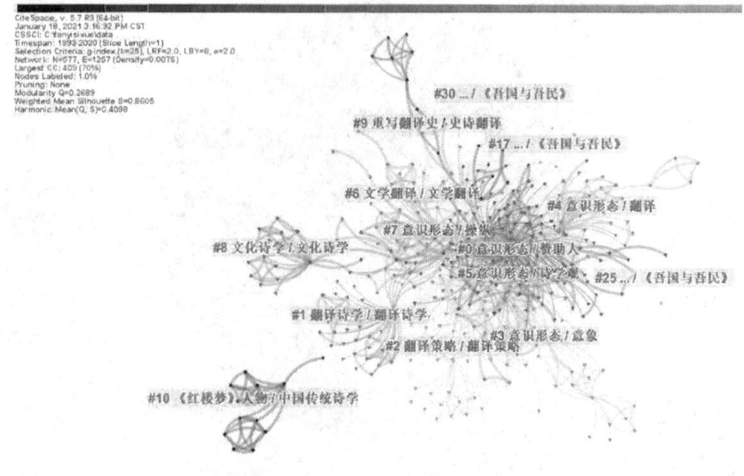

图 9 “翻译诗学”现有研究的分类

5.2 近三十年翻译诗学研究的热点领域分析

为了了解翻译诗学研究下的子领域及研究热点，本文通过 CiteSpace 软件，选择“Keywords”为节点类型，时间切片定为 1，Top N=50，门限值选为 8，得到如图 10-12 的知识图谱。从中心性分布图（图 10—图 12）可以看出，目前翻译诗学研究主要集中在诗学、意识形态、赞助人、翻译诗学等多个方面。为了对现有研究更深入了解，本文将对前四个高频词进行较为深入的分析。

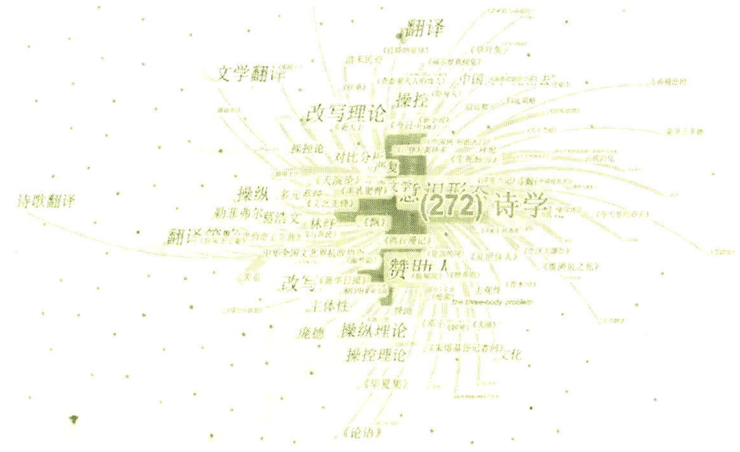

图 10　诗学涉及的研究热点

已有文献以“诗学”为关键词出现了 272 次，所涉及的研究方向如图 10 所示，字体越大说明研究频次越多。例如改写理论、文学翻译、操纵理论、诗歌翻译、翻译策略等等都是诗学的主要研究热点。

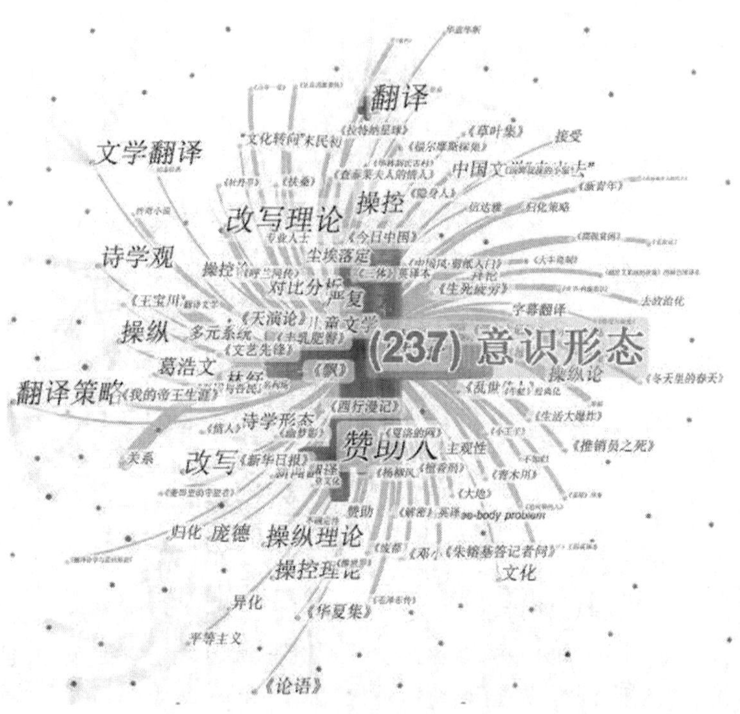

图 11　意识形态领域涉及的研究热点

以“意识形态”为关键词出现了 237 次，所涉及的研究方向如图 11 所示。例如操控理论、平等主义、去政治化等领域都是以“意识形态”为关键词研究的细分领域。

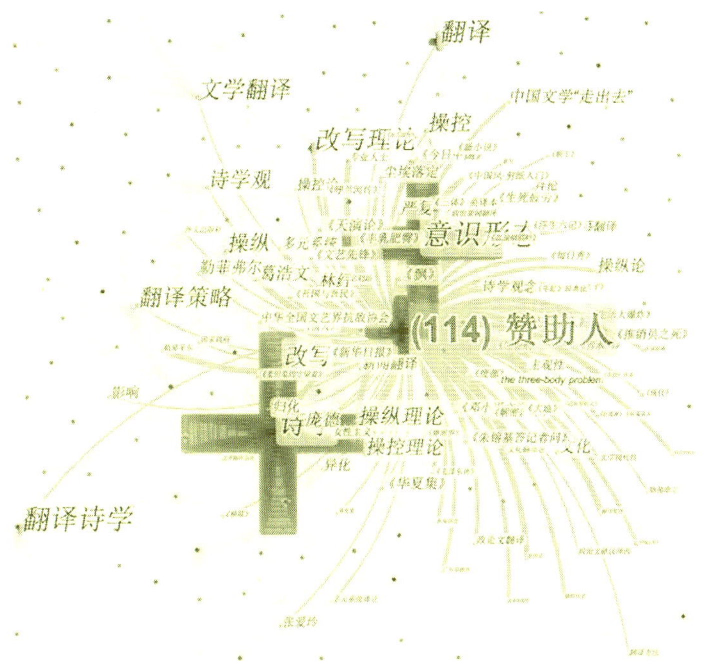

图 12 赞助人领域涉及的研究热点

以“赞助人”为关键词出现了 114 次，所涉及的研究方向如图 12 所示。例如中国文学“走出去”、操纵/操控、操纵论、诗学观念等领域都是以“赞助人”为关键词研究的细分领域。

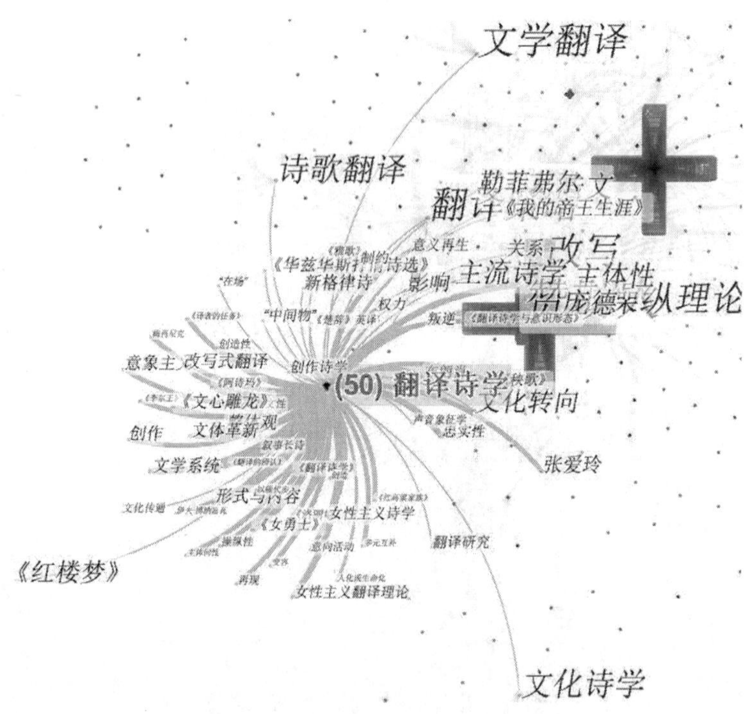

图 13　翻译诗学领域涉及的研究热点

翻译诗学研究中以"翻译诗学"为关键词出现了 50 次,所涉及的研究方向如图 13 所示。例如张爱玲、《红楼梦》、女性主义翻译理论、《文心雕龙》、女性主义诗学等领域都是翻译诗学为主题的研究细分领域。

六、翻译诗学研究的热点走向分析

6.1　近三十年翻译诗学研究历程及热点追踪

本文通过对研究热点的演化趋势进行分析,观察文献资料中高频词的时间分布及变动趋势，从而厘清研究前沿和发展态势。本文通过 CiteSpace 中的 Timeline View 功能对翻译诗学近三十年的研究历程和热点进行梳理，以便找到研究脉络和研究趋势，结果如图 14 所示。Timeline View 是先把整个网络分为若干个聚类，然后按时间顺序列出各个聚类的文献，可以看出历年的研究热点和演进关系。如图 14 所示，将近三十年的翻译诗学研究分为 8 个聚类，分别为赞助人、翻译诗学、诗歌翻译、意象、翻译、诗学观、文学翻译、操纵、文化诗学等。

将 2020 年的关键词专门提取出来分析可以看出，最新研究热点包括诗学效果、许渊冲、文化传通、文体革新、文学对外话语体系等，具体如图 15 所示。

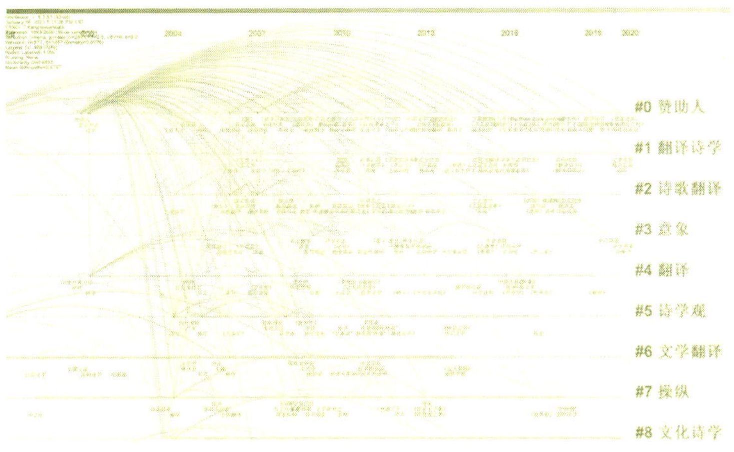

图 14　关键词按年份演进图

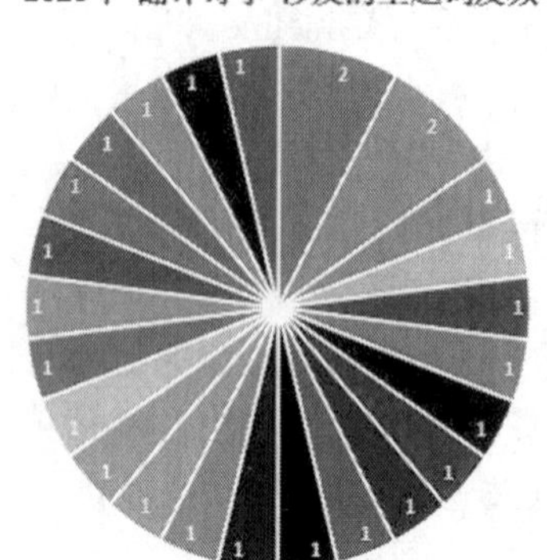

图 15 “翻译诗学”2020 年涉及的最新关键词及频率统计

6.2 翻译诗学近年研究热点分析

为了追踪翻译诗学目前的研究热点，本文将翻译诗学近三年(2018—2020)的关键词用 CiteSpace 专门分析关键词，选择“Keywords”为节点类型，时间切片定为 1，Top N=50，门限值选为 8，时间选为 2018—2020 年，得到图 16，从中可以看出学界关注的热点，包括翻译策略、改写式翻译、意象主义、操纵理论、批评译学、重写理论等主题。

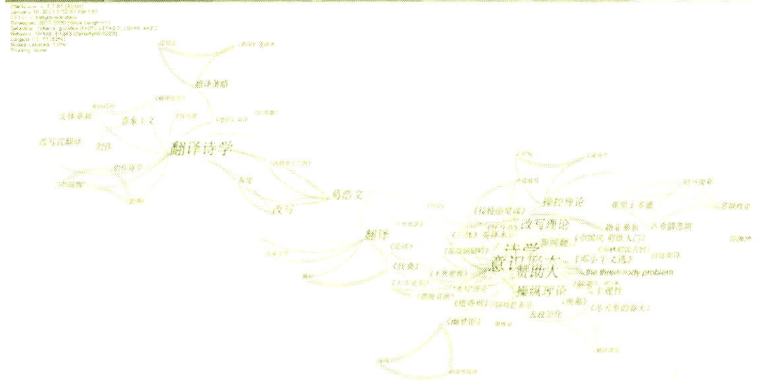

图 16 翻译诗学近年关注热点

通过对研究热点的演化趋势进行分析，观察文献资料中高频关键词的时间分布及变动趋势，可以把握该领域的研究前沿和发展态势。为科学地揭示 1999—2020 年学界关于翻译诗学研究的前沿热点与研究走向，本研究借助于 CiteSpace，对高频关键词进行时序“抓拍”。具体操作如下：选定“Timezone View”成像方式，将时间切片设置为 1，门限值选为 6，得到如图 17 的时序图。为了图片清晰，本文只截取了 2017—2020 年七年时间的时序图。2020 年的研究热点为认知诗学、改写式翻译、意象主义。从研究脉络可以看出，针对翻译诗学热点的研究具有鲜明的时代性，相关研究越来越深入，领域也更加细分。

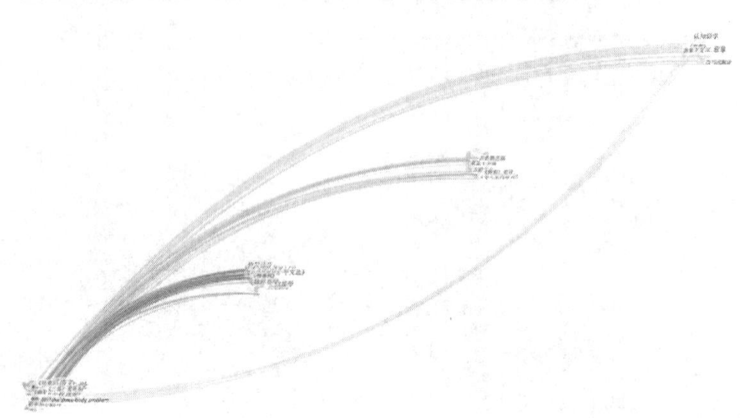

图 17 “翻译诗学”研究高频关键词时序图

Top 17 Keywords with the Strongest Citation Bursts

Keywords	Year	Strength	Begin	End	1993 - 2020
翻译理论	1993	2.02	**1995**	2002	
文学翻译	1993	3.0336	**1995**	2007	
操纵	1993	2.3423	**2004**	2006	
文化转向	1993	2.1522	**2004**	2007	
操控	1993	3.8694	**2005**	2009	
翻译策略	1993	2.5167	**2007**	2012	
诗学观	1993	2.666	**2008**	2012	
译诗	1993	1.6884	**2009**	2009	
庞德	1993	1.7247	**2010**	2011	
改写理论	1993	2.0356	**2011**	2016	
操控理论	1993	2.5612	**2011**	2013	
林纾	1993	1.7322	**2012**	2012	
葛浩文	1993	2.9238	**2014**	2020	
翻译诗学	1993	3.3766	**2015**	2018	
勒菲弗尔	1993	1.7002	**2015**	2017	
操纵论	1993	1.778	**2016**	2016	
操纵理论	1993	2.7965	**2017**	2020	

图 18 翻译诗学研究领域关键词突发性检测

关键词突发性检测(Burst Detection)可以发现某一个关键词衰落和兴起的情况。如图 18 所示,深色部分表示在某一年是否是研究的热点,通过关键词突发性检测得到 17 个突发性的强调较多的关键词。其中,葛浩文、翻译诗学、勒菲弗尔、操纵论、操纵理论热度都是近五年的热点领域,葛浩文、操纵相关理论是最近五年学界关注的最热门领域。

七、总结与展望

本文对国内翻译诗学方面近三十年(1999—2020 年)发表在核心期刊上的研究成果进行量化统计和可视化分析,对翻译诗学研究的核心作者、主要研究机构、关键词、近年来涉及的主要研究热点领域进行了较为详尽的分析,通过计量可视化分析我们可以知道:

(1) 目前翻译诗学研究从 2004 年至今处于增长阶段。从翻译诗学的关键词共现图谱可以知道,研究主题包含诗学、意识形态、赞助人三大类。翻译诗学的研究集中在主体性、葛浩文、文学翻译、比较文学、比较诗学、翻译理论等多个最新热点领域。

(2) 从核心作者共现图谱可以知道,代表作者有中山大学的王东风、南京大学外国语学院的曹丹红、南京大学的杨柳、中南大学外国语学院的张旭、南开大学外国语学院的王宏印。

(3) 从研究机构共现图谱可以知道,南开大学外国语学院王宏印的团队、江南大学外国语学院的包通法、教育部人文社科重点研究基地四川大学南亚研究所的尹锡南形成的团队较为突出,他们以团队形式的发文量都超过 3 篇。其他机构之间的合作较少,也未能形成较强研究团队。

(4) 翻译诗学研究可以分为赞助人、翻译诗学、诗歌翻译、意象翻译、诗学观、文学翻译、操纵、文化诗学等八个方面。需要指出的是,翻译策略、意象主义是目前学界的研究热点。

(5) 从最近三年(2018—2020)的热点分析可以看出,文体革新、改写式翻译、意象活动、《楚辞》英译、改写论等主题是翻译诗学领域关注的热点。单从2020年研究成果的关键词分析，研究热点集中在诗学效果、许渊冲、李白诗歌、文体革新等领域。

(6) 从关键词突发性检测可以知道，1993年到2013年连续五年都是研究热点的领域包括翻译理论、文学翻译、操控、翻译策略、改写理论、葛浩文等六个方面。但从2018年至今，热点关键词集中在葛浩文、操纵理论两个方面。

翻译诗学的研究虽取得了丰硕的成果，现在处于急速上升期，但也面临一些问题。今后的工作可以从如下方面考虑：

(1) 从已有研究机构和研究团队可以知道，国内还未形成有较强实力的研究机构。建议组建相应学术组织，让翻译诗学相关研究人员有更多机会交流和沟通，形成高质量的研究成果。

(2) 国内学界针对翻译诗学现有的研究主要集中在介绍、翻译国外的翻译诗学理论，真正算得上独立研究的成果不多，有新意的研究更少。

(3) 国内针对翻译诗学的研究主要是沿用西方诗学理论，然后结合中国的材料，这样的研究仅能得出一些经验主义的方法，极少上升到理论层次，故而缺少原创性和系统性。

(4) 翻译研究应该上升到以哲学和美学为基础的理论高度才能真正成为一门有价值的独立学科，然而目前的研究还未给予足够重视(刘华文，2015：iv)。学界可以把中国传统的翻译理念用现代的方法归纳提炼并构建成反映中国历史、语言和文化特征，符合中国译学历史发展和翻译实践的翻译理论。必须构建有中国特色的翻译理论，才能为翻译实践提供具有普遍性的指导意义。

(5) 在各大高校培养翻译人才的过程中，需要开设相关课程来培养学生的中国诗学功底，让学生相信翻译和诗学相结合的重要性和必需性。

(6) 经典少数民族文学是中华民族优秀文化的代表之一。

部分少数民族文学反映了少数民族群众在中国共产党领导下生活发生日新月异的变化，高质量地推动少数民族文学对外译介对讲好中国故事具有重要意义。然而针对少数民族文学的翻译诗学研究还未有文献可查，值得学界深入研究。

（7）文学性是诗学的核心概念，但中国大学里不教诗学，因此广大文学翻译者对于文学性并没有系统的认识。有因必有果，最终这一诗学知识上的缺陷便无情也理所当然地投射在了我们的文学译著之中——原文中大量具有文学性的表达方式被扼杀在摇篮之中。

综上所述，翻译诗学相关研究目前正处于急速上升期，已经引起学界广泛关注。本文通过计量可视化方法厘清研究脉络和当前研究热点，同时本文也指出已有研究的不足和未来值得深入研究的方向。

参考文献：

[1] Bassnett S & Lefevere A. *Constructing Cultures: Essay on Literary Translation* [M]. Clevedon: Multilingual Matters, 1998.

[2] Chen C & Song M. Visualizing a field of research: A methodology of systematic scientometric reviews [J]. *PLOS ONE*, 2019, 14 (10).

[3] Eck N J V & Waltman L. Software survey: VOSviewer, a computer program for bibliometric mapping [J]. *Scientometrics*, 2010, 84(2):523.

[4] 包通法. 再论翻译的诗性思维——答何霖生先生之质疑[J]. 上海翻译，2018，(04)：88-93.

[5] 曹丹红. 诗学视角下的翻译研究[M]. 南京：南京大学出版社，2015.

[6] 曹丹红. 西方诗学视野中的节奏与翻译[J]. 中国翻译，2010，31(04)：51-55.

[7] 刘华文. 翻译诗学[M]. 北京:外语教学与研究出版社, 2015.
[8] 王东风. 诗学效果与诗学翻译[J]. 上海翻译,2020(04):1-6+94.
[9] 王宏印. 典籍翻译:三大阶段、三重境界——兼论汉语典籍、民族典籍与海外汉学的总体关系[J]. 中国翻译,2017,38(05):19-27+128.
[10] 杨柳. 翻译的诗学变脸[J]. 中国翻译,2009,30(06):42-47+93.
[11] 尹锡南.《话语转型与诗学对话——泰戈尔诗学比较研究》评介[J]. 东方论坛,2012,(02):123-125.
[12] 张旭. 融化新知与诗学重诂——白话文学语境中"学衡派"英诗复译现象考察一例[J]. 外语研究,2010,(06):80-85+112.
[13] 赵彦春. 翻译诗学散论[M]. 青岛:青岛出版社,2007.

[作者简介]　张岚,西南民族大学外国语言文学学院讲师。研究方向:应用语言学。
李野,西南民族大学外国语言文学学院助理研究员。研究方向:翻译与跨文化传播。

基于群体认同视角的"群体概称句"例外容忍度变化考察

西南民族大学外国语言文学学院　朱金平

摘　要：“指类句”的相关研究，其核心聚焦于它的“例外容忍”特性。围绕这一研究主题，不同学者从不同的视角提出了自己的解释。本文的研究主要聚焦于一类特殊的“指类句”——“群体概称句”，并从群体认同的视角对于这一特殊的指类句给出了其例外容忍变化的解释。

关键词：指类句；群体概称句；例外容忍；群体认同

一、“指类句”相关研究及“群体概称句”的概念界定

“指类句”的系统学术研究发端于 20 世纪 70 年代[1]。这一概念最初在英文中的表达形式为“generic sentence”。从名称来看，“generic sentence”经历了“类指句”（伍雅清，杨稼辉 2016）、“概称句”（周北海 2004；张立英 2006；张凌 2017）、“指类句”（徐盛恒 2010）等不同的形式。从以往的研究来看，国内对“指类句”的专题研究始于 21 世纪初，到 2010 年以后研究成果逐渐丰富，进入到研究视角多元化和研究问题深入化的阶段。国外的相关研究主要从语义逻辑和心理认知的视角来解释“指类句”特殊的语义形成机制。

---

〔1〕 周北海. 概称句本质与概念[J]. 北京大学学报（哲学社会科学版），2004，(4)：20.

通过对国内外相关研究的梳理发现,从总体上而言,“指类句”的相关研究在国外起步较早,研究时间较长,研究的内容和视角更多元化;国内的研究起步较晚,相对来说研究视角和研究方法较为单一。国内外“指类句”的相关研究都是围绕着其特殊的语义机制——“容忍例外”这一问题展开,从哲学、语言学和心理学这三种主要视角对其进行不同侧面的研究。但截至目前,这一问题的研究依然面临着一个挑战——建立起的各种解释规则很难经受所有指类句的考验,用一种规则统摄指类句的语义机制的尝试仍然屡屡受挫。鉴于指类句太过复杂的语义形成机制,国外的研究最近已经开始从语言学和哲学的视角转向心理认知视角,试图从人们共同的思维认知特点方面找到解释。

综观国内外的研究,“指类句”这一研究问题还处于初步阶段,研究内容还停留在指类句语义机制这一宏观层面,对于指类句微观层面的分类问题、类别差异问题还未成为研究者关注的对象。国内外学界对于指类句容忍例外形成了共识,而且这也成为研究的核心问题,但是学界对例外容忍仍停留在自然语言或者静态层面,对于指类句在不同的社会语境以及语用环境中是否会存在例外容忍的变化之类的动态层面的研究尚未开始。国内外学界对于“指类句”的研究尚处于例外容忍的原因解释层面,对于这一例外容忍的语义特征对人们的思维认知以及日常交际的作用和影响这方面的研究还未引起学界的关注。所有这些问题都有待于进一步深入研究,这也成为本研究的意义和价值所在。

在国内的研究中,指类句又被称为“概称句”“特征句”“类指句”等。从构成形式上看,引起学界广泛关注的指类句或者说最常用的指类句有两个典型的特点:一是这类句子表现为主谓结构,主项记作 S,谓项记作 P,这类句子记作 SP;二是主项 S

是"普遍词项"或"普遍概念",以复数形式出现[1]。从语义层面来说,"指类句是概括一类事物属性的简单陈述句(如 Birds fly.),其直观意义是一类事物的所有成员都具有某种属性。指类句虽然概括一类事物的属性,但是可以容忍例外。"[2]从形式和语义两个层面进行考察,本研究聚焦的是"成都妹子漂亮""四川人能吃辣""中国人勤奋"等这样一类句子。从形式和语义两个层面来进行考察,这类句子都符合"指类句"的特征,其特殊性在于主项的这一"普遍词项"或"普遍概念"是依据一定的人口特征、地理范围、文化背景而细化的一个"群类"。在国外的相关研究中"Dutchmen are good sailors."(荷兰人是航海高手。)曾被作为一个典型的指类句进行分析[3],这和本文关注的这类句子完全一致。基于本文研究对象的这类句子主项 S 是指称某个群体的"普遍概念",语义是对某个群体而非个体成员特征或属性的陈述,本研究将这类句子命名为"群体概称句",它的界定如下:"群体概称句"是由主项 S 和谓项 P 构成的简单句,主项指称对象是基于人口统计和社会群体依据划分的具有社会属性的某个"群体",整个句子是对这个"群体"特征、属性、习性等的陈述,例如"小孩子好动""四川妹子漂亮""工科男不浪漫""农民工素质低""知识分子迂腐"等。

二、群体身份、群体认同与群体概称句例外容忍度变化

在以往对指类句的研究中,人们几乎是从静态语义的视角

[1] 周北海. 概称句本质与概念[J]. 北京大学学报(哲学社会科学版),2004,(4):20.

[2] 吴炳章,张德玉. 指类句的元语用学研究[J]. 解放军外国语学院学报,2012,(3):4.

[3] Zhiguo Xie. Compare Within and Between Groups: The Interpretation of Weak Generic Sentences [J]. *Open Linguistics*, 2016, (2) 67-84.

来解释指类句的命题内容如何逼近全称命题,但是这种解释至今也没能取得比较一致和完美的结果。正是基于此,有学者提出从动态语义学的角度来研究这个问题。由于指类句主项是名词,"名词的指称总是受语境影响[1]",因此从语境角度来考察指类句的语义确实是一个新的视角。针对本文研究对象,我们将在不同的群体语境中来考察同一个"群体概称句"的语义接受度以及背后的例外容忍度变化情况,并进一步探讨这种变化对人们的群体交际带来的影响和作用。

具体到语境来说,"指类名词总是相对于话题来确定其指称[2]"。虽然到目前为止,学界也没有对"话题"给出一个明确的形式定义,但人们认为话题与信息结构有关。从交际的视角来说,它与正在谈论的事情有关;从功能上看,话题在逻辑上决定信息结构。群体概称句从结果上看跟一般的"指类句"一样,主语处于话题位置,处于话题位置的光杆名词具有指类功能(王秀卿,王广成 2008)。在群体交际的实践中,既然说话人说出的话是针对某个话题而言的,而且在表达某种信息时,这种信息的表达总是建立在自己已有知识以及对话语对象的已有知识的预期基础之上的,从这个角度来说,话题信息对群体概称句的真值条件是会进行限定的。

对于一个群体而言,群体身份的建立以及群体认同是一个比较复杂的过程。一个群体的群体性的本质是认同。具体来说,认同指的是个体对于群体作为整体实体存在的一种认同。个体一旦对群体身份产生了知觉,就会与群体内其他成员用同样的方式认同和评价自身,对于我们的身份、我们有什么样的特征、我们与他群的成员有什么区别,群体成员都会产生相同的感知,所以群体成员身份的感知就会产生"我们"和"他们"的区

[1] 吴炳章,张德玉. 指类句的动态语义研究[J]. 中国英语教育,2011,(1):3.

[2] 同上

分,从而体现出群体的自我构建。

社会认同理论认为行为体的自我认同主要来源于群体成员身份,所以一个行为体会努力建立或维持一种积极的社会身份认同,从而增强自我认同。根据霍格的理论,"我群中心主义"(ethnocentrism)是群体生活和群际关系的重要特征之一,它表现为"我们"在任何可能的方面都比"他们"好的信仰①。

在"我群"与"他群"身份感知的情况下,"我群"也就是"内群体"成员,为了增强自我认同会努力建立积极的群体身份,所以对群体特征和属性进行表述的"群体概称句"的认知对于群体身份的建立是具有重要意义的。为了维持积极的群体身份认同,表征"内群体"正面特征的群体概称句由于有助于建立、维持和增强积极的群体身份认同而在"内群体"语境中被内群体成员普遍接受,借此以增强内群体成员的自我认同。同样的一个群体概称句如果置于"外群体"语境中,对于外群体成员来说,这个句子是表征"他们"的正面特征的。基于"我群中心主义",外群体成员从群体身份认同的角度来说会拒绝接受其成立,因为这样一来,"他们"在这个群体概称句表述的特征方面就比"我们"好,这不利于增强外群体成员的群体身份认同,从而不利于增强外群体成员的自我认同, 于是外群体成员普遍对这个群体概称句不会接受。

欧洲的社会认同理论更注重的是认识和行为的社会和文化因素,更关注的是群体层面上的群体进程和群际关系。从这个层面上来探讨集体认同或者社会认同的形成,我们就会发现社会认同的形成不是来自群体成员之间面对面的互动,而是来自群际互动进程中群体内成员共享的群体成员身份②。也就是说,在形成社会认同的过程中,个体与个体层面的互动发挥的作

① Michael, A. Hogg. Social Identity Theory [M]. New York: Springer-Verlag, 1990.

② 聂文娟. 群体情感与集体身份的建构[J]. 外交评论,2011,(4):86.

用是比较小的,群体成员也不会据此建构起社会认同。对于一个群体而言,其本质是群体性的,这种群体性不是独立个体的集合,其建立的一个必要条件就是把自我和他者知觉为群体成员而不是独特的、不同的个体①。据此理论,我们将一个描述+G群体的正面特征 F 的群体概称句 A 分别放到"内群体"+G 和"外群体"-G 当中来进行考察。由于群体性的建立,在+G 群体中,拥有 F 特征的+G 个体被知觉为"我群"群体成员;而在-G 群体中,拥有 F 特征的+G 个体成员则被知觉为"他群"群体成员。出于"我群中心主义",为了凸显"我们"在任何可能的方面都比"他们"要好,+G 群体中只要有少数个体成员具有 F 特征,这些少数个体会被知觉为"我群"群体成员,A 这个句子就会被+G 群体判定语义为真,它的例外容忍度较高。与此同时,到了-G 群体中,即使+G 群体中大多数群体成员都具有 F 特征,但出于"我群中心主义",不具备 F 特征的少数+G 群体成员会被感知为"他群"群体成员,于是 A 被判定语义为假,在-G 群体中,A 的例外容忍度就较低。

三、群体概称句例外容忍度变化在群体传播中的作用

Semin 和 Fiedler 的"语言范畴模式"(Linguistic Category Model)理论探寻语言和思维之间的联系,以期从语言普世主义(Linguistic Universalism)和语言相对论(Linguistic Relativism)的折中路线中寻找出路。Semin 和 Fiedler 的这一理论建立在人际交流的基础之上,用来解释人际的交流行为。依据这一理论,说话人可以从划分为四个范畴的动词和形容词中进行选择,来表征和描述自己和他人的行为。这四个范畴是:1. 描述性动作动词;2. 阐释性动作动词;3. 状态动词;4. 形容词。划分为这

① 聂文娟. 群体情感与集体身份的建构[J]. 外交评论,2011,(4):86.

四个范畴的词的意义从具体到抽象形成一个递进变化。以Anne Maass为代表的社会心理学家提出的"群体间的语言偏见"(Intergroup Linguistic Bias)理论对语言是如何表征和维护群体偏见进行了深入研究。受到Semin和Fiedler提出的语言范畴模式(Linguistic Category Model)理论的启发，Anne Maass等社会心理学家提出了群体间语言偏见的假设，并设计了一系列的实验去验证并修正该假设，从而形成了一系列的研究成果。通过实验，他们得出这样一个结论：当描述一个内群体成员的积极行为或者外群体成员的消极行为时，人们往往使用更为抽象的语言；当描述一个内群体成员的消极行为或者外群体成员的积极行为时，人们往往使用更为具体的语言。通过相关理论和心理学实验验证，Yette Assilamehou、Nadia Lepastourel和Benoit Teste指出，在描述一个群体的个体成员的行为时，人们有抽象和具体描述两种语言方式；当使用抽象语言描述个体成员的行为时，人们更容易将这种特征归因于他所在的群体的一种群体特征；而使用具体语言描述个体成员的行为时，人们则较少地将这种特征归因于他所在的群体的一种群体特征①。

通过前面的分析，内群体成员的正面特征和外群体成员的负面特征往往使用抽象的语言进行描述，群体概称句对不同群体成员有例外容忍度的变化。在群体语境中，表述内群体成员正面特征和外群体成员负面特征的群体概称句被大家接受语义为真。而这种语言使用倾向又使得人们更多地将这种内群体成员正面行为和外群体成员负面行为的特征归属于他们各自所在的群体。这样，内群体总是维护其正面特征，外群体总是保持其负面特征，构建起了"我们在各种可能的方面都优于他们"的群体中心主义，这就会进一步强化内群体成员的群体认同，让内群

---

① Yette Assilamehou, Nadia Lepastourel, Benoit Teste. How the Linguistic Intergroup Bias Affects Group Perception: Effects of Language Abstraction on Generalization to the Group [J]. *The Journal of Social Psychology*, 2013, (1): 98-108.

体成员针对外群体成员进行积极区分，从而让“我们”和“他们”的群体身份建构更加稳固。

四、结论

本文基于群体认同的角度考察了群体概称句，得出表征内群体成员正面特征和外群体成员负面特征的群体概称句在不同的群体中，出于“群体中心主义”的考虑，在内外群体的不同语境中，不同的群体成员对其例外容忍度呈现不同的变化，从而始终维持在内群体成员中表征内群体成员正面特征和外群体成员中表征负面特征的群体概称句的语义为真。从同一个群体概称句的视角出发，它在不同群体语境中语义为真的接受度发生变化背后的动因是因为不同的群体成员对其例外容忍度的差异变化导致的。通过内外群体成员对同一个群体概称句例外容忍度的变化，使得群体成员在“群体中心主义”的基础上进一步增强了对“我们”和“他们”的积极区分，增强了不同群体各自的群体认同，这为群体概称句的例外容忍度变化提供了另一个可能的解释视角。

参考文献：

[1] Carpenter P & Just M A. Sentence comprehension: A psycholinguistic model of sentence verification[J]. *Psychological Review*, 1975, 82: 45-73.

[2] Cimpian A, Gelman S A & Brandone A C. Theory-based considerations influence the interpretation of generic sentences [J]. *Language and Cognitive Processes*, 2010, 25: 261-276.

[3] Leslie S J. Generics: Cognition and acquisition[J]. *Philosophical Review*, 2008, 117: 1-47.

[4] Gelman S A & Tardif T Z. Generic noun phrases in English and

Mandarin: An examination of child-directed speech [J]. *Cognition*, 1998, 66: 215-248.

[5] Goldin-Meadow S, Gelman S A & Mylander C. Expressing generic concepts with and without a language model [J]. *Cognition*, 2005, 96: 109-126.

[6] Prasada S, Salajegheh A, Bowles A & Poeppel D. Characterizing kinds and instances of kinds: ERP reflections. [J]. *Language and Cognitive Processes*, 2008, 23: 1-15.

[7] Tajfel H. Experiments in intergroup discrimination [J]. *Scientific American*, 1970, 223(5): 96-102.

[8] Tajfel H. Social psychology of intergroup relations [J]. *Annual Review of Psychology*, 1982, 33(1): 1-39.

[9] Sassenberg K, Matschke C & Scholl A. The impact of discrepancies from in-group norms on group members' well-being and motivation [J]. *European Journal of Social Psychology*, 2011, 41(7): 886-897.

[10] 廖巧云. 指类句与悖论[J]. 外语教学与研究,2010,(6).

[11] 王秀卿,王广成. 汉语光杆名词短语的语义解释[J]. 现代外语,2008,(02):131-140+218.

[12] 吴炳章. 指类句的指类功能实现机制探讨[J]. 外语教学与研究,2010,(2).

[13] 吴炳章,魏秀丽. 指类句的指称问题研究——一种词汇语用学的视角[J]. 外语教学,2012,(5).

[14] 吴炳章,张德玉. 指类句的元语用学研究[J]. 解放军外国语学院学报,2012,(3).

[15] 伍雅清,杨稼辉. 类指句的不完句现象与焦点定位研究[J]. 湖南师范大学社会科学学报,2016,(06):108-114.

[16] 徐盛桓. 转喻与分类逻辑[J]. 外语教学与研究,2008,(2).

[17] 徐盛恒. 似是而非和习非成是[J]. 华文教学与研究,2010,(1).

[18] 徐盛桓. 指类句研究的认知——语用意蕴[J]. 外语教学与研究,2010,(2).

[19] 张立英. 概称句的语义解释及形式化比较研究[J]. 哲学动态,2006,(8).

[20] 张凌. 概称句的主观化研究[J]. 中国外语,2015,(4).

[21] 张凌. Generic Sentences 译为“指类句”，还是“概称句”？[J]. 西安外国语大学学报，2017，(1).
[22] 张凌，高娜. 概称句蕴含的“语言游戏”与“生活形式”[J]. 西安外国语大学学报，2012，(2).
[23] 周北海. 概称句本质与概念[J]. 北京大学学报（哲学社会科学版），2004，(4).

[作者简介] 朱金平，西南民族大学外国语言文学学院讲师。研究方向：跨文化交际与传播。

浅谈现代文学批评中的结构语言学

西南民族大学外国语学院 蒋 晖

摘 要：索绪尔的“能指”和“所指”、句段关系和联想关系等理论为现代结构主义研究做出了巨大贡献，开启了现代文学批评中关注“关系”的新方法。索绪尔的理论也在学者的继承或批判中不断发展充实，形成了一个开放的语言学理论系统，不断吸纳着新的元素，影响深远。

关键词：索绪尔；结构主义； 现代文学批评

引 言

20世纪初，哲学家、语言学家和文学批评家开始采用“结构”一词。在此之前，学者们更常用“形式”一词表示后来的“结构”一词的含义。在哲学领域，“形式”主要指的是心理能力和心理过程。而结构主义者拒绝使用这个术语，他们认为“从柏拉图到康德，这个术语都带有某种不受欢迎的形而上学和本体论联系”(Rowe 1992：25)。他们认为精神过程应从属于语言过程。

这种哲学思维的转变是人类思想史上的一个重大转折。“将焦点从‘思维’(和哲学主体)转移到‘语言’具有战略意义，它将哲学主体转化为某种纯粹的语言可能性，而且可以证明这种可能性超越任何个体使用者，甚至特定的历史时刻”(Rowe 1992：26)。

一、结构语言学溯源

结构语言学始于20世纪初期。“结构”这个术语描述的是语言文字要素之间的关系,而不是离散的要素。虽然“结构语言学”的传统可以追溯到1906年至1911年费迪南德·德·索绪尔在日内瓦讲授的先锋结构语言学讲座，然而直到20世纪30年代和40年代,“结构”这一术语才开始跨学科使用(Rowe 1992：26)，这也得益于索绪尔的语言学理论和布拉格学派一样成为中心理论。索绪尔生前并未公开发表他的讲座内容。他去世后,出版社收集整理了学生们的讲座笔记,并于1915年首次出版了法语版的《普通语言学》(Saussure 1999：xiii-xvi)。这本书石破天惊,是思想的深刻革命,构筑了现代语言学思想的基石,在语言思想史上的重要地位堪比伽利略的太阳系理论和牛顿的引力理论在科学上的地位。索绪尔的系列讲座确立了“结构语言学”成为一个研究领域。接下来的50年里,几乎每一个主要的“结构主义”理论家都会引用他的理论。索绪尔本人并没有特别强调“结构”这一术语,但其“共时语言学”实际上是结构主义研究在每一个人文学科研究中的基础。到20世纪70年代中期,索绪尔的理论也已成为大多数文学评论家所采用的理论,如把语言定义为一个独立的系统、符号的任意性理论、把符号分为“能指”和“所指”、句段关系和联想关系等等。

建筑师或工程师都可以告诉我们,“结构”是由其各部分的关系定义的,而不是由各部分本身定义的。在材料结构中,这些关系可能包括平衡拱梁的“力”,而建筑中使用的材料总会遵循涉及特定空间的力的设计。同样,索绪尔的语言学研究也注重关系,即语言的必要“力量”。他把语言定义为“一个独立的整体,一个分类的原则”(Saussure 1999：9)。他指出,“语言符号之间的关系是语言学研究的内容”（Saussure 1999：102),“语言是一个相互依存的术语系统,每个术语只因和其同时出现的其他术语而产生意义和价值”（Saussure 1999：114)。而之前的哲学家认为语言的主要变量是历史。结构语言学家则发现，有一个更复杂的关系系统同步稳定着语言的历史变迁。

共时语言学研究的是语言在一个相对稳定的历史时期的规律。语言学家关注的是索绪尔所说的历史“切片”（Saussure 1999：104），在这个切片中，语言使用没有显著变化。在索绪尔之前，大多数语言学家研究的是词源、词汇和语法结构的历史发展。索绪尔称之为历时性语言学的历史研究，这也在他的语言学中发挥着重要的作用——事实上，这一作用经常被后来的结构主义者所忽视。当然，索绪尔认为这类研究不再是语言学的基础。哲学究其本质其实只关乎意义。像索绪尔这样的结构语言学家对单词本身的意义不太感兴趣，他们更感兴趣的是意义是如何产生的。

语言学家可以选择一个相对稳定的历史时期进行语言研究，比如语音学、音位学、句法学和词法等语言使用的特征。单独研究这些范畴内的关系和其他语言学范畴内的关系是不可能的，必然会与其他语言学范畴产生关联。在对特定历史时期的这些复杂关系和相互关系进行研究的基础上，语言学家也许可以确定声音、书写、句法和措辞之间的关系中存在的某些规律。

二、结构语言学的发展

索绪尔对语言的研究首先是区分语言现象的两个相关方面：语言的特定使用（言语）和必要的规律性（语言），没有这种规律性，语言就不能发挥作用。这一思想对结构语言学产生了重大影响。后来的结构语言学家，如埃米尔·本温尼斯特、伦纳德·布卢姆菲尔德和诺姆·乔姆斯基都尝试建立能描述人类语言能力的语法而非任何特定的语言的、语法的各种结构模型。虽然现在语言学家认为乔姆斯基的“转换语法”模型是不可能的，但它的可贵之处在于试图将那些基本结构理论化。通过这些基本结构，世界上的所有语言都可以互相交流（Rowe 1992：

26)。20世纪的学者对解释人类基本语言能力的各种尝试都依赖于索绪尔的结构主义语言学。这一语言学结构模型也延伸至精神分析领域,从雅克·拉康沿着语言学的路线对弗洛伊德学说进行修正,到布鲁诺·贝特尔海姆将民间传说和童话作为人类基本焦虑的语言表现的解释,都把语言的结构理论作为人类本质的基础(Rowe 1992: 29)。拉康认为"无意识的结构就像语言一样"(拉康,2001:586)。实际上,他把无意识和意识的关系等同于语言(Meltzer 1992: 158)。结构语言学家试图描述语言结构并进行分类。没有这些语言结构,就不可能交流和表达思想。

索绪尔最著名的两个论点是符号的任意性以及语言先于一切思想。索绪尔把"词"定义为由两个基本功能组成:能指或"声像"——声音通过能指从说话者传递到听者;以及所指或"概念形象"——通过它,声音形象被翻译成一个心理概念。他坚持认为,世界上不同的语言告诉我们,能指与所指之间不存在必然的联系或动机。声音和概念之间的关系是约定俗成的,建立在公认的用法和共识的历史之上,两者都没有任何可证明的自然基础。发出的声音没有任何固有的暗示概念或事物(Saussure 1999: 65-67)。比较语言学告诉我们,拉丁语中的 arbor、德语中的 Baum、法语中的 arbre、英语中的 tree,都代表着大致相同的概念,但在使用的能指中没有显示出自然的"规律性"或"结构"。索绪尔专注于声音与概念、能指与所指之间的关系,这是基于康德的假设,即"自然"本身不可能被了解,只能通过人类思想和语言的中介来探知。像康德一样,他不排除词语和语言有自然起源的可能性,但他宣称这种起源是完全不可知的(Rowe 1992: 29)。然而,他也颠覆性地修正了康德的唯心主义,认为语言不仅仅是表达思想的工具,它还先于所有的思想。

在语言中,一切都是以关系为基础的。它们在言语中的作用是什么呢?索绪尔把语言术语之间的关系和区别分为两类:

句段关系和联想关系。在言语中,单词连接在一起,因此它们在语言的这种“线性”性质的基础上产生联系。句段关系是指话语链上顺序词之间的关系。联想关系是指由记忆联想而产生的单词之间的关系。前者“建立在两个或两个以上的有效序列上”,形成了语言的共时性方面;后者是“潜在的助记系列”,构成了语言的历时性方面(Saussure 1999: 12)。

所以索绪尔认为,每一个词的价值都是由它所处的环境决定的。语言的结构是自给自足的。语言学是研究符号及其关系的。语言结构本身是人类的发明,是语言学家为理解遍及我们经验的每个方面的语言现象的运作而建立的模型。这种结构假设是抽象的、建构的甚至虚构的,用来理解社会和历史现象。

三、结构主义语言学对现代文学批评的影响

结构语言学成为20世纪广泛研究人类社会基本结构的基础,这一点也不奇怪。在索绪尔的带领下,语言人类学家,如布罗尼斯瓦夫·马林诺夫斯基,以及后来的结构人类学家,如克劳德,都试图探索建立描述社会互动规律的模型。像索绪尔一样,他们认为基本元素是相互关联的(Rowe 1992: 30)。索绪尔的哲学和语言思维不仅对哲学、语言学、人类学产生了巨大的影响,而且也是许多其他人文学科的基石,包括从文学及其理论与批评到艺术与艺术批评,从美学到符号学。

20世纪末,“结构”这个术语被纳入文学和艺术讨论范畴(Rowe 1992: 32)。从俄国的形式主义到结构主义,通常都能找到直接的历史渊源。结构主义是一个主要由文学批评家组成的流派,在20世纪的头十年中占据主流地位。把俄国形式主义的概念翻译成欧洲结构主义的是罗曼·雅各布森,他是俄国形式主义的年轻成员,帮助建立了布拉格结构语言学学派。该学派主要建立在索绪尔等语言学著作的基础上,主要以其在20世纪30年代和40年代的语言学研究工作而闻名,并衍生出极具影

响力的文学和美学理论(特伦斯· 霍克斯 1987: 76)。

罗曼·雅各布森在索绪尔的影响下,提出了诗歌研究的语言学方法。雅各布森认为,语言有两个基本轴心:隐喻和转喻。隐喻(例如“汽车甲虫”)是基于实体(移动的汽车)和另一个具有某些相似之处的事物(移动的甲虫)之间的相似性。然而,转喻(如用华盛顿代替美国)是基于实体(美国政府)与其替代物(美国首都华盛顿)的关联(特伦斯· 霍克斯 1987: 76)。用索绪尔的概念来解释,即隐喻是联想的、垂直的、非连续的;转喻是句段组合的、水平的、连续的。雅各布森将隐喻和转喻模式运用到文学批评中。他指出诗歌是以隐喻为基础的,而散文是以转喻为基础的;浪漫主义是以隐喻和现实主义为基础的转喻(特伦斯· 霍克斯 1987: 78)。

雅各布森的理论也影响了另一位 20 世纪的思想领袖——雅克·拉康。雅克·拉康的灵感主要来自索绪尔的语言学。他有一个著名论断,即“无意识的结构就像语言。”从中我们可以发现拉康所受到的索绪尔语言学理论的影响。多年来,拉康一直试图找出一种全新的解读弗洛伊德的方式。他经常争辩说,如果弗洛伊德受益于现代语言学,就会得出和他一样的结论,即语言和无意识之间有着密切关系(Meltzer 1992: 158)。

索绪尔声称,意义是由能指产生的,不仅与其所指有关,而且会由能指在句子中相对于其他能指的位置决定。拉康使用了索绪尔的术语,称无意识表达的单位为“能指”,与被压抑的“所指”相连。拉康把无意识比作能指的运动,能指的运动根据它在“所指链”中的位置产生意义。正是这个观点促使拉康提出了关于能指的首要性的观点,也揭示了重要的是能指的位置所产生的意义,而不是与之相关的通常意义(所指)。拉康在他的精神分析理论中阐述了解放能指的意义所在。他在分析弗洛伊德的理论时强调,无意识的结构就像一种语言。“潜意识是有结构的。它不是一个无定型的驱动和能量的库,而是一个连接系统。通过这个系统,被压抑的思想以替代的形式返回”。弗洛伊德的释梦理论将梦看作谜团,拉康将此理论延伸为梦是所有无意识的影响因素。正如必须单独破译谜团中的每个元素才能破译梦,梦里的每个元素都是联想的一个结,必须加以探索,无需关注梦在表面上是否一致。梦、口误、歇斯底里的症状、无意识的其他表达,对拉康来说,都是“意指链”的表现,是一种联想结构,类似于无意识的外语。为了控制和定义自我的同一性,意识试图忽视这种语言,但精神分析学家的任务是试图听到这种语言,尽管自我试图扰乱它。但是对所指的寻找只能采取沿着能指链运动的形式(Johnson 1992: 41)。换句话说,能指和所指之间并没有一对一的联系,而是一种从一个能指到另一个能指的运动所产生的“所指的效果”。弗洛伊德对梦的分析从来没有停过,也从来没有“解决”过梦的谜团。但人们认为通过追随做梦的人的联想链可以洞察一些玄机。

拉康对索绪尔的能指与意指之间一对一的联系的困扰实际上在索绪尔的著作中也有体现。从 1964 年开始,让·斯塔罗宾斯基开始出版索绪尔的笔记。索绪尔试图在笔记中证明某些晚期拉丁诗歌中隐藏的专门名称按字母顺序分散在文本中。换句话说,这些诗包含了额外的能指,只有知道的人才能读懂。索绪尔的字谜游戏促使朱莉娅·克里斯蒂娃等人形成理论,阐述在诗歌语言中发挥作用的字谜(或段落)(Johnson 1992: 42)。不管这些字谜是不是晚期拉丁诗学的秘密钥匙,能指能够带头创造诗歌效果的概念吸引了诗歌研究者。

拉康也结合了索绪尔的符号和罗曼·雅各布森这方面的研究成果。他把隐喻和转喻看作无意识的修辞学。“无意识像语言一样被构造”指的是无意识是以同样的方式被构成的,如同主体的先天的语言能力,语言的能力使言语成为可能。大脑中有一个内在的结构允许语言习得,就像有一个内在的结构允许无意识形成一样。欲望(无意识的欲望)永远不会得到满足。

它只是被替换或取代,形成一个“能指链”;它总是(像无意识)留下痕迹,但却逃避我们。而索绪尔认为的能指和所指之间的区别也彰显了两者是分开的秩序,非常像模型中区分意识和无意识的屏障。

拉康说,能指的运动,即其位置,创造了意义;所指不能创造意义。他认为,即使所指是未知的,能指也能产生效果,这也是他解读艾伦·坡的小说《失窃的信》的基础。在这个故事中,一个无耻的大臣在毫无戒备的国王眼皮底下偷了一封王后的妥协信。一位叫杜邦的业余侦探接受陷于困境的警官的委托去取回信件。杜邦怀疑大臣也把信藏在了自己眼皮底下,于是用一封假信从大臣客厅的卡片架上换走了王后的信。拉康强调,人物的行动是由字母(能指链)在其中的位置所决定的。这封信的内容(未被披露的“所指”)和人们的个人身份都没有决定情节的发展,正是字母的移动决定了人物的行动(Meltzer 1992: 160-161)。

拉康在文学文本中的结构主义精神分析在文学理论界中产生了很大的影响。他在语言学、哲学、精神分析、文学和人类学之间的轻松转换预示着甚至在很大程度上塑造了今天文学批评所采取的跨学科转向。他打破了文学批评中传统的从词(能指)中寻找意义(所指)的观念,给文学阅读带来了一种全新的、流动的思维方式。

另一个深受索绪尔语言学影响的文学批评流派是 20 世纪 30、40 年代的英美新批评派。他们经常交替使用“结构”和“形式”来描述艺术作品的本质属性,并最终描述审美经验的本质。新批评派的批评家们用“结构”一词来发掘精确的意义时经常采用与俄国形式主义者非常相似的方式(特伦斯· 霍克斯 1987: 156)。他们强调理想和个人思考。“新批评”的提出是为了反对“旧的”文学批评,旧的文学批评侧重于外在的文学研究:作者传记或一部作品与文学史的关系。而新批评主义则关注文学作品本身，把文学作品视为一个独立的整体。对于大多数新批评家来说，文学结构是通过对经验领域的系统否定来实现的。同样地，这种消解普通经验或数据的方式使艺术家得以专注于探究纯粹理想状态下的思想（Rowe 1992：33）。他们关注作品内部，而不受任何已确立的方法或理论的影响，也不受任何外部材料如传记的影响。艾略特就曾经宣称，要想评判一部文学作品，他所知道的唯一方法就是评判者要够聪明（特伦斯·霍克斯 1987：156-158）。

新批评主义的思想也离不开索绪尔的结构主义语言学思想，即语言作为一个独立系统的定义和对所指和能指的划分。罗指出，"新批评艺术中著名的'自我主义'或'自我反身性'是建立在文学构成一种特殊的语言'模式'的假设之上的，在这种'模式'中，思维本身可以成为反思的对象"（Rowe 1992：33）。总之，文学批评需要的是索绪尔对写作与阅读关系的分析，正如索绪尔对语言与言语关系的阐述一样。

然而，新批评主义后来受到了德里达的质疑。德里达反对阅读的所指与能指的关系，提出所指可以完全独立于能指。他认为，文学作品的阅读不是寻找能指的所指的过程，而是批评家以自己的方式对文学作品进行重写的过程。每个评论家都只是在批评中试图创造一种新的阅读体验。

德里达驳斥了索绪尔把言语作为主体、把写作作为次要的观点。在德里达看来，西方哲学对精神与身体、善与恶等二元对立的分析是按等级来区分的，即第一项被视为高于或优于第二项。言语和写作之间的对立结构也类似：言语被视为是直接的，是存在本身，是有生命的，也是和思想一致的；而写作则被视为是延迟的、缺席的，一写成文字就意味着思想的死亡，与思想不一致；言语是主要的，写作是次要的。德里达把这种语言的特权称为自我呈现的"语言中心主义"。他认为，即使测试试图赋予言语即时性特权，也不能完全排除这样一个事实，即言语和书写都是基于符号内在的能指和所指之间的 différance（意为“延迟”和“差异”）。说话者不能把意思直接从一个头脑传递给另一个头脑。索绪尔将语言描述为“线性的”，这是一个空间术语，更适用于书写而不是言语。德里达认为，“言语”和“写作”一样，最终也是结构化的。德里达的写作理论实际上是一种阅读理论。阅读包括严肃对待标准阅读中忽略或删除的一些因素。正如弗洛伊德认为梦和口误都是可解读的而不是纯粹的无意义或错误，德里达在文本的间隙、空白、数字、回声、离题、不连续、矛盾和歧义中看到了象征的力量（Johnson 1992：43）。读者的任务是阅读所写的内容，而不是简单地试图通过定位每一个能指的所指来理解或直觉其可能意味着什么。

四、结语

索绪尔为现代结构主义奠定了基础。他的“能指”和“所指”、组合关系和联想关系等理论为现代结构主义研究做出了巨大贡献。在文学批评领域，结构主义语言学启发了关注“关系”的新方法。然而，索绪尔的理论也受到了批判和发展。拉康对能指的解放、德里达对 différance 的重新诠释都以索绪尔的语言学为基础，为索绪尔的术语赋予了新的意义。结构主义研究的新探索者们一直致力于将索氏语言系统变成一个开放的语言系统，不断地加入新的元素。他们的创新和索绪尔结构语言学的基础一起把 20 世纪带入了一个全新的思考时代，影响着文学以及几乎所有其他人文学科。

参考文献：

[1] Johnson, Barbara. “Writing” (in) *Critical Terms for Literary Study* [M]. 2nd ed. Frank Lentricchia and Thomas Mclaughlin. Chica-

go: The University of Chicago Press, 1992.

[2] Meltzer, Françoise. "Unconscious" (in) *Critical Terms for Literary Study* [C]. 2nd ed. Frank Lentricchia and Thomas Mclaughlin. Chicago: The University of Chicago Press, 1992.

[3] Rowe, John Carlos. "Structure" (in) *Critical Terms for Literary Study* [M]. 2nd ed. Frank Lentricchia and Thomas Mclaughlin. Chicago: The University of Chicago Press, 1992.

[4] Saussure, Ferdinand de. *Course in General Linguistics* [M]. Trans. Wade Baskin. Beijing: China Social Sciences Publishing House, 1999.

[5] 特伦斯・霍克斯. 结构主义和符号学[M]. 霍铁鹏译. 上海: 上海译文出版社, 1987.

[6] 雅克・拉康. 拉康选集,褚孝泉译[M]. 上海:上海三联书店,2001.

[作者简介] 蒋晖(1978-),女,西南民族大学外国语言文学学院讲师,硕士。主要从事口笔译研究。

顺句驱动原则在英汉同传中的应用维度研究

西南民族大学外国语言文学学院 杨 科

摘 要：在英汉同传中，顺句驱动是一个比较重要的翻译技巧。顺句驱动技巧是口译过程核心维度，与其他各个单项技能维度之间有交叉、相互影响，并在口译综合技能中相互作用。顺句驱动的目的是减少前期理解和分析的环节，优化 EVS 控制过程，保证释放出更多的时间来进行后面更重要的输出表达层面的加工。本文对英汉同传中顺句驱动原则的应用维度进行了简单介绍，并且利用实例分析，对其合理性进行论证，以期为同传准确性和效率的提升提供一定的借鉴。

关键词：英汉同传；顺句驱动原则；应用维度；输出

一、引言

因为同声传译具有符合性高、任务性多以及即时性等特点，所以在翻译的过程中，口译员往往需要与发言人保持同步，即同时进行“说”和“听”(方利品 2020:168–169)。由于原句信息输入具有连续性的特点，通常缺乏长时间的停顿或者间隔，口译员要在短时间内完成一连串任务，包括听取原语信息、短暂储存信息、转换意义以及发布译语等，若大范围调整原语结构，一方面会使语言的转换难度增加，另一方面还要求译员在长时间内保持原语信息，这在一定程度上增加了译员存储信息的难度，使口译认知操作过程的平衡被打破，导致口译员既不能对原句输入信息进行听取和理解，也不能有效调节和监控译语，从而降低口译效果(龚天婵 2011)。在中国,绝大部分译员和口译学习者的母语为汉语,因此初学同传的学生常常以为英汉同传相对较容易,因为其母语是汉语,只要理解原语发言,便可顺利进行同传。所以,在英汉同传中,译员要避免调整语言结构,将英语原文语流的输入次序作为基本依据,不间断地切割原语语流至大小不等的信息单位和意群,再采用合适的汉语表达形式将这些信息单位组合起来,从而对原文的整体信息和意义进行传达。这也是英汉同传中最受重视、最为常用的一种转换技巧或策略,即"顺句驱动"原则,并且也是比较重要的一个特征。

口译技能的组成包含不同的核心维度:1. 顺句驱动技巧。作为双语转换能力维度核心,顺句驱动技巧支持以下单项口译技能:听辨、分析预测能力、会意能力(把握核心意思和功能)、双语加工水平、听说时间差 EVS(ear-voice span,听到源语和口译输出时间差的)控制能力;2. 背景知识掌握情况。各个单项技能和其子技能之间有交叉、相互影响,并在综合技能中相互作用。如何按照重要性排列各个单项技能在综合技能中的占比?如何更好地描写、观察和分析口译主要的不同核心技能维度互动机制?为了研究方便,设置假设:顺句驱动技能在口译整体处理流程中起核心作用;顺句驱动的目的是减少 EVS 控制过程中前期理解和分析的环节,保证释放出更多的时间来进行后面更重要的输出表达层面的加工,研究语言流利程度等不同单向技能和综合口译表现。

分析和探讨以驱动为核心的口译技能的机制互动,可以从其本质出发,结合当前对口译技能基本内涵及相关理论的研究,通过对口译过程进行分析,探究其运行的合理性和运行各环节中存在的问题。从实践层面看,从顺句驱动的视角来审视当前口译互动中的优点与不足,是对各研究理念、研究方式、研究成果的综合,这有助于理论与实证以及要素与整体融合。具体的研究内容包括:口译核心维度如何更好地在内部作用,以达到良好的口译输出表现;同传怎样才能做到准确流畅。以顺句驱动为核心视角极大地拓宽了口译能力研究的深度。口译技能互动机制深度挖掘有关口译技能构成要素的问题,着重探讨口译技能的构成要素、各要素在重要性上的排序以及这些构成要素在口译过程中的互动机制;还有顺句驱动在口译技能中的地位问题、顺句驱动如何与其他口译技能维度互动作用。目前口译研究中还没有专门针对以顺句驱动为核心的口译技能互动机制的研究聚焦顺句驱动能力的高低是否与同声传译能力有关联。

二、同声传译特点及顺句驱动原则

(一) 同声传译特点

同声传译作为比较复杂的一个语言加工过程,往往要求同传译员在不将讲话者话语打断的前提下,不间断且同步将源语转换为译入语,且向广大听众传达,其特点有很多,包括以下几点:

1. 即时性

在同声传译中,“时滞”(decalage 或 time lag)是比较重要的一个特征,主要指的是说话人表达信息与译者输出译语之间的一个时间间隔。有学者在研究中认为,“译员所说的话不是他当时听到的,而是之前听到的”,并且在同传时滞实验中发现语言配对不同的同传生成的时滞平均值在 2—3 秒之间。这就需要译员在说话人演讲开始后的短时间内迅速启动,以接近说话人的速度,用另一种语言将说话人的情感和思想几乎同步地向听众传达。在这个过程中,译者需要不断接收源源不断的源语信息,并时刻保持精神高度集中,对说话人的信息进行全面获取,从而顺利完成翻译任务。

2. 多任务性

Daniel Gile (2011)作为国外的一名著名语言学家,通过观察和研究会议同传,对同传精力分配模式进行了总结和归纳,公式为 L+P+M+C = SI，即：听力和分析（Listening and Analysis）+语言产出（Speech Production）+短时记忆（Short-term Memory）+协调（Coordination Effort）= 同声传译（Simultaneous Interpreting）。对于译者而言，在同声传译的过程中，言语表达、短时记忆以及听力与分析是比较重要的基本任务，不仅要对三者的关系进行协调处理，还应该合理分配注意力。首先，译员要对说话者给出的信息进行听取，通过理解和分析后，向译入语转换。在转换的过程中，还需要在短时记忆中纳入听到的下一部分信息，并且对这一流程进行不断重复，从而对信息的发展起到一定的促进作用。同时，因为同传具备即时性的特点，译者往往需要同时进行这些任务，不仅增加了译员的脑力负荷，在一定程度上也提高了同传的难度。

3. 高负荷性

因为英汉同传具有多任务性和即时性的特点，在翻译的过程中，译员往往需要在短时间内充分调动大脑各个功能的积极性，迅速完成各项任务，如听力辨析、记忆、理解以及表达等，其承受的脑力负荷较大。研究表明，当译员面临的口译场合是不熟悉的专业领域时，因为缺乏对一些特定知识的了解和掌握，在认知负荷的影响下，会使其脑力负荷进一步加重，从而不利于翻译任务的顺利完成。

（二）英汉同传的顺句驱动策略

因为英语和汉语两种语言在语篇结构和语言句式方面存在着一定的区别，所以在进行同声传译时，为了使译文的输出速度尽量与说话者保持一致，译者通常会避免大幅度调整原句结构，而是将源语的语序和信息结构作为基本依据进行口译，通过词性转换、重复以及断句等特定技巧的运用，先根据信息单位和意群对原语进行切分，再运用顺译的方法使其自然衔接，获得完整、流畅的译文，且与听众的语言习惯相符。同时，在顺句驱动原则中，往往要求译员尽量“照着原语译”或者“跟着原语走”，对原语的停顿和信息结构进行最大限度的“容忍”,避免对结构进行重大调整。但是在顺句驱动中,形式对等是其中的一个方面,而意义传递则是比较重要的一个内容,总体要求表达简洁、准确。

三、顺句驱动策略在英汉同传中的运用

应用顺句驱动在同传过程中需要注意避免调整语序,需要合理的断句和意群把握,表达完整的意思和功能。其在口译过程中具体步骤分析如下:

(一) 意群及主述切分

在同声传译顺句驱动策略中,切分是一种比较基本的技巧,又被称为“意大利香肠技巧”。有学者研究发现,切分主要指的是在输入复杂的源语结构结束之前,在意群或短语层面上对前面输入基段的提出和译语输出(徐劼成 2017:139-141)。

在同声传译中,尤其是在英汉同传的场合,说话人往往会采用一些比较长的句子,其含有的信息比较丰富。但是因为受到时间的限制,译者不能等到说完一句话后再进行翻译,这样容易使译者的短时记忆负担加重。在这种情况下,译者需要正确运用切分技巧,对原文中的新信息和已知信息、述位和主位进行切分,即先将已知信息翻译出来,再对新信息进行翻译,比如:“Given (T) the increasing urgency of the problems// we aim to address// -insecure energy supplies and climate change (R)// -we therefore (T1) reviewed our policy (R1)// -aiming (T2) both to improve our ability// to achieve the targets we have set//, and to look forward beyond 2010 (R2). //”这一段话的译文为“由于问题比较紧迫,我们需要对这些问题进行解决,包括气候变化和能源供应不足,于是我们对现有政策进行重新审视,目的不仅是促进自身能力提高,推动已有目标达成,还需要着眼于

2010年以后。"在上述例句中,原文有很多字数,具有较长的意群停顿,并且含有插入语,具有复杂的结构。对于译者而言,在不能听到完整信息的前提下,为了使短时记忆的负担减轻,可以对原文长句进行断句。比如"given"作为第一句句首的一个主位信息,其后面接的状语从句较长,为了避免太多信息增加自身记忆压力,译者先翻译"given"为"由于",再对接下来听到的述位信息进行翻译。同时,对于较长的述位信息,应该从意群层面进行分割,形成不同的一个个短语,再分别对其进行翻译,这样不仅可以使脑力负荷减轻,还能提高译文输出的流畅度,从而获得完整信息。

(二) 主述位顺译

在英汉同传中,从句式结构这一层面来看,因为两种语言的差异较大,译者想要寻求译文和原语的结构平衡,具有较大的难度,并且也会使译员的认知负荷加重。通常情况下,英汉语篇是利用主述位交互推进来将说话人的交流意图和信息流向充分反映出来的,说明在信息与形式无法均衡的情况下,应该尽量还原说话人的谋篇布局风格和信息推进模式。所以,在英汉同传的过程中,要根据原文的主述位信息,并且将信息流向作为基本依据,推动顺句驱动的实现。比如"实现(T)粮食安全、增加农业生产、消除贫困饥饿作为国际社会普遍关心的一个重要课题(R)。为了使这一问题能够得到有效解决(T1),需要我们大家通过实际行动出一份力(R1),根据这一目标(T2),今天,我们共同相聚在杂交水稻发源地——湖南,对怎样确保世界粮食安全进行探讨(R2)"。这一段可根据顺句驱动原则译为:"To ensure (T) food security, agricultural productivity and the elimination of hunger is a global concern (R), which (T1) requires us to take concrete actions (R1). Hereby (T2), today, we gather here in the cradle of the hybrid nice, Hunan, to discuss together about how to ensure the world's food security

(R2)."在中文原文中主述位交替推进,信息结构鲜明,且每句话的句首都由主位的已知信息引导,可以将本句的新信息引出来;发挥承上启下作用的则为述位。比如,R 为原文中首句的述位信息;T1 为第二句中的主位信息;而第二句的述位 R1 又成为第三句的主位 T2。所以,为了将说话者严谨的信息发展模式以及其正式的说话风格充分体现出来,译文应该以主位、述位交替前进的方式表达,从而让听众获得同等的心理感受。

(三) 增译必要信息

因为英语和汉语的组织形式和语言风格不同,译员在根据主述位结构进行顺译时,往往会出现信息隐身或者成分缺失的问题。在这种情况下,应该辨析缺失的成分,对必要的信息或者成分进行补充或增译,从而将说话人的意思准确传达出来。比如,"Some claim that tricky issues that stand in the way of a multilateral trade deal can be more easily resolved when only two countries are sitting at the table."。可译为:"有人宣称,一些棘手的问题对一项多边贸易协定的顺利进行造成了阻碍,若参与谈判的国家只有两个,则能轻松解决这些问题。"在英语原文中,"the tricky issues"作为一个先行词,能够对后面的两个部分内容即"can"和"that"后面的信息起到引导作用。在这一情况下,若不添加主题词,则会让听众误认为"trade deal"为"resolved"的宾语,并且不能将原语的意思表述出来。

五、结束语

综上所述,在英汉同传中运用顺句驱动策略,不仅能够将说话人的交际意图和语言风格以及原文信息充分传递出来,还能使译员的负担减轻,并且还可以为口译者顺利解决这一问题提供有效依据。本文以顺句驱动为研究视角,通过口译实例研究在顺句驱动的原则下如何在英汉同传中进行意群切换和表达并在综合口译技能中相互作用;另外,对现场口译大规模真实语料进行系统描写,探索口译现象的特点及其中所存在的规律,尤其是分析核心口译技能中顺句驱动的操作规律,目的在于希望通过此分析寻找目前在英汉同传中存在的问题和制约其发展的因素,并寻求其对策,促进互动机制的健康发展,激发译员的学习热情,提高口译的准确性。

参考文献:

[1] Gile, Daniel. *Basic Concepts and Models for Interpreter and Translator Training* [M]. 上海:上海外语教育出版社,2011.

[2] 方利品. 目的论视角下电子产品发布会中专业术语的英汉同传——以 2020 年华为新品发布会为例[J]. 大众文艺,2020,(15).

[3] 龚天婵. 从认知负荷模型看英汉同传中的简约技巧[D]. 四川外语学院,2011.

[4] 徐劼成. 英汉同传源语句法复杂及语速过快的应对策略[J]. 吉首大学学报(社会科学版),2017,38(S2).

[作者简介] 杨科(1975-),男,西南民族大学外国语言文学学院,副教授,翻译硕士研究生导师,主要研究方向:口译、语料库、跨文化交际。

[项目信息] “西南民族大学中央高校基本科研业务费专项资金资助一般项目(项目编号 2020SYB16)”项目名称:“顺句驱动技巧视角下口译核心维度互动机制研究”。

藏族史诗《格萨尔》中的“卵生”意象探析*

西南民族大学外国语言文学学院　杨　丽　何　翼

摘　要：民族意象是民族集体无意识的一种表征，它具有鲜明的文化属性，是民族文学作品中不可或缺的元素。本文通过文献梳理分析了“卵生”意象在藏族文化以及人类共性文化语境下所蕴含的生命观和英雄观。探析“卵生”意象中的文化意义将有助于更好地解读《格萨尔》的文学价值及其背后的民族深层精神内涵，也有助于《格萨尔》的文学翻译实践。

关键词：《格萨尔》；“卵生”意象；生命观；英雄观

1. 引言

意象(image)是人类的主体认知触及客观事物时，依据感觉来源所带来的信息，在意识中构成的认知对象意义与形象之和，它包含大脑中产生的形象以及其表达的意义。中国文化自古就推崇意象，有“尚象”之风。先秦时，《周易·系辞》中就有“观物取象”“立象以尽意”。《周易》正是用六十四卦象来记录天地万物及其变化规律。《山海经》中“幽魂灵怪，触象而构”，其中的神话意象是中国意象符号之源。虽然有学者认为中西文化中意象的内涵迥然不同[1]，但是可以达成共识的是：意象就是客观现实在我们意识中的呈现。而与客观现实不同的是，意象有观察者的参与。也就是说，意象具有鲜明的文化性。它不仅

* **基金项目**：本文系2022年度西南民族大学中央高校基本科研业务费专项资金项目(2022SYB11)阶段性成果。

是一种意义承载工具,也是一种文化的映射,一种主观的心理表象。鉴于意象强大的表达功能,它已是诗歌、小说等文学体裁中不可或缺的文化元素。可以说,文化性是意象最大的特质。张德明就主张诗学理论中的意象研究应突破侧重于其感性价值的传统思路,把诗歌中的意象视作"一个心理事件与某种文化的奇特结合",由此探索"诗歌意象背后隐含着的深邃文化意义链,或'文化语境'(cultural context)",即"自然环境、民俗风情、神话传说、宗教信仰、伦理取向等复杂的交互关系"[2],而这正是文学创作的土壤,其中蕴藏着深度解读该作品的钥匙。对文学作品中意象的文化解读将是文本深度分析的新路径。本文选取"格萨尔"独特的诞生方式来探讨卵生意象在藏文化以及人类文化中的文化意义。

2. 《格萨尔》中的"卵生"记述

《格萨尔》中记述"格萨尔"诞生时,母亲先生出了一条约九十托长的黑蛇,其后相继生出一个金黄色的人、一个绿松儿石颜色的人、七个黑铁鹰、一只人头大雕、一条红铜色的狗,最后是一个像羊肚子一样的圆圆的肉蛋。用箭头划开这个肉蛋,蹦出来的孩子就是"格萨尔"。

历经千年传唱的《格萨尔》是我国伟大的民族史诗,也是世界上最长的史诗。它是一部罕有的史诗与说唱艺人并存的民族史诗,一部还在成长中的活态史诗。其"活态性"表现在其源头仍具有活性,其核心部分仍然存活于民间说唱艺人的口头传承中,史诗故事还在不断地生发。可以说,作为民族史诗,《格萨尔》更多的是指一个英雄的传说,一个民族的精神,一个民族的历史,而非某一个单一的说唱演绎或文本。作为一部典型的互文性人类精神作品,其中饱含着民族集体无意识,即一种亚集体无意识的信息。而意象是探究该民族深层心理的最佳路径。《格萨尔》中的民族意象源自藏族先民的深层精神,又在历史长河中受到时代精神的洗涤,是个体和集体、游牧文化和农耕文化等多重作用力的结果。透过史诗中的民族意象,可以窥见其中传承恒久的民族精神与文化心态。

3. “卵生”之内涵

3.1 “卵生”中所蕴含的生命观

“卵生”在藏族神话和文献中有着丰富的记述。这些记述辐辏在一起成为藏族宇宙起源学说的重要组成部分。苯教文献《黑头凡人的起源》中描述了藏族始祖种姓穆氏、祖氏、恰氏的先祖从卵而生的过程。“湖面堆积物滚成卵状。卵里产生黑白两个鸟的魂魄,即光的光明和芒的黑暗。光明和黑暗结合成黑、白、花三枚卵”,“花卵破裂而产生女人朗朗玲玲”[3]。根据苯教文献《什巴卓浦》,天地间出现“木、火、土、铁、水”等五种原物质,它们共同作用产生了两个卵,发亮的那枚卵中生出了现世的国王斯巴·桑波奔赤,黑卵爆炸生出了幻世的国王闷巴色丹那保。一个青色气泡落在一枚蓝色的卵上,生出一个青蓝色的女人曲姜杰姆,桑波奔赤与她结合生下九兄弟和九姊妹,他们分别分身出自己的妻子或丈夫,其中一个兄弟的后代就是藏王的祖先。藏语文献《朗氏家族史》以及石泰安的《西藏的文明》中也描述了类似的藏族卵生创世的过程。现在,嘉绒藏区仍流传着大鹏鸟卵生嘉绒土司的神话,并且已成为当地人民族认同的基础[4]。

然而“卵生”不是藏族所独有的宇宙起源学说,其他民族的古老神话中也有卵生的记述。《史记》中的《殷本纪》有“殷契,母曰简狄,娀娀氏之女,为帝喾次妃。三人行浴,见玄鸟堕其卵,简狄取吞之,因孕,生契。”契的母亲吞鸟卵而得孕,也是间接的“由卵而生”。朝鲜族的《高句丽》中记载了河伯之女感日而孕,生下一卵,后孵化出高句丽始祖朱蒙。“朱蒙母日景又逐。既而有孕,生一卵,大如五升……其母以物裹之,置于暖处,有一男破壳而出。"除了神话,"卵生"意象也有其他形式的文化遗迹。中文"卵"字是个意象鲜明的象形字。《说文解字》中对"卵"的解释是:"卵,冒也。二月万物冒地而出,象开门之形,故二月为天门。"《康熙字典》中"卵"的释义为:"凡物无乳者卵生,鸟卵中黄为阴,外白为阳,魂魄相待也。"结合两个解释可知,卵如双门可以打开,犹如万物生长,字中两点分别象征卵中的蛋黄和蛋白,也为阴阳,为魂魄,是生命之始。从卵的出现,孵化的静待,再到生命的产生,这是一个仪式感十足的生命诞生过程。人们在这个从静态的蛋到有活力的动物的演变过程中投射了对生命产生的理解。无独有偶,藏文中卵字可写作"སྒོང",前面的"སྒོ"有"门"之意,后面的"ང"指"我"。从字面上看,藏文中的"卵"字"སྒོང"可以理解成"我从门内走出来",非常形象地应和了破壳而出的卵生意象。

"卵生"意象蕴藏了古代先民的生命起源观,是原始先民思考人类起源问题的一个答案。早期先民主要靠采集和狩猎生存,鸟类和爬行类动物的卵以及根茎类的卵形果实是最易搜集的食物来源。卵是先民生活中的重要内容。同时,卵生动物产卵也是他们最容易观察到的生命诞生过程。在以具象思维为主要思维方式的人类早期,随处可见的卵生现象给原始先民解答自己的来源问题提供了思路。现代生物学已经确认哺乳动物是动物发展史上最高级的阶段,而大多数哺乳动物都是胎生。与卵生相比,胎生动物有进化程度更高的智力和感觉能力。然而古代先民在神话思维的主导下,更关注、认可物化、具象的自然现象。到人类发展出抽象思维时,大量的卵生物象逐渐被抽象化为一种生命起源的意象。他们对于与自己相异的一切都抱有崇拜之心。在他们的心目中,卵生是一种更高级的繁衍方式。藏族先民的图腾信仰中确有许多卵生动物。闫振中也认为《格萨尔》中的卵生意象是藏民族太阳崇拜和鸟图腾崇拜的结合[5]。

3.2 “卵生”中所蕴含的英雄观

纵观各民族的卵生神话传说，由卵而生的人物大多是君王、民族先祖以及英雄。如卵生的朱蒙创建了高句丽国，是高句丽的第一位君主；母亲简狄吞玄鸟卵得孕而生的契是商朝商汤的先祖；破肉球而出的哪吒是有三头六臂、有神器相伴的统领天兵天将的战神；由石卵中蹦出的石猴孙悟空是家喻户晓的降魔英雄。“卵”字的藏文“སྒོང”字面意思是“我从门内走出来”，主体为“我”说明藏族看待卵生的生命诞生方式的态度是正面的、肯定的。因而降伏四方妖魔、为黑头藏人而战的大英雄“格萨尔”由卵而生，这正是对“格萨尔”神性的一种彰显。

此外，“卵生”是一种阶段性的孕育过程。母亲诞下卵后，生命并没有直接出现，还需要一定时间的体外孵化。这就弱化了父母在这个生命体诞生过程中所起的作用，尤其是父亲。这一方面是源自早期人类的认知局限。动物在荷尔蒙作用下产生性冲动，但是性行为结束后，大部分动物就会分开，即便是雄性动物参与到后代的养育也是出于本能，他们不能意识到这些之间的关联。远古早期的人类也是如此，他们无法将性行为与之后的生殖行为联系起来。另一方面，这正是英雄诞生的一种原型。

荣格把原型定义为人类集体的原始经验的集合，它们如同命运一般伴随在每一个人身旁，而每一个人在生活中都可以体验到它们，并不自觉地受它们的影响。原型也解释了不同文化、不同语言和不同认知下的人类心理共性[6]。人类因为相似的大脑结构、相似的自然生存环境，会形成相似的信息输入和输出机制以及运作机制，而这一切不会受文化或意识控制。因此，“卵生”也是一个原型意象。

神学大师坎贝尔在大量研读古往今来不同国家、民族、时代中众多英雄神话故事后，总结了模式化的英雄之旅，即英雄的原型的成长模式：启程—启蒙—考验—归来。在启程阶段，英雄总是受困于艰辛的生存环境，或是令人厌烦的事物，或是辛苦的劳作，或是文化禁忌，而出身禁忌是其中的一个典型。这类英雄原型在许多文化中都有呈现。中国自古就有"圣人无父"之说。《春秋公羊传》中有"圣人皆无父，感天而生。" 许慎在《说文解字》里就"姓"字解释说："古之神圣，母感天而生子，故曰天子。"中国早期神话故事中有大量这样的只知母不知父、感天而生的神话人物。如华胥踏巨人迹而诞伏羲，安登感神龙而生神农，女枢感虹光而生颛顼，附宝见大电光绕北斗而生黄帝，女节接大星而生少昊，庆都遇赤龙而生尧，握登见大虹而生舜，修已吞神珠薏苡而生大禹，扶都见白气贯月而生汤等。"卵生"一方面造就了英雄的出身困境，另一方面也合理化了英雄在成功之前所处的文化禁忌。

在拉达克版本的《格萨尔》中，格萨尔未降生人间时是帝释的小儿子顿珠，他在天界中骑一只被叫作"载载厄玛"的山羊，被山羊驼到山峰顶扔下去，造成他在天界死去，而死去的结果是他降落到人间，由选定的母亲受孕生下英雄格萨尔。格萨尔人间的母亲在诞育他时还未婚嫁。在其他版本中，格萨尔同时拥有在天界的父母和在人间的父母。天界的父母非常完美强大，可以命令天界诸神为他注入各种了不起的神力；但是也很遥远，在他需要帮助的时候不能出现在身边。人间的父母就在身边，却非常的孱弱。父亲森伦不但轻易就被妾室和弟弟的谗言所欺骗，抛弃了他的母亲，而且其后，已成为大王的格萨尔因征战离家，他的父亲立即被叔叔欺压到只能过乞丐的生活。人间母亲郭姆虽有龙女这样高贵的身份，但是却毫无自保能力，对格萨尔而言，只是起了一个孕育的作用。虽然有两对父母，却是呈割裂状态的父母角色。荣格曾经在《历史背景中的西格蒙德 · 弗洛伊德》一文中提到弗洛伊德对达 · 芬奇与他的两位母亲的关系做过的分析,分析中提到人类无意识的对父母理想化的追求,与现实中不完美父母的存在,使得人内心的父母形象出现了割裂性。这是人类普遍的现实体验。神话或童话中的英雄就是通过两个或多个事实母亲或事实父亲来实现这种割裂性。

孕诞分离的“卵生”为这种割裂提供了基础。而故事中的其他男性角色成为了英雄成长的各种助力或阻力。或者说,这些男性成为年轻英雄父亲的不同面向,具有曲折而丰富的意涵。在拉达克版本的《格萨尔》中,由于英雄远离天界的父亲,而人间的父亲又缺位,这个角色的空白带来了一系列的补充。来到人间前,他一方面从舅舅即他母亲的兄弟丹增那里获得帮助,备好下界所需要的东西(对此,石泰安曾说过,在藏族神话传说中,父系的叔叔与母亲的兄弟是对立的,而后者通常是正面、支持者的角色,是慈善的父亲的代表);另一方面,他与父系叔叔们之间的协作与冲突是史诗中的重要情节。格萨尔与身边的男性角色的关系,是他对父亲情感的一种转移,也是故事情节发展的重要基础。父系叔叔阿古夏(阿古是藏语中叔叔的意思)既吞下了他,但同时又为他提供了完成人间使命所必需的武器。阿来的《格萨尔王》中,在人间的童年英雄觉如有三个父系叔叔。年纪最大的老总管绒察查根为人忠厚正直,最具慈父之态;最小的叔叔晁通恰恰相反,个性奸诈残暴,甚至与敌人勾结多次谋害格萨尔。两位叔叔截然对立,正好是对父亲割裂态度的分别展示。

4. 结束语

由以上分析可知,文学作品中的意象有深层心理共性以及民族文化特性,它阐释了民族的审美心理定势以及民族独特的人文地理、伦理、宗教信仰等文化生态信息。意象研究在文学理论研究中还有更大的发展空间。此外,受认知语言学影响,近年来刚兴起的认知翻译学主张翻译对等应该超越文本,文学作品应将译者与作者的认知经验即意象体验纳入翻译的评价标准中。意象研究在文学翻译领域还能发挥更大的价值。邵璐等就阿来版的《格萨尔王》与葛浩文、林丽君的英译本从意象对等的角度进行了对比分析，探讨了翻译对等的新标准[7]。

参考文献：

[1] 金东柱. 苯教古文献《黑头凡人的起源》之汉译及其研究. 西宁：青海民族出版社，2013.

[2] 荣格（著），冯川（译）. 心理学与文学. 北京：译林出版社，2014.

[3] 邵璐，周以. 翻译中的认知意象对等研究——以《格萨尔王》说唱文本的英译为例[J]. 外语教学，2021，42(01)：94-99.

[4] 汪裕雄. 意象探源[M]. 北京：人民出版社，2013：233-238.

[5] 闫振中. 圆形结构、卵生英雄和神授艺人——《格萨尔王传》之谜（一）[J]. 西藏艺术研究，1994，(01)：32-35+31.

[6] 曾穷石. "大鹏鸟卵生"神话：嘉绒藏族的历史记忆[J]. 学术探索，2004，(01)：106-111.

[7] 张德明. 诗歌意象的跨文化比较[J]. 中国比较文学，1997，(02)：36-60.

[作者简介] 杨丽（1980- ），女，土家族，西南民族大学外国语言文学学院讲师，澳门城市大学应用心理学专业博士研究（在读）。研究方向：心理语言学。

何翼（1975- ），女，西南民族大学外国语言文学学院副教授，硕士。主要研究方向：英语教学。

《格萨尔》在法国的传播与研究

西南民族大学 谢小丰

摘 要：藏族史诗《格萨尔》是一部伟大的史诗作品，传唱千年而经久不衰。近代以来随着东西方经济文化交流日益加深，越来越多的西方学者开始接触并研究这部史诗作品。在作为欧洲汉学重镇的法国，从20世纪初开始就有许多学者前往藏地进行田野调查，他们通过实地收集的材料对《格萨尔》进行翻译和研究，取得了极大的成就，其中以大卫·妮尔和石泰安最为著名。他们收集了当时所能收集到的所有资料，归纳整理，去伪存真，可谓是当时《格萨尔》研究的集大成者。同时，与之前的学者不同的是，他们将研究的重心转向了说唱艺人，推动了《格萨尔》"活形态"和民间艺术的研究。

关键词：《格萨尔》；法国；说唱艺人

1. 引言

藏族史诗《格萨尔》是一部伟大的史诗作品，其流传历史之悠久、塑造的人物形象之丰富、涉及的地域和语言之广泛，实属世上罕见。作为一部"活形态"的史诗，《格萨尔》诞生于我国青藏高原东部，流传于藏蒙地区，并随后在周边的民族和地区广泛流传开来。18世纪以来，随着东西方文明的交流越来越频繁，西方学者开始注意到这部非同一般的史诗，并着手翻译和研究这部史诗。由于地理位置毗邻的原因，俄国人很早就知道有这么一部史诗流传在蒙古地区，他们根据蒙文版的《格萨尔》进行翻译和研究。虽然蒙文版《格萨尔》也是脱胎于藏族古老史诗，但是这部活形态的史诗很长时期里是没有文字仅靠艺人传唱的。随着时间的流逝、地域的变化以及语言的转换，蒙文版《格萨尔》中的故事梗概被保留了下来，但是很多细节、人名、地名都发生了变化。所以，最开始的研究者曾一度认为格萨尔（Gesar）就是凯撒（Kaiser）或是沙皇（Tsar）。当然，这些早期的研究虽然不够完善，不够科学，但还是为其后的学者提供了很多珍贵的史料和研究基础。西方学者对《格萨尔》藏文版的研究要晚于对蒙文版的研究。首先，这部史诗在藏区都是以口耳相传的方式在传承，人们并不确定是否存在着史诗的藏文手抄本。其次，西藏由于其特殊的地理位置，外国人想要进入并不容易。在进入 20 世纪之后，大批的外国学者已经不满足于通过史料来研究《格萨尔》了，他们来到西藏进行田野调查，亲自聆听说唱艺人的演唱，将其收集整理并进行系统的研究。其中，最为著名的就是两位法国的藏学家——大卫・妮尔（David Néel）和石泰安（R. A. Stein）。

2. 大卫・妮尔对《格萨尔》早期研究

大卫・妮尔出生于巴黎，很早就学习了梵文，在印度游历期间对西藏产生了兴趣，随后多次深入西藏腹地进行考察和研究，并根据自己的经历出版了《一个巴黎女子的拉萨历险记》。随后，她在玉树的考察期间对《格萨尔》史诗产生了兴趣，并在她的义子庸登喇嘛的协助下寻找民间说唱艺人为自己演唱《格萨尔》并记录下来。1931 年她根据自己收集到的材料出版了法语版的《岭・格萨尔王超人的一生》（*La vie surhumaine de Guésar de Ling*）。在这本书里她将自己收集到的格萨尔王的故事进行了梳理，但是由于语言的原因，她没有用韵文原原本本地翻译史诗里面的诗句。这部作品出版之后马上在欧洲引起了极大的轰动，这是欧洲人第一次对《格萨尔》的故事一窥全貌，三年之后它被翻译成英文，对史诗在西方的传播起了极其重要的作用。

与之前大多数学者不同,大卫·妮尔将研究的焦点从史诗的故事情节转移到了说唱艺人身上。她找到不同的说唱艺人,让他们分别演唱《格萨尔》的同一章节,发现虽然每次的故事梗概、人名、地名都是一样的,但是每位艺人演唱的具体情节和细节甚至篇幅长短都不一样。于是,大卫·妮尔开始将注意力放到说唱艺人身上,研究他们的语言和动作,探究说唱艺人与史诗中英雄人物的关联。似乎每个说唱艺人进行表演之前都有一番仪式让自己进入到癫狂状态,这样才能流畅地演唱这部史诗。根据说唱艺人的说法,他们并不是在编造故事,而是史诗里的英雄人物将自己的故事灌注在他们身上。这仿佛是一种不可言说的神启,而不是一种简单的技艺。这些艺人在演唱时都确定自己能够看到故事里的人物和场景,所以才能演绎得惟妙惟肖。有些艺人在进入状态之后可以连续演唱几个小时,而他们很多人却目不识丁。他们演唱的时候会拿着一张白纸,并声称可以看到其中的内容。如果听到别人说他们的这项技能是通过学习获得的,那他们就会感到被亵渎,因为他们认定自己是被史诗里面的英雄人物所感召,是奉了他们的指令来讲述他们的故事。

大卫·妮尔对《格萨尔》史诗的另一个贡献在于她首先确定了这部史诗的口承传统。之前的西方学者主要从手稿和史料中来进行研究,认为这部史诗所讲述的故事和所运用的词句是固定不变的,即使不同版本之间有所变化也是误传的结果。这种研究方式用来研究《荷马史诗》或者《贝奥武夫》这类早已定型的史诗是没有问题的,但是用来研究《格萨尔》这部“活形态”的史诗却是不够的。“活形态”史诗的最大的特点就是仍保留着口头传统,没有文字将其固定下来。“很少有说唱艺人能知道《格萨尔》全部的故事细节,他们大部分人的知识仅局限于其中一章或几章,当他们接受邀请时就会演唱他们所掌握的这一章或几章的内容”(David-Néel 1992: 16)。这些章节的内容往往构成一个个独立篇章,比如英雄降生、赛马争王、征战霍尔人、门岭大战等都是一个个完整而独立的故事，而当地的说唱艺人既不知道这些故事到底有多少篇章，也不知道这些故事之间的先后顺序。他们在演唱史诗的时候有意或无意地让自己进入到某种神灵附体的状态，并一直保持这种状态直至结束演唱。她在玉树找到一位知识渊博的“德谦”连续六个星期为她演唱《格萨尔》史诗，为她的史诗研究工作提供了很好的一手材料。但即便是如此博学多识的“德谦”也经常会发生前后矛盾的情况。他一下子说自己是史诗中某位英雄的后代，一下子又说是这位英雄的盟友或敌人。在大卫·妮尔看来，说唱艺人的表演有着很大的随机性，也就是说他们可以对史诗随意进行发挥，只要保持大致的情节和人物故事不被破坏就行。所以，每次《格萨尔》史诗的演唱都关系到说唱者自身的人生经历、知识和性格，每一次的演唱过程既是对史诗的传承，又包含了说唱者自己对史诗的创新。这样，《格萨尔》这部“活形态”的史诗才能一直保持自己的活力并传唱至今。

3. 石泰安对《格萨尔》研究的发展

继大卫·妮尔之后，越来越多的西方学者开始注意到这部与众不同的东方史诗，其中最有影响力的就是石泰安。石泰安出生于德国，但是由于家族带有犹太血统，所以于1933年避难至法国。在巴黎，他学习东方语言与文化，对西藏产生了兴趣。20世纪40年代石泰安多次受法国远东学院的委派前往中国藏蒙地区进行考察和研究，在那里他接触到了《格萨尔》史诗并产生了浓厚的兴趣。返回巴黎之后，石泰安整理和研究了自己在中国收集到的各种资料，并在50年代连续发表了三篇关于《格萨尔》史诗的论文，在西方学界引起极大关注。尤其是他长达600多页的博士论文《西藏史诗与说唱艺人的研究》，里面旁征博引，参考文献几乎收罗了当时所能收集到的所有史料和前人研究的成果，通过科学的研究方法将《格萨尔》史诗的研究提升到一个全新的高度。

在石泰安看来,《格萨尔》是集历史文献、文学文本和说唱艺术于一体的一座宝库。首先,可以把《格萨尔》看作一部历史文献,里面反映出来的历史事件和风土人情很多都是真实发生在西藏和附近地区的。特别是史诗里面描述的格萨尔与霍尔人(回鹘人、蒙古人)、姜人和旱地人之间的故事,反映了历史上藏人与周边民族的交流和战争。这部史诗既是历史又是诗歌。它是历史,因为它记录了千年来发生在藏地的重大历史事件和风俗变迁。它是文学,因为它以韵文的方式来呈现,既包含有古代的神话和传说,又囊括了每个时代当时的歌谣和谚语,还有一些是艺人自己即兴发挥的诗句。总之,这是一部包罗万象的文学文本。最后,《格萨尔》是一种说唱艺术,因为史诗的演绎和传承需要靠说唱艺人来完成。在很长的一段时期里,这部史诗是没有文字文本的,只能靠说唱艺人口耳相传。石泰安认为,说唱艺人大多是文盲,他们并不识字,正因如此不立文字的《格萨尔》史诗才能保持其"活形态"至今。相比之下,西方的史诗如《荷马史诗》和《罗兰之歌》由于过早就有了官方的文字版本而失去了"活形态"。《格萨尔》史诗虽然陆续会有一些手抄本问世,但这些手抄本并不具有权威性,说唱艺人的每次演绎都充满着随机性和不确定性。总的来说这种说唱艺术还是属于民间艺术的范畴,由民间群众自发演唱和传承,反而从某种程度上激发出民间艺人的创造性和主动性,这也是《格萨尔》能传唱至今的原因。

与大卫·妮尔一样,石泰安将研究《格萨尔》的重心放在说唱艺人身上。经过长时间的观察,他发现有两种说唱艺人,一种是只会演唱固定曲目的普通艺人,另一种则是在"通灵"的状态下可以不断创新的"通灵"艺人,而石泰安的研究重点则是这些"通灵"艺人。这些艺人在兴奋狂舞的状态下陷入一种灵魂附体的恍惚状态中,他们声称自己被史诗中的英雄附身并亲自口授史诗的词句。作为一位严谨的学者,石泰安虽然相信这些艺人拥有通灵的能力,但是并不认可他们的演唱能力来自"神启"的说法。"当说唱艺人进入兴奋狂舞状态并有幻觉时,这些幻觉明显是由其记忆的内容以及其于不停地长途跋涉的生活中学习和掌握到的一切而向他提供的"(石泰安 1993:842)。石泰安为了搞清楚艺人与史诗之间的关系曾找来几位艺人演绎《格萨尔》里面的同一个部分,结果是除了情节主线和人名地名大致相同之外其余部分可以说大相径庭,甚至篇幅都不一样,最短的演绎还不到最长演绎的一半。

大卫·妮尔和石泰安对《格萨尔》的研究在整个学界起到了承上启下的作用。一方面,他们收集前人留下的史料并前往西藏进行田野调查,将大量的信息和材料进行归纳和整理,去伪存真,夯实了《格萨尔》研究的基础;另一方面,他们通过研究这些材料提出自己的观点,推动了对《格萨尔》"活形态"和说唱艺人的研究。当然,由于史料和研究方法的局限性,这两位法国学者也在研究的过程中出现一些失误。大卫·妮尔法语版的《岭·格萨尔王超人的一生》梳理了格萨尔故事的情节主线,让世人一窥这部伟大史诗的全貌。但是,由于语言的原因,作者并没有用韵文来翻译这部史诗。而且,由于里面很多有关宗教文化部分的内容很难翻译,所以作者做了大量的改写和发挥。这样,《格萨尔》史诗的故事虽然更加完整了,但是艺术价值却是大打折扣。

石泰安的研究工作一向以客观和科学著称。然而他在研究《格萨尔》的过程中也出现过一些错误,有些甚至是低级错误。比如他一直认为格萨尔是凯撒的另一称呼并根据史料进行论证。而且,他坚持《格萨尔》史诗是宗教文化的产物而非民间艺术。他根据流传在藏区的一种说法,认为是某个"疯子"上师为了宣扬自己的宗教理念而创作了这部史诗。在他看来,说唱艺人具有两面性,一方面代表着史诗里面崇高的英雄,另一方面则是扮成小丑的模样在节日里娱乐大众。因此,他认为说唱艺人身上的这种双重性来自某位"疯子"上师,一方面代表着庄严的宗教,另一方面则装疯卖傻以吸引信众。当然,石泰安的这些观点在我们今天看来是有些荒谬的。经过降边嘉措、杨恩洪等学者的考证,《格萨尔》史诗是民间艺术的产物,而绝非来源于宗教。

4. 结论

大卫·妮尔和石泰安极大地推动了西方《格萨尔》史诗的研究,在法国更是掀起了研究"格萨尔学"的热潮。1977 年法国学者艾尔费(M. Helffer)出版了《格萨尔王传·赛马篇的歌曲研究》。在这本书里面,作者运用帕里-洛德的"口头程式"理论来研究史诗里面的歌曲,取得了极大的成果。目不识丁的说唱艺人何以能即兴连续演唱几个小时,这个问题一直以来都困扰着《格萨尔》的研究者们。其实大卫·妮尔很早就注意到了史诗歌曲的程式化问题。说唱艺人开始时都要发出一系列象声词如"嘟哒啦啦! 啊啦啦啦! 啊啦拉!",开场白也类似于《伊利亚特》,极尽夸张地罗列人物头衔和丰功伟绩。说唱艺人不需要记住每首歌,只需要掌握这些程式,再根据自己要演绎的曲目将内容填入到程式里面。艾尔费首次将帕里-洛德的"口头程式"理论运用于《格萨尔》的研究,分析歌曲里面重复使用的象声词、词句和框架,发现了史诗里面的大量程式,将《格萨尔》史诗的研究推向了一个新的高度。

近年来,随着海外汉学中心的转移,新时代的"中国学"摆脱了传统"汉学"的学究气,以实用性为主,侧重从经济、政治、宗教、民族事务等方面去研究中国。欧洲特别是法国作为汉学重镇的地位也逐渐被美国所取代。1999 年石泰安的逝世给法国汉学界带来了沉重的打击。自此以后,法国再也没有出现类似大卫·妮尔和石泰安这样的汉学大师。

参考文献：
[1] David-Néel et Francis Lacassin. *La Vie surhumaine de Guésar de Ling* [M]. Editions du Rocher, 1992.
[2] Rolf Alfred Stein. *Recherches sur l'épopée et le barde au Tibet* [M]. Paris: EHESS, 2007.
[3] 降边嘉措,吴伟. 格萨尔王传[M]. 北京：五洲传播出版社，2018.
[4] 大卫・妮尔著. 陈宗祥译. 岭超人格萨尔王传[M]. 西南民族学院民族研究所(内部资料).
[5] 石泰安著. 耿升译. 西藏史诗与说唱艺人的研究[M]. 拉萨：西藏人民出版社，1993.
[6] 王治国. 海外视域下《格萨尔》史诗翻译[J]. 山东外语教学，2012，(03).
[7] 央宗.《格萨尔》史诗风物传说研究——以环青海湖藏区为例[J]. 西北师范大学，2019，(05).
[8] 玉伟热夏.《格萨尔王传—诞生集》的语言艺术研究[J]. 西北民族大学，2020，(06).

[作者简介] 谢小丰(1982-)，男，湖北天门人，西南民族大学外国语学院讲师。研究方向：法国文学、文化。

《为诗辩护》与欧洲古典文化

西南民族大学 宋 艳

摘 要：作为英国文艺复兴时期的杰出人物，菲利普·锡德尼（Philip Sidney）对诗和文学的创造性有着明确的见解，他的文学批评著作《为诗辩护》（*The Defense of Poesie*）多处引用欧洲古典文化内容，为诗歌的重要性及创造性辩护，而他对古希腊罗马经典的引用离不开他少年及青年时期的游学经历。本文旨在结合他的学习经历阐释欧洲古典文化对他及他的主要作品《为诗辩护》产生的影响，以期更好地理解他的作品。

关键词：锡德尼；为诗辩护；欧洲古典文化

1. 引言

英国伊丽莎白一世统治时期，是英国历史上的黄金时代，也是英国文艺复兴的高潮。这个时期涌现了许多杰出的文学家，如锡德尼、斯宾塞、马洛、莎士比亚等，他们留下了不朽的作品，如《为诗辩护》《牧人月历》《仙后》《小爱神》《哈姆雷特》等。菲利普·锡德尼是英国女王伊丽莎白一世的侍臣、外交家兼军人，也是一位诗歌批评家，他的文学创作成就有包括108首十四行诗和11首歌谣的《爱星人和星星》、诗文合璧的传奇小说《阿卡底亚》和文学批评著作《为诗辩护》。《为诗辩护》堪称英国文学的启明星。锡德尼从历史的角度论述诗及诗人的地位和重要性，界定诗的性质，反驳对诗的主要责难，并分析英国诗存在的弊病。锡德尼的诗歌、散文及文学论著对16世纪后期的英国文学产生了重要影响。曹明伦（2008）就评价道："可以这么说，没有《爱星人和星星》，莎士比亚也许就不会写出他的《十四行诗集》”。锡德尼出身贵族，他的初衷并非在文学领域，但他早年游历欧洲大陆的经历却为英国新诗歌的发展带来了不可估量的影响，他作为文学赞助人，堪比佛罗伦萨的美第奇家族成员。

文艺复兴的总体特征是既努力复兴古希腊、古罗马的文化学术经典，又非常重视创新。英国的文艺复兴者们借鉴、引用古典思想家的观点、视角来理解、认识当代的现象和问题，但并不僵化地接受古典的思想和原则，而是认识到古典思想和原则的历史性，锡德尼也是如此。唐雪妹（2012）认为“锡德尼对古典文化的热爱和推广是显而易见的”，“他将古典大家、名家的作品和他们的创作思想呈现在我们的面前”。锡德尼对古典文化并非盲从，而是保持了自己的观点，如他认为一些著作并未准确地表达亚里士多德的意思。唐雪妹对锡德尼的古典文化学习及其影响进行了概述，但对《为诗辩护》中的古典文化提及不多。李游海（2020）认为《为诗辩护》中的人文主义因素来自古典文化。更重要的是，他受到了当时欧洲人文主义思潮的影响，这些直接或间接地形成了《为诗辩护》的人文主义诗学背景。权莉（2015）认为，作为杰出的诗人和文论家，锡德尼传承了希腊、罗马古典美学的精髓，受益于西方人文精神的萌生，推崇理性，关注感性，善于发现人的美和自然美。上述研究对锡德尼作品中的古典思想做了分析，但鲜有从他的成长角度分析他所受的古典文化影响。本文将结合他早年的学习经历，分析欧洲古典文化对他的文学作品的影响。

2. 语言准备

菲利普·锡德尼是亨利·锡德尼的第一个孩子，他的外祖父、舅父都是都铎王朝宫廷中的重臣。1564年，9岁的锡德尼被送到什鲁斯伯里公学。该校的时任校长是托马斯·艾希顿，他毕业于剑桥大学，是伊丽莎白时期最伟大的校长之一。该校课程几乎全是用拉丁语授课,锡德尼在学校会读维吉尔、贺拉斯、奥维德和特伦斯,他还有一本关于定量分析韵律和韵律结构的书。多年后他与杜兰特、斯宾塞等一起讨论将古典韵律运用到英语中时有这方面的基础想必是受了这本书的影响。锡德尼在学校还通过表演说教剧来培养自己对戏剧的品味和热爱,而说教剧是伊丽莎白时代许多文法学校(包括什鲁斯伯里)学习的主要内容。锡德尼在学校成绩优异,他的朋友托马斯·莫菲特(也是他的另一位早期传记作家)指出锡德尼精通语法、修辞、数学、拉丁语、法语和一些希腊语。他最显著的特点是:认为人生的目标,正如他在《为诗辩护》一书中所说的那样,是“做好,而不仅仅是深知”(Moffet 1940)。这样的目标让他重视学习的教育性,这也体现在《阿卡狄亚》中他对早熟的英雄王子的性格设计上。伊丽莎白时代严苛的冬季教育使学生们从早上六点到下午四点半都在学习,什鲁斯伯里公学也不例外。学校的课程设置培养了他的自律,并打下了他的拉丁语基础,为他成年后游历欧洲提供了条件。

1568 年锡德尼进入牛津大学基督教会学院。与他这种级别的人一样,锡德尼没有取得学位就离开了牛津。1572 年,他从一场大病中康复后,短暂求学于剑桥大学。同年 4 月,英国和法国缔结和平条约,锡德尼获准作为陪同,同林肯第九伯爵爱德华·德费恩斯的代表团一起前往巴黎,并获得伊丽莎白一世颁发的许可证,准许“她信任和深爱的菲利普·锡德尼先生离开英国,前往海外的部分地区”(Buxton 1987),为期两年。女王还嘱咐他学习外国语言。锡德尼由此开始他的欧洲大陆游,他的游历经历在英国诗人中只有拜伦能与之相提并论。

3. 游历欧洲

1572 年 6 月,不到 17 岁的锡德尼抵达法国,开始了他的欧洲游。在巴黎他经历了很多事件,如世俗和宗教的婚礼仪式、重要的国家会议、奢华的晚会等,也结识了许多好友、学者,其中包括与他建立了深厚友谊的胡格诺·休伯特·朗格特。郎格特后来成为他的导师,在他回国后还写信督促他不要沉浸于宫廷的奢华生活而浪费了自己的天资。锡德尼也受到了查理九世的认可,授予他"伯爵"称号,部分是为了承认他不同寻常的个人魅力,部分是为了培养强大的英国新教徒。8 月发生的巴黎大屠杀打乱了锡德尼的游学计划,他仓促离开法国,通过斯特拉斯堡抵达法兰克福,随后又在匈牙利作了三个月的停留。这段时间给了他美好的回忆。他在《为诗辩护》中写道:"在匈牙利,在所有的宴会和其他类似的会议上,我都看到过这样一种方式:唱祖先英勇的歌曲,而这个酷似军人的民族认为这是最能激发勇敢的事之一"(锡德尼 1964)。

1573 年 11 月,锡德尼终于到达了威尼斯,他立刻就沉浸在意大利文化中,以至于朗格特在信中称他为"意大利人"。锡德尼广泛阅读意大利诗歌和批评。和许多同时代的人一样,他对意大利文学非常推崇,他的作品也深受意大利的影响:荷马、维吉尔、但丁、雅各布·桑纳扎罗等被带入《为诗歌辩护》。他还认为,"任何一种成熟的诗都必须有严谨的格律,所以他借鉴了彼特拉克的传统风格;同时他认为诗歌必须使用自然流畅的语言,所以他自觉地继承并发扬了怀亚特开创的口语体英语诗歌的传统,从而让诗人听到了英语诗歌中那种最美妙的音乐"(锡德尼 2008:11)。他在维也纳期间还在一位意大利皇帝的驯马师的帮助下学习马术,他在《为诗辩护》中回忆了这段生活:

"以意大利人智慧的热情,(普列亚诺)不仅向我们展示了他的实践,而且试图通过其中的沉思来丰富我们的思想,他认为这是最宝贵的……不,他说得那么不切实际,以至于世上没有什么东西比王子更能使他成为一个好骑手——相比之下,政府的技巧不过是一种迂腐的作风。然后,他会加上一些赞扬,告诉我什么是无与伦比的野兽马……如果在我找到他之前我不是一个逻辑学家的话,我想他会说服我希望自己有一匹马”(锡德尼 1964:1)。

他认为马术是一门“行善”的艺术,而不仅仅是“博学”。在《爱星人和星星》中,他回忆起“今天我的马,我的手,我的长矛/引导得很好,我获得了奖品”的满足感;在《阿卡迪亚》中,他更详细地探讨了马术的元素,描绘了控制的动态、马和骑手之间的默默无闻的信任和交流,使两者成为一个单一的复合物。这段经历对他的影响可见一斑。

1575 年,游历欧洲大陆三年的锡德尼回到英格兰。用他叔叔莱斯特的话来说,菲利普·锡德尼“年轻而青涩地”离开了英国,归来时已充满男子气概,并积累了大量的新经验和知识,结交了许多重要的欧洲朋友,对欧洲政治事务的了解超越许多当时的英国人。归来的锡德尼希望在朝廷大有所为,但一直未受到女王的重用。1577 年后,他的仕途不顺,后来转向探险。在 1578 年,他投入了更多的精力在写作上。1579 年到 1584 年是锡德尼文学活动的巅峰时期,《为诗辩护》就创作于 1579—1580 年之间。

4. 《为诗辩护》

《为诗辩护》是锡德尼为回应高森的《造谣学校》而作的,文中借鉴了大量的欧洲古典文本,开始为“拙劣的诗歌”辩护,反对其攻击者,并积极地论证诗歌是“净化智慧”的最佳载体。本部分将进一步从诗人地位、诗人与哲学家和历史学家的关系以及锡德尼对于英语诗歌的讨论三个方面分析古典文化对锡德尼及其作品的影响。

锡德尼首先引用希腊、罗马的经典为诗人的地位辩护。锡德尼认为,“对于一切以学问为业而诋毁诗的人”,他们是近乎忘恩负义,因为“诗在一切人所共知的高贵民族和语言里,曾经是‘无知’的最初的光明给予者,是其最初的保姆,是它的奶逐渐喂得无知的人们以后能够食用较硬的知识”(锡德尼 1964:2)。在希腊有穆赛俄斯、荷马、赫西俄德这些博学的诗人,使希腊文化名扬海外;在意大利,有但丁、薄伽丘、彼特拉克使意大利语上升为学术宝库;在英国,因为有高尔、乔叟,才使得更多的人参与并使语言更加丰富。因为这些事实,就连希腊哲学家也用诗句来表达自然哲学,如泰利斯、恩珀多克利、毕达哥拉斯用诗句来处理伦理箴言。锡德尼进一步指出,在罗马,中间诗人被称为凡底士,意为“神意的忖度者”(锡德尼 1964:2);希腊人称诗人为普爱丁,这是从普爱恩来的,意为“创造”。诗人不受束缚,能创造出自然界中从来没有的形象。“自然的世界是铜的,而只有诗人才给予我们金的”(锡德尼 1964:9)。希腊、罗马这样的优秀民族给了诗人如此高的地位,并给予深深的敬佩,而“我们怎么能把诗看作‘儿童笑料’呢(锡德尼 1964:2)”?

正如亚里士多德所说,“诗是一种摹仿的艺术,是一种再现,一种伪造,用比喻来说,就是一种说着话的图画,目的在于教育和怡情悦性”(锡德尼 1964:11)。诗有三种,一种是模仿上帝美德的,如大卫的《诗篇》;一种是属于搞哲学的,有道德和自然方面的,如卢克莱茨的《论物性》;第三种,在锡德尼看来,是真正的诗人,因为他们突破了局限,遵循自己的创造力,并为了教育和怡情而从事摹仿。这类诗人摹仿的也不是实际存在的东西,而是“可然的和当然的事物”,也就是亚里士多德认为的“文学比现象世界更加接近真理,因此相比较而言,是更加高明的摹仿”(蔡宗齐 2012:9)。摹仿既为了怡情,也为了教育。

锡德尼进一步讨论诗人与哲学家和历史学家的关系。他认为哲学家虽然可以担任教导一职,但他的教导难以让人理解,只有有学问的人才能了解他,而诗人是“真正的群众哲学家”。锡德尼用《伊索寓言》来证明他的观点:《伊索寓言》用动物的故事来传达动人的讽喻,让普通人听到并听懂德行的声音。相对历史学家,诗人善用虚构,但这并不意味着诗人不可信,因为亚里士多德就已经表明,“诗是比历史更有哲学性和更为审慎地认真。他的理由是,因为诗是从事于 kathology 的,就是说从事于普遍事物的研究的,而历史是从事于 kathekaston 的,即特殊事物的研究的”(锡德尼著,钱学熙译 1964:22);而且虚构的例子和真实的一样有教导能力。锡德尼引用了大流士的忠仆佐皮洛斯的故事来证明这一点:佐皮洛斯割断了自己的鼻子和耳朵以说服巴比伦人相信他已极度失宠,他最终找到办法与大流士里应外合,攻下了巴比伦城。这样的虚构“可以唱出激情的最高音”(锡德尼 1964:26)。

在讨论诗歌类型时,锡德尼从最底层到最高层,讨论了田园诗、挽歌、喜剧、抒情诗和史诗或英雄诗。他保留了对史诗的最高赞誉。他的拥护者——阿喀琉斯、塞勒斯、埃涅阿斯、特努斯、泰德乌斯、里纳尔多,这些崇高的形象能让人燃起尊敬,教导人走向最崇高、最卓越的真理。简言之,史诗是“最优秀、最有成就的诗歌”。但就是这样的诗歌,也饱受挑剔,而这些挑剔者“很像某些妇女一样,她们常常感到病痛,但是实在说不出在哪里”(锡德尼 1964:26)。

在锡德尼看来,对诗人最严重的谴责之一是:“诗是腐化的保姆,它使我们传染上许多瘟疫性的欲念”(锡德尼 1964:44),因此诗人应该如柏拉图所说的那样被逐出理想国。锡德尼反对这种说法,他用画家的作品来力证这种偏见。画家的作品或展示优美图画,或体现模范行为,如亚伯拉罕牺牲自己的儿子以撒,犹大刺杀贺洛芬尼斯,大卫和歌利亚作战。这些作品有不悦于眼的内容,是否就因为这些内容而否定作品呢?医生没有治好病人,是否就不值得信任了呢?锡德尼还通过亚历山大来说明诗歌给了人们许多力量。荷马在欧洲享有盛誉。亚历山大出征时,为了战争,他丢下了他的老师亚里士多德,却带走了荷马。《荷马史诗》中的阿喀琉斯带给亚历山大榜样的力量。

然而,柏拉图的出现,还是给了锡德尼很大的压力。“我必须承认,柏拉图是一切我所尊重的哲学家中最值得恭敬的,因为在一切哲学家中,他是最富有诗意的”(锡德尼 1964:52)。但是,如果柏拉图会“玷污他源源不断的溪流所流出的喷泉,让我们大胆地审视一下他为什么要这样做”(锡德尼 1964:52)。有人说,诗人“以神妙的愉悦”所传达的内容创造了一种“学院的艺术”,然后“抛弃了他们的向导,就像忘恩负义的学徒”(锡德尼 1964:52)。然而,正如西塞罗所指出的,尽管许多城市拒绝哲学家,但有七个城市希望将荷马称为公民。诗人西蒙尼德斯和品达使暴君爱罗一世成为正义的国王。柏拉图对狄奥尼修斯没有办法,最后自己从哲学家变成了奴隶。他并不认同用这种方式来指出诗人和哲学家的优劣。他提醒读者读柏拉图的《斐德若》《会饮》和普鲁塔克的《论爱》,来看看他们有没有容许“可憎的肮脏”。他对柏拉图有感激之情,但在哲学家对诗人发起攻击时,他也不客气地反击。

锡德尼在讨论柏拉图禁止诗人进入他的共和国时,进行了这样的解说:“柏拉图只打算赶走那种对于神的错误主张……任何人只要去读一读柏拉图自己的书就可以知道他的意思。他在对话录《伊安篇》里,就给诗以崇高的真正神妙的赞美。因此,由于柏拉图只是驱逐滥用而不是驱逐被滥用的东西,不但不驱逐而且给以应得的荣誉,他应当是我们的保护者而不是我们的敌人”(锡德尼 1964:54)。由此可以看出,锡德尼将责任放在滥用上,而不是放在诗歌上。关于他提到的应得的荣誉,“谁想证明那些荣誉是具有最好见识的人所给予的,一整个大海的例子就会在他面前涌现出来:亚历山大们、凯撒们、西比欧们都是诗的支持者”(锡德尼 1964:54)。苏格拉底晚年时还把《伊索寓言》翻译成了诗;柏拉图的学生亚里士多德写下了《诗学》;普鲁塔克也从诗人那里获得益处,他在写哲学和历史时“用诗的装饰来装饰二者的衣服”(锡德尼 1964:55)。诗人本身是应该得到荣誉的。因此,诗歌不是被柏拉图驱逐的,而是被他所尊敬的。就这样,锡德尼用古希腊、罗马的权威来为诗歌做了强有力的辩护。

最后,锡德尼落脚在英语诗歌。他认为英语给了国人巨大的机会,因为英语容许任何“美妙的使用”(锡德尼 1964:70)。英语把两三个单词组合成词组,接近了希腊文而大大超过了拉丁文,因此英语是适合赞美诗歌的,也适合被诗歌赞美。英国已有优秀的诗作,如乔叟的《特洛伊罗斯和克瑞西达》,他在那个时代能写出如此美妙的作品,真让人惊叹。斯宾塞的《牧人日历》在牧歌里极有诗意,值得一读。有的悲剧、喜剧有不如人意的地方,因为在细节上它们确实有缺陷,比如时间、空间的转换混乱,不同场景用同一背景。英国人也不太清楚报告和再现的区别,不善于在戏剧中使用叙述。他还引用亚里士多德《诗学》的内容来批评喜剧把全部宗旨放在令人发笑上。锡德尼认为,喜剧是诗的重要部分,因为它在英国被滥用,他才花这么多笔墨在此部分。

在《为诗辩护》的最后部分,针对那些“如此惯于在地上爬行以至于不能抬起自己的头来看看诗的天空”的人,对那些拒绝重视诗歌的人,锡德尼以所有诗人的名义说了这样一句话:“当你活着的时候,你生活在恋爱中,然而由于缺乏写情诗的技能,总得不到青睐;而当你死的时候,由于缺乏一篇墓志铭,关于你的记忆便从大地上消失”(锡德尼 1964:74)。诗歌不仅让人得到爱情,也让人永垂不朽。

5. 结语

《为诗辩护》不仅是一篇辩护文章,它为英国文学的合理性和应有地位发出强大的声音,而且通过对文学性的探讨开始为英国文学批评确立范畴和原则。锡德尼作为一个批评家,他所说的话既来自于对作品的体验,也来自于对抽象艺术概念的熟悉。书中锡德尼处处引用欧洲古典文化为诗歌辩护,他早年的学习和欧洲游历所学为他的写作提供了灵感源泉。他在欧洲遇到了许多学者,这些学者中有的本人就是文学赞助者,或是被赞助者。锡德尼将这种传统带回英国,这才有了斯宾塞的《仙后》的诞生。在他死后,他的妹妹玛丽·锡德尼继续他的赞助传统,他们把伊丽莎白时代的诗歌引向了很高的成就。锡德尼一生短暂,但他成就斐然,成为英国文艺复兴时代的杰出代表。他所期盼的黄金时代在英国实现了,他的诗歌和文学见解也与这个时代的其他作品一样持续影响后世。

基金项目:西南民族大学2021年教育教学改革研究项目"大学英语课程的文学教育研究与实践",项目编号2021YB19;"大学英语语音教学的'线上+线下'混合式教学模式研究"阶段性成果,项目编号2021ZD26;西南民族大学2021年研究生"创新型科研项目"资助博士项目"英国玄学诗歌特点研究"阶段性成果,项目编号320022141019。

参考文献:

[1] Buxton J. *Sir Philip Sidney and Renaissance* [M]. Hampshire: Macmilian Press, 1987: 25.

[2] Moffet T. *Nobilis or A View of the Life and Death of a Sidney and Lessus Lugubris* [M]. San Marino, CA: The Huntington Library, 1940: 102.

[3] 蔡宗齐. 比较诗学结构. 刘青海译. [M]. 北京:北京大学出版社, 2012.

[4] 曹明伦. 伊丽莎白时代的三大十四行诗集[J]. 四川大学学报(哲学社会科学版),2008,(5):92-99.

[5] 李游海.《为诗辩护》的人文主义诗学背景[J]. 长江丛刊,2020,(11).

[6] 权莉. 锡德尼的诗学思想[J]. 河北师范大学学报/哲学社会科学版, 2015,(3):83-87.

[7] 唐雪妹. 论菲利普·锡德尼《为诗辩护》. 上海师范大学硕士学位论文,2012.

[8] 菲利普·锡德尼. 为诗辩护. 钱学熙译. [M]. 北京:人民文学出版社,1964.

[9] 菲利普·锡德尼. 爱星人与星. 曹明伦译. [M]. 保定:河北出版社, 2008.

[作者简介] 宋艳(1980-),四川双流人,西南民族大学外国语言文学学院讲师,在读博士。研究方向:外语教学、比较文学与世界文学。